Dietrich Strasser · Abschied von den Wunderknaben

Dietrich Strasser

ABSCHIED VON DEN WUNDERKNABEN

Die Krise der deutschen Manager und Unternehmer

C. Bertelsmann

Gesamtherstellung: Mohndruck
Graphische Betriebe GmbH, Gütersloh
ISBN 3-570-02350-8
Printed in Germany

Inhalt

Verpaßter Testfall 9

DIE PERSON

1 Parade der Gescheiterten 17

Managementfehler als Ursache der Konkurse – »Eigenverantwortlich in die Pleite« – Der falsche Mann am falschen Platz – »Charaktermängel« – Egoistisch und risikoscheu – Schuld sind immer die andern – Der Ruf nach dem Staat

2 Vizekönig und Prügelknabe 28

Wer und was ist ein Manager? – Unternehmer oder Manager? – Gleitende Zahl – Der ideale Typ – Das soziale Know-how – Der Internationalist – Schein und Wirklichkeit – Der ausgebeutete Ausbeuter

3 Das jüngste Gewerbe 39

Kurze Geschichte des Managements – Die Anfänge – Vorbilder Kirche und Armee – Lehrmeister Henri Fayol – Rationalisierer Taylor

DAS INSTRUMENTARIUM

4 Schönwetter-Kapitäne 51

Vergebliches Hoffen auf Wiederkehr des Booms – Euphorische Expansion – Gesundbeten – Wachstum ersetzt Planung – Vogel-Strauß-Politik – Der Markt stagniert – Die mageren Jahre

5 Der Zahlen-Fetischist 61

Angst vor Risiken bremst die Kreativität – Vom Unternehmer zum Bewahrer – Die Macht des Durchschnitts – Flucht in die Bürokratie – Furcht vor dem Alleingang – Zinsen statt Gewinne

6 Die Flut von Heilslehren 71

Management-Konzepte als Ersatz für eigene Verantwortung – Delegieren ja – Kontrolle nein – Verwirrende Vielfalt – Korsett von Gesetzen – Taktik statt Strategie – Gewinn-Diät – Daten statt Informationen – Vorbild Machiavelli

7 Die Schizophrenie der Führung 82

Personalpolitik – das Stiefkind des Managements – Vom Kerl zum Scheißkerl – »Der Chef ist automatisch besser« – Das »geliehene Kapital« Arbeitskraft – Fehlende Personal-Inventur – Buchhalter oder Politiker – Die »soziale Innovation«

8 Die Konservierung von Dinosauriern 95

Unternehmen verpassen den technologischen Anschluß – Fünf Jahre Rückstand – Der Export stagniert – Unbewegliche Techniker – Das »NIH-Syndrom« – Forschung im Elfenbeinturm – Innovation für den Markt – Der Staat als Nothelfer

9 Mehr Rolls-Royce als VW 108

Manager vernachlässigen das Auslandsgeschäft – Kein Geld für Kontakte – Ohne uns in Südostasien – Keine Nischen mehr frei – Keine Produkte für den Weltmarkt – Der enge Horizont – »Weiße Raben« in Japan – Die Würde der Diplomaten

DAS UMFELD

10 Enttäuschung im Wohlstand 123

Die Kluft zwischen Wirtschaft und Gesellschaft – »Langhaarige« gegen »Grauhaarige« – »Denken wie in der Steinzeit« – Defizit an Einsichten – »Der Gürtel sitzt nicht richtig« – Seele oder Geld – Arbeit macht Frust – Illegale Befriedigung

11 Vollkasko-Mentalität 136

Aktivismus soll über Immobilität hinwegtäuschen – Ein Prozent für Strategie – Wirbel statt Wirkung – Zwang zur Eigenreklame – Sicherheit und Prestige – Angst vor dem Ausland

12 IG Management 146

»Entmannen« Mitbestimmung und Gewerkschaft das Management? – Sparen am »Sozialklimbim« – Die machtpolitische Seite – Ärger an der Basis – Radikale und Gemäßigte – »Das System ist krank« – Endziel Selbstbestimmung – Gemeinsame Lösungen

13 Krawatte fürs Klima 159

Kein Sinn für soziale Verpflichtungen – »Corporate identity« – Briefkopf statt Kultur – Das »soziale Wesen« – Gesellschaftsorientiertes Marketing – »An sozialem Gewissen ist sehr wenig vorhanden« – Der soziale Zusammenbruch einer Stadt

14 Kungeln an der Spitze 169

Die Nachfolgeregelung krankt an der Eitelkeit des Chefs – Streit in der Familie – Vorbild Pavian – Hierarchie der Greise – Wunderheiler aus St. Moritz – Teure Fehler – Trend zum Mittelmaß

DIE CHANCEN

15 Verletzte Aufsichtspflicht 183

Verbesserte Kontrolle kann Fehler verhindern – »Dumm und frech« – Vitamin B – »Zunehmende Professionalisierung« – Kollision von Interessen – Sachverstand und Zivilcourage – Dialog von Fachleuten – Der neue Trend

16 Professor Zufall 195

Der Management-Nachwuchs braucht ein klares Bildungsangebot – Die Qual der Wahl – Fachliche Schlagseite – Generalisten an die Front – »St. Gallener nehme ich blind« – Beschränkt on the job – Psychisch auf Null

17 Baupläne für die Arche Noah 206

Vorbilder für den neuen Typ von Manager und sein Unternehmen – Sanierter Schiffsbau – Chip vom Soßenkocher – »Flexibel und dynamisch« – Von Japan lernen – Das amerikanische Modell – Acht Wege zum Erfolg – Zurück zum gesunden Menschenverstand

Literaturhinweise 218

Register 221

Verpaßter Testfall

In wirtschaftlichen Krisenzeiten »findet eine Musterung unter den Unternehmern und Unternehmen statt. Nur die Kräftigen bleiben am Leben. Alles Morsche, Faule, Schwächliche, das in den Aufschwungzeiten mitgeschwommen war, verschwindet.« Diese um die Jahrhundertwende notierte Erkenntnis des deutschen Volkswirtschaftlers, Sozialphilosophen und Nationalökonomen Werner Sombart hat in den vergangenen acht Jahrzehnten nicht an Gültigkeit verloren. Eine freie Marktwirtschaft, die sich nicht auf staatliche Reglementierung und Unterstützung verläßt, ist ein Seiltanz, den nur die fähigsten Artisten überleben.

In der Bundesrepublik sind in den vergangenen Jahren viele abgestürzt. Andere wurden von einem Netz gerettet, das ihnen der Staat eilig aufspannte. Veränderte wirtschaftliche und soziale Verhältnisse haben vielen deutschen Unternehmen die Existenz gekostet. Weit mehr als 10 000 Pleiten im Jahr sprechen eine deutliche Sprache. Strauchelnde Konzerne, wie die AEG, *Arbed Saarstahl* oder die gesamte Werftindustrie wurden von Bund und Landesregierungen gestützt, weil ihr Absturz zu starke soziale Erschütterungen ausgelöst hätte. Doch statt vorurteilslos nach echten Sanierungsmaßnahmen für die »Morschen, Faulen und Schwächlichen« zu suchen, fahnden die Verantwortlichen zu ihrer eigenen Entlastung nach Sündenböcken. In der Regel werden sie auch fündig. Da ist die internationale Wirtschaftskrise, die wie ein unverdientes Schicksal über die deutschen Unternehmen hereingebrochen ist. Da richten die vielgeschmähten Lohn- und Lohnnebenkosten, die der hilflosen Wirtschaft von unverständigen Politikern und Gewerkschaftern aufgezwungen wurden, die Unternehmen zugrunde. Schließlich müssen die oft zitierten, doch nie sehr genau definierten »Rahmenbedingungen« als Ausrede herhalten, wenn sonst nichts mehr zieht.

Es erstaunt immer wieder, wie weit auch in der Wirtschaft Anspruch und Wirklichkeit auseinanderklaffen und dabei auf die Vergeßlichkeit des Publikums spekuliert wird. In den Wachstumsjahren nach dem Zweiten Weltkrieg, als der Mangel an Gütern aller Art in dem verwüsteten Land den mühelosen Absatz ihrer Produkte garantierte, rühmten sich die Unternehmer und Manager unentwegt als die Urheber des Wirtschaftswunders. Politiker, die in ihren Reden ein »Bekenntnis zur freien Marktwirtschaft« unterließen oder sich gar darum bemühten, wirtschaftlichen Wildwuchs zu zügeln, gerieten sehr schnell in den Ruch des Sozialismus. Als dann aber mit der ersten Ölkrise im Jahr 1973 das Wunder zu Ende ging, waren plötzlich die anderen und die Umstände schuld; vor allem wurde jetzt der bis dahin verpönte Staat gern als Nothelfer in Anspruch genommen. Die Industrie dachte nicht daran, die Krise im Sinne Sombarts als Testfall für die Fähigkeiten ihrer Manager zu nutzen. Nach der politischen Wende in Bonn starrte man auf den statt dessen angekündigten Aufschwung, der wieder die alten Boomzeiten zurückbringen sollte: Wie einst würde das Wachstum von morgen die Fehler von heute verdecken. Doch diese Zustände kommen wohl so bald nicht wieder. Erst allmählich beginnen einige Wirtschaftsführer, Politiker und Wissenschaftler darüber nachzudenken, ob nicht eigene Fehler in der Vergangenheit die Auswirkungen der Krise verschärft haben. Die Stimmen mehren sich, die den Unternehmern und Managern vorwerfen, sie hätten in den fetten Jahren versäumt, sich auf die mageren Zeiten vorzubereiten, den Nachkriegsboom mit Marktwirtschaft schlechthin gleichgesetzt und darüber vergessen, daß eben diese Marktwirtschaft in Zyklen verläuft und der Innovationen bedarf.

Eine Wirtschaft, die sich am freien Markt orientiert, muß schnell und flexibel auf Veränderungen an diesem Markt reagieren. Aber gerade das gelang in der Bundesrepublik nicht. Steigende Rohstoff- und Energiepreise, Kapitalmangel in der Dritten Welt und im Ostblock, stagnierende Nachfrage nach den Produkten aus dem Inland schufen ganz neue »Rahmenbedingungen«, mit denen umzugehen den bundesdeutschen Managern schwerfiel.

In diesem veränderten Umfeld konnten sich viele Unternehmen nicht mehr behaupten. Daß auch andere Industrienationen in

Schwierigkeiten geraten sind, enthebt uns nicht der Aufgabe, die eigenen Fehler zu analysieren und neue Methoden in der Wirtschaftsführung zu finden. Im Grunde ist es dafür schon fast zu spät. Strukturelle Veränderungen in der Organisation großer Unternehmen brauchen mindestens fünf, oft aber mehr als zehn Jahre, bis sie greifen. Die Umstellung hätte also erfolgen müssen, als in den Zeiten der wirtschaftlichen Prosperität noch kaum jemand an Änderungen dachte.

Um die notwendigen Lernprozesse einzuleiten, müssen zunächst einmal die begangenen Fehler schonungslos aufgezeigt werden. Eine sicher schmerzhafte Selbstkritik muß die Verantwortlichen in die Lage versetzen, Fehlentwicklungen zu korrigieren. Denn daß die Verantwortlichen nicht irgendwelche anonymen »Rahmenbedingungen« sind, ist einfach zu belegen: Im gleichen wirtschaftlichen Umfeld gibt es neben den Unternehmen, die in Schwierigkeiten geraten, Firmen aller Größen, die sich nicht nur behaupten, sondern sogar gedeihen. So ist die AEG auf dem Feld der Elektro-Technik spektakulär gestolpert, während die direkten Konkurrenten *Siemens AG* und *Robert Bosch AG* im gleichen Markt gedeihen. *Salamander AG* ist in der allgemein notleidenden Schuhbranche trotz der Krise erfolgreich, während *Pelikan AG* in einem der wenigen Wachstumssektoren, der Büroausstattung, scheiterte. Daß veränderte »Rahmenbedingungen« kein blindes Schicksal sind, dem alle Unternehmen gleichermaßen ausgeliefert werden, zeigt auch das qualitative Nord-Süd-Gefälle in der Bundesrepublik. Ob es um Arbeitslosenquoten, Export- oder Wachstumszahlen geht, in der Regel stehen Baden-Württemberg und Bayern um einiges besser da als etwa Schleswig-Holstein und Hamburg.

Gewiß gibt es gute Gründe, bei der Beurteilung der deutschen Manager und der von ihnen zu bewältigenden Schwierigkeiten zu differenzieren. Eine solche differenzierte Betrachtungsweise kann allerdings auch dazu führen, daß sich die Betroffenen auf das konzentrieren, was in ihre Vorurteile paßt und sie selbst entlastet.

Wie man bei einer solchen Differenzierung die eigentlichen Probleme unserer Wirtschaft ignorieren kann, erwies ein Gespräch mit einem Unternehmer im Ruhrgebiet, der viele verschiedene Unternehmen und Branchen ebenso intim kennt wie deren Manager, und der mich unbedingt von der internationalen Wettbewerbsfähigkeit der deutschen Wirtschaft überzeugen wollte. Er betonte, wir müßten uns eben auf jene Bereiche konzentrieren, in denen wir immer noch weltweit führend seien. Befragt, welche Branchen er damit meine, antwortete er: »Wir Deutschen veranstalten die größten Messen. Wir haben unbestritten die besten Kurbäder. Und niemand auf der Welt macht so viele und so gute Wurst- und Brotsorten wie wir.«

Der Co-Chef einer der angesehensten Unternehmensberatungs-Firmen in der Bundesrepublik, ein Mann, der Firmen aller Größen aus praktischer Erfahrung als Manager und Berater kennt, verwies darauf, daß es durchaus eine ganze Reihe gut geführter Unternehmen in unserem Lande gebe. Als ich ihn fragte, welche das denn seien, begann er die Namen zu nennen, die ihm als positive Beispiele geeignet erschienen. Wie ein Schuljunge zählte er an seinen Fingern mit. Er brauchte nicht einmal die ganze zweite Hand, so wenige echte Vorbilder fielen ihm unter den mehr als zwei Millionen Unternehmen in der Bundesrepublik ein.

In jeder Firma gibt es eine klar identifizierbare Personengruppe, die für die langfristige Strategie der Unternehmen verantwortlich ist: das Management. Dabei ist es in diesem Zusammenhang unerheblich, ob es sich um angestellte Konzernführer oder im Betrieb aktive Besitzer handelt. So wie das Management in der Vergangenheit das sogenannte Wirtschaftswunder für sich in Anspruch genommen hat, sollte es nun auch zu seiner Verantwortung für das Scheitern in der Krise stehen. Denn wer anders als die Unternehmer haben in der Vergangenheit die Politik der freien Marktwirtschaft bestimmt? Und wer anders als sie bestimmt sie heute?

Als ich 1983 und 1984 monatelang Dutzende von Betroffenen und Verantwortlichen, erfolgreiche und gescheiterte, befragte, verhielten sich meine Gesprächspartner bei aller Vielfalt der Branchen und Positionen verblüffend identisch. Ob angestellte Manager oder selbständige Unternehmer, ob Banker oder Berater, ob Wissenschaftler oder Gewerkschafter, fast alle waren sich in einem Punkt einig: Sie wollten sich nicht dem Vorwurf der »Nestbeschmutzung« aussetzen, sie fürchteten, durch öffentliche Kritik den Zorn ihrer Kollegen auf sich zu ziehen. Deshalb bestanden fast alle auf Anonymität, und deshalb muß ich diesen Informanten ebenso anonym und pauschal für ihre wertvolle Hilfe danken.

Die Interviews verliefen eigentlich immer nach dem gleichen Schema. Meine einleitende Frage, ob die Manager der Bundesrepublik bei ihren Aufgaben versagten, wurde stets nahezu gleich beantwortet: Dieses Problem müsse man sehr differenziert sehen. Es gebe wie überall Erfolgreiche und Erfolglose, die man nicht über einen Kamm scheren könne. Sehr bald jedoch erwärmten sich die Gesprächspartner für das Thema. Ich fühlte förmlich Frustrationen und Ärger ausbrechen. Und beim Abhören der Tonbänder stellte ich immer wieder fest, daß die Kritik der Beteiligten um einiges schärfer ausfiel, als ein - nicht anonymer - Autor sie sich gemeinhin erlauben kann. »Es sitzen einfach zu viele Pfeifen in den Vorstandsetagen«, meinte einer der von mir befragten Herren.

DIE PERSON

Manager zwischen Anspruch und Wirklichkeit

1 Parade der Gescheiterten

Managementfehler als Ursache der Konkurse

»Die Freiheit der Wirtschaft ist ohne das Regulativ der Pleite nicht denkbar«, schrieb Ernst Berens am 31. Juli 1983 in der »Süddeutschen Zeitung«. Aus dieser sicher richtigen Erkenntnis könnten Zyniker schließen, daß Deutschlands Wirtschaft in den vergangenen Jahren immer freier wurde. Spätestens seit 1979 melden die Zeitungen jeden Januar, daß im Jahr zuvor die höchste Zahl von Insolvenzen seit Gründung der Bundesrepublik registriert worden sei. 1983 wurden mehr als 12 000 Konkurse gezählt. Drei Viertel davon mußten von den zuständigen Richtern abgelehnt werden, weil keinerlei Konkursmasse mehr vorhanden, die Pleite also total war. Nach Schätzungen der Wirtschaftsauskunftei Creditreform verursachte diese Flutwelle von Insolvenzen volkswirtschaftliche Schäden in Höhe von 24 Milliarden Mark, mehr als doppelt soviel wie noch zwei Jahre zuvor. Arbeitsplätze gingen durch die Pleiten 1983 »nur« knapp 200 000 verloren, da vor allem immer mehr kleine Unternehmen aufgeben mußten. In den Jahren davor waren noch jeweils 300 000 und mehr Jobs von den Pleitiers vernichtet worden.

Dieser Entwicklung ist nur ein kleiner positiver Aspekt abzugewinnen: Immer häufiger verlieren nun auch die Verantwortlichen dieser Misere ihre Stellung. Der Trend wurde so deutlich, daß das Wochenblatt »Die Zeit« seine Abschlußbilanz unter die Überschrift stellte: »Das Jahr 1983: Abschied von Wunderknaben und großen Namen.« Tabellenführer in dieser Bundesliga der Bankrotteure, die gehen mußten, war Horst-Dieter Esch, dessen *Internationale Baumaschinen Holding* (IBH) spektakulär fallierte. In nur acht Jahren hatte der 40jährige durch den Ankauf maroder Firmen einen gewaltigen multinationalen Konzern zusammengebastelt. Erst als sich das imposante Konzerngebäude als labiles Kartenhaus erwies, stellte sich heraus, daß Esch mit unseriösen Management-

Methoden bis hin zu gefälschten Bilanzen alle Geschäftspartner – und vielleicht auch sich selbst – geblendet hat. Im März 1984 wurde er schließlich verhaftet.

Mit Esch zusammen fiel ein Vertrauter, der an dem Kartenhaus mitgebaut hatte: Ferdinand Graf von Galen hatte die von ihm mitgeleitete Privatbank *Schröder, Münchmeyer, Hengst & Co KG* (SMH-Bank) mit Tricks an der Grenze der Legalität durch immer neue Kredite so eng mit der IBH verfilzt, daß nur eine nächtliche Rettungsaktion der Großbanken SMH vor dem Zusammenbruch bewahrte.

Von Galen mußte seinen Hut nehmen und sein ganzes Privatvermögen verpfänden (allerdings nicht das seiner reichen Frau). Mit Galen trat auch dessen Kollege im SMH-Vorstand, Hans-Hermann Münchmeyer, zurück, obwohl ihm nur vorgeworfen werden konnte, daß er von Galens Vabanque-Spiel nicht rechtzeitig erkannt hatte.

Andere Unternehmer und Manager wurden von Beinahe-Pleiten gestürzt.

So etwa Max Grundig, der durch verfehlte Modellpolitik den Anschluß an den Weltmarkt verlor, durch chaotische Personalpolitik produktionshemmende Unruhe in sein Werk brachte und schließlich das von ihm gegründete Unternehmen an den holländischen Großkonzern *Philips* verkaufen mußte. Oder Manfred Lennings, der den Chef-Posten des Maschinenbau-Konzerns *Gutehoffnungshütte* verlor. Der einst wegen seiner Blitzkarriere als »Wunderkind der Industrie« gefeierte Manager hatte mit seinen starken Sprüchen, aber schwachen Taten nicht verhindert, daß die wichtigste Konzern-Tochter MAN immer tiefer in Chaos und rote Zahlen abgerutscht war.

Die Liste der Gescheiterten und Geschaßten kann fast beliebig fortgesetzt werden. Doch es wäre falsch, die Betroffenen als bedauernswerte Opfer widriger Umstände zu betrachten. Kaum einer von ihnen wird gezwungen sein, Arbeitslosenunterstützung zu beantragen. Durch großzügige Abfindungen kaufen ihnen ihre Unternehmen ihr Schweigen über die Zustände in den Betrieben ab. Oder sie haben, wie IBH-Gründer Esch, die notwendigen Millionen rechtzeitig dem Zugriff des Konkursrichters entzogen.

Ihren Lebensstandard mögen jene, die ihr Unternehmen in die Krise gemanagt haben, erhalten. Ihr Renommee aber dürften sie verloren haben. Denn es häufen sich inzwischen die wissenschaftlichen Untersuchungen, die Führungsfehler als Hauptursache betrieblicher Insolvenzen nachweisen. Eine gewiß nicht linkslastige Organisation wie die Forschungsgruppe Köln des Instituts für Mittelstandsforschung isolierte nach der Durchleuchtung von 2300 Insolvenzfällen drei Bereiche, in denen Ursachen für Pleiten zu suchen seien:

1. Innerbetrieblicher Bereich: Er umfaßt die Betriebsführung als Institution, die Betriebsstruktur und die Betriebsprozesse.

2. Zwischenbetrieblicher Bereich: Er umfaßt die Sektion Kreditinstitute, Lieferanten, Abnehmer und Konkurrenten.

3. Überbetrieblicher Bereich: Einflüsse aus Tarif- und Sozialpolitik, der allgemeinen Wirtschaftspolitik, der Konjunkturentwicklung etc.

Die »Häufigkeiten und Gewichtungen der Insolvenzursachen« zwangen die Forscher zu dem Schluß, daß die untersuchten Zusammenbrüche »maßgeblich durch innerbetriebliches Fehlverhalten zumindest mitverursacht« wurden. An der Spitze der Fehler in diesem Bereich sieht das Institut eindeutig Mängel in der Betriebsführung, also Management-Fehler. Die Forscher stellen in ihrem Bericht fest, »daß ein Großteil der gescheiterten Betriebe mehr oder weniger eigenverantwortlich in die Pleite hineingerutscht ist«.

Schon 1977 waren Fachleute der Kienbaum-Unternehmensberatung zu ganz ähnlichen Schlüssen gekommen. Sie hatten 28 Fälle analysiert, die das Hamburger »Manager-Magazin« in seiner fundierten und selbst von den Unternehmern anerkannten Dauerserie über Mismanagement veröffentlicht hatte. Das Magazin berichtet darin in der Regel über Firmen, die aufgrund vermeidbarer Fehler auf dem Weg in Richtung Pleite sind. Kienbaum beginnt seine Analyse mit der Feststellung: »Dilettantismus im Management und tiefe Konflikte zwischen Interessengruppen münden zwangsläufig in gravierenden Fehlentscheidungen. Sichtbare Auswirkungen dieses Fehlverhaltens, Symptome des Mismanagements, sind starke Umsatzrückgänge, eklatante Verluste, Liquiditätsengpässe, Fluktuation im Mittelmanagement, Entlassungen, Imageverluste etc.«

Der falsche Mann am falschen Platz

Die Studie unterteilt die erforschten Firmen in vier Gruppen: Unternehmen 1. der Grundstoff-, Investitionsgüter- und Zuliefererindustrie, 2. der Konsumgüterindustrie, 3. des Handels- und Dienstleistungsbereiches und 4. mit einer Mischung von Produktion, Handel und Dienstleistungen. In allen vier Bereichen stehen an erster Stelle der Ursachen für das Mismanagement »Fehlentscheidungen beim Managementpersonal«. Oder mit anderen Worten:

Es gelangen die falschen Leute in die wichtigen Positionen. Mismanagement, so die Kienbaum-Forscher, »wird von denen programmiert, die das Top-Management bestellen: von Konzernzentralen, Aufsichtsräten, Beiräten, letztlich von Großaktionären und Banken selbst«. Mit der falschen Besetzung der entscheidenden Positionen im Unternehmen werden die Grundlagen für Fehler bei der Betriebsführung gelegt.

Diese Fehler wiederum werden von Kienbaum in vier Bereichen konzentriert festgestellt:

1. Die Unternehmungsführung ist ständig überlastet, weil sie sich vorwiegend im Tagesgeschäft und mit Detailentscheidungen aufreibt, anstatt klar umrissene Aufgaben, Kompetenzen und Verantwortungen zu delegieren. Die langfristige Unternehmensentwicklung, eigentliche Aufgabe des Top-Managements, fällt unter den überladenen Schreibtisch.

2. Den Unternehmen fehlt es an Innovationen bei Produktion und Verfahren, bei den Führungsinstrumenten und in der Organisation. Grund: Die Mitarbeiter, von denen die Ideen kommen müßten, sind über Pläne und Ziele der Firma nicht ausreichend informiert. Kommen doch sinnvolle Vorschläge, dann bleiben sie in der unflexiblen Organisation hängen.

3. Unvermeidliche Konflikte zwischen Mitarbeitern und Gruppen im Unternehmen werden von oben nicht rechtzeitig erkannt und beigelegt. Im Spannungsfeld aber leiden Motivation der Mitarbeiter, Produktivität und letztlich Qualität der Produkte.

4. Langfristige strategische Konzepte fehlen, da die Unternehmensleitung reagiert, nicht agiert. Eindeutige Zielvorlagen, Erfolgskontrollen und notwendiges Gegensteuern bei Fehlentwicklungen sind nicht vorhanden, da sowohl die Marktsituation als auch die Möglichkeiten des Betriebs falsch beurteilt werden. Oft ist panikartige Flucht in die Diversifikation die Folge.

Der Kieler Professor der Betriebswirtschaftslehre, Jürgen Hauschildt, der sich vor allem mit der Erforschung der Ursachen von Unternehmenszusammenbrüchen beschäftigt und sich deshalb den spöttischen Titel »Pleitologe« gefallen lassen muß, verwendete Berichte aus dem »Manager-Magazin« als Grundlage für eine eingehende Mismanagement-Studie, weil dieses Blatt, so Hauschildt, als einzige Zeitschrift »auf diesem Gebiet kontinuierlich gearbeitet« habe. Aus 72 geschilderten Fällen destilliert er 1983 dieselbe Quintessenz wie sechs Jahre zuvor Kienbaum: Am stärksten treten bei Mismanagement-Krisen Führungsfehler, personell bedingte Mißerfolgsursachen und Mängel in der Personalpolitik auf. Bei den fünf verschiedenen Mismanagement-Typen, die Hauschildt auflistet, stehen als Mißerfolgsursachen an der Spitze stets Führungsfehler. An zweiter Stelle wechseln sich in der Regel Ursachen ab, die in der Person des Top-Managers oder Unternehmers liegen, sowie fehlende Planungs- und Kontrollsysteme.

»Charaktermängel«

Das eingangs erwähnte Institut für Mittelstandsforschung geht in seiner Studie über die Pleite-Ursachen noch einen Schritt über die Kritik am rein fachlichen Fehlverhalten hinaus: In jedem fünften Fall sei der Zusammenbruch von »Charaktermängeln« des Chefs mitverursacht worden. Als äußere Symptome für diesen Aspekt des Versagens nennen die Forscher die großvolumigen Dienstlimousinen, die von den Bossen vor allem für private Zwecke benutzt werden, oder außergewöhnlich kostspielige Hobbys. Der private Aufwand des Chefs habe oft die Ertragskraft seines Betriebs überschritten.

Es liegt nahe, Forschungsergebnisse wie die geschilderten zu relativieren. Immerhin hatten sich die Untersuchungen ausschließlich mit jenen Managern befaßt, die ihre Unternehmen bereits in den Untergang geführt hatten oder sichtbar auf dem besten Weg dorthin waren. Doch sollte nicht vergessen werden, daß Journalisten bereits 1971 auf gefährliches Mismanagement bei der AEG hinwiesen, dafür jedoch kritisiert und verlacht wurden. Vor allem die AEG-Manager selbst verwahrten sich energisch gegen die Vorwürfe. Jahrelang konnten die existenzbedrohenden Fehler noch kaschiert werden, ehe das ganze Ausmaß der Katastrophe nicht mehr zu verbergen war. Und niemand weiß, bei wie vielen kleinen, mittleren und großen Unternehmen die Krankheit bereits eingesetzt hat, nur die Symptome noch nicht deutlich erkennbar sind. Ein Unternehmensberater, der die meisten Großkonzerne sehr gut kennt, verblüffte mich mit der Feststellung: »Einer der schlechtesten Manager, die ich kennengelernt habe, ist der Chef eines großen Pharmakonzerns. Der macht mit seiner Sparte einen Jahresgewinn von 120 Millionen Mark. Mit den richtigen Methoden müßte er aber 250 Millionen machen.« Solange die 120 Millionen aber noch Jahr für Jahr in die Kasse rollen, wird niemand den Herrn kritisieren.

Egoistisch und risikoscheu

Vermutungen allein können jedoch nicht belegen, daß in der Bundesrepublik ein gefährlicher allgemeiner Trend zum Mismanagement besteht. Die Manager selbst, geschickt befragt, gaben darüber authentische Auskunft. Dr. Eduard Gabele, Professor für Betriebswirtschaft – insbesondere Unternehmensplanung – an der Universität Bamberg, analysierte die »Wertvorstellungen« deutscher Unternehmer. Auf der Basis eines repräsentativen Querschnitts von Führern auch gesunder Betriebe fragte er gewissermaßen nach der Moral der deutschen Manager. Das Ergebnis, 1981 veröffentlicht, ist in Teilen überraschend, in Teilen besorgniserregend. Als relevant für das Wohlergehen des Betriebs kristallisierten sich fünf »Wertdimensionen« heraus: Manager-Mitarbeiter-Verhältnis, Firmenwohl contra Allgemeinwohl, gesellschaftspolitisches Engagement, Rechtsauffassung, Veränderungsbereitschaft.

Beim Verhältnis zu den Mitarbeitern stellte sich heraus, daß die Manager für ein eindeutiges Über-Unterordnungssystem eintreten. Ebenso wollen sie alle legalen Mittel nutzen, um die Macht der Gewerkschaften zu schwächen. In den öffentlichen Reden der Manager tönt dies ganz anders: Da wird stets der moderne, kooperative und partizipative Stil im eigenen Haus betont, der die Mitarbeiter angeblich so stark motiviert.

Das Firmenwohl rangiert weit über dem Allgemeinwohl. Die Bosse stimmen klar für die Aussage: »Manager sollten ihrer Arbeit nachgehen können, ohne sich auch noch um das Allgemeinwohl ihrer Mitarbeiter kümmern zu müssen.« Auch im Verhältnis zum weiteren gesellschaftlichen Umfeld wird das eigene Interesse klar und egoistisch in den Mittelpunkt gestellt. Daß ein Unternehmen nur in einer gesunden Umwelt selbst gesund bleiben kann, scheint nicht zum Weltbild der Manager zu gehören.

So überrascht auch nicht, daß gesellschaftspolitisches Engagement – zum Beispiel für kulturelle Institutionen, für die Lösung internationaler Probleme und für den wirtschaftlichen Aufbau anderer Länder – abgelehnt wird.

Aufschlußreich im Licht der Steueraffäre des Flickkonzerns ist die Überzeugung der Manager, es müsse ihnen im Interesse ihrer Unternehmen zugebilligt werden, mit allen legalen Tricks Steuern und Gesetze zu umgehen.

Geradezu bedrohlich ist jedoch die Einstellung der Befragten zu ihrer Innovations- und Veränderungsbereitschaft in einer Zeit, in der schnelle technologische Fortschritte und aggressive internationale Konkurrenz die deutschen Unternehmen bedrängen. Die Manager verneinen eindeutig die Forderung, »Chancen sollen auch wahrgenommen werden, wenn größere Risiken zu erwarten sind«. Sie bejahen aber den Vorschlag, »Unternehmen sollten erst einmal die Erfahrungen anderer mit tiefgreifenden organisatorischen Änderungen abwarten«. In einer Krise, so meinen sie, solle man ohnehin keine grundlegenden Änderungen vornehmen.

Deutschlands Manager, so läßt sich das Ergebnis der Umfrage etwas polemisch zusammenfassen, sehen sich selbst als autoritäre Egoisten, denen gesellschaftliche und internationale Interdependenzen ebenso lästige Hindernisse sind wie Gesetze und Steuern. Und wenn sie persönlich im Interesse der Firma das Risiko des Scheiterns eingehen sollen, ziehen sie es vor, zögernde Plagiatoren statt offensive Innovatoren zu sein – lieber einen Schritt hinter der Konkurrenz her als einen Schritt in eigener Verantwortung voraus.

Schuld sind immer die andern

So eindeutig all diese Beobachtungen auch sind, so wenig bewegen sie die gescholtenen Manager zur Selbstkritik und Selbstbesinnung. Natürlich streiten sie das Vorhandensein von Mismanagement nicht ab. Doch die Fehler machen immer die anderen.

Ein Vorturner in dieser Riege der Apologeten ist Rolf Sammet, Chef der *Hoechst AG,* des zweitgrößten Chemieunternehmens der Welt. Er klagt mit schöner Regelmäßigkeit über die erdrückenden Auflagen für den Umweltschutz, die wachsende Technikfeindlichkeit der Jugend, die verfehlte Energiepolitik der Regierung und die schlechten Rahmenbedingungen ganz allgemein. »Demagogen« verderben durch »zunehmende Ideologisierung« die Jugend und üben an den Universitäten einen »unheilvollen Einfluß« aus. Dieser Nachwuchs, der »alles mit Kritik ansieht«, ist mitschuldig an der Krise.

Der beredte Unternehmer schweigt allerdings, wenn es um Fehlentscheidungen seines eigenen Managements geht: um das zu starke Engagement des Konzerns im Iran des Schah Reza Pahlewi, um inzwischen verstaatlichte Tochterfirmen in Frankreich, um Verluste der *Hoechst*-Werke in den USA. Typisch für die geleugneten Fehler ist der Einbruch am Kunststoffmarkt, den Sammet so bewegend zu bejammern weiß. Die Russen, so die Klage, überschwemmen den Weltmarkt mit Massenware zu Dumpingpreisen. Der *Hoechst*-Chef erwähnt nicht, daß sich sein Konzern diese Konkurrenz selbst geschaffen hat. Die Konzern-Tochter *Friedrich Uhde GmbH* lieferte dem Ostblock Dutzende von Chemiewerken und ließ sich mit den Produkten eben dieser Werke bezahlen. Kunststoffe aus diesen Gegengeschäften drücken die Preise.

Eine Umfrage der Unternehmensberatung Egon Zehnder International (Deutschland) GmbH zeigt eine der Methoden, mit denen Manager Kritik weitergeben. Über die Hälfte der Unternehmensführer gaben darin an, sie hielten die Ausbildung des Management-Nachwuchses für unzureichend, übersahen jedoch, daß sie selbst für diese Ausbildung verantwortlich sind. Eine genaue Analyse zeigt, daß vor allem die jüngeren Manager mit ihrer Förderung unzufrieden sind. Die 50jährigen glauben zu 63 Prozent, sie hätten genug für den Nachwuchs getan. 52 Prozent der Top-Manager stellten sich zugleich das Zeugnis aus, gut oder vorbildlich zu arbeiten, 29 Prozent nannten ihre Leistung zufriedenstellend. Diese Zahlen belegen nicht etwa einen Generationenkonflikt, sondern die Unfähigkeit der höchsten Manager, ihre Fehler - in diesem Fall bei der Nachwuchsförderung - zu erkennen. Selbstgerecht bescheinigen sie sich hohe Qualifikationen und überlassen jene, die ihnen eines Tages nachfolgen sollen, ihrer eigenen Initiative. Die Unternehmensberater kommen meist erst in die Betriebe, wenn dort die Krise bereits erkennbar ist. Nach gründlichen Analysen der bestehenden Zustände arbeiten sie detaillierte Vorschläge aus, die in der Regel Veränderungen in allen Bereichen des Unternehmens beinhalten. Ein Konsultant klagte: »Bei der Hälfte aller unserer Beratungen werden die Empfehlungen nicht umgesetzt, obwohl sie vom Management für richtig bewertet wurden. Sie landen in der Schublade, und das Unternehmen wurstelt in der gewohnten Form weiter.« Einer seiner Kollegen berichtete eine Variante: »In einem Betrieb, in dem nichts stimmte, haben wir nach sechs Monaten einen 300 Seiten starken Vorschlagskatalog abgegeben. In dem steht alles, was die machen müssen, um ihre Probleme zu bewältigen. Zehn Seiten des Berichtes befassen sich mit Fragen der Geschäftsverteilung im Vorstand. Seit einem halben Jahr diskutiert der Vorstand ergebnislos, wie er in Zukunft die

Geschäfte verteilen soll. Die haben aus dem ganzen Paket diese zehn Seiten herausgenommen, und selbst damit kommen sie nicht zurecht.«

Werden die Folgen des Mismanagements erst einmal unübersehbar, dann halten die Unternehmensführer immer noch eine letzte Fluchttür offen: Die Rahmenbedingungen, die Gewerkschaften, der Staat sind schuld. Unablässig klingt das Klagelied von den hohen Lohnkosten, die unsere Wirtschaft erdrücken. Doch nie wird das Vorwort gesungen: nämlich daß all diese Löhne von den Unternehmern als Tarifpartner ausgehandelt und unterzeichnet wurden. Und daß die meisten Firmen sogar übertariflich bezahlen. Laut schallt das Wehgeschrei, daß die Lohnnebenkosten das Betriebsergebnis ruinierten. Doch nicht einmal leise wird hinzugefügt, daß 55 Prozent dieser Nebenkosten von den Unternehmern selbst als vertragliche, tarifliche oder freiwillige Leistungen angeboten werden.

Der Ruf nach dem Staat

Sind die Folgen des Mismanagements nicht mehr zu übersehen, muß der Staat helfend eingreifen. Dieselben Manager, die sich so gerne öffentlich zur freien Marktwirtschaft bekennen, antichambrieren bei jeder Schwierigkeit in Bonn und fordern staatliche Unterstützung. Ganze Industriezweige wie Stahl, Kohle, Werften lassen sich durch Infusionen aus der Staatskasse, sprich mit dem Geld der Steuerzahler, am Leben halten. Aber auch einzelne Firmen fordern inzwischen Bürgschaften und Darlehen und drohen mit der Vernichtung von Arbeitsplätzen, wenn sie kein Gehör finden. Neue Werke werden dort gebaut, wo die Gemeinden die größten Steuergeschenke bieten. Gelder für Forschungsförderung werden für Projekte beantragt, die ohnehin geplant waren oder bereits laufen. Ohne Subventionen, so scheint es, geht kaum noch etwas: Der Staat als Geburtshelfer und Lebensretter der Wirtschaft. Die gewiß nicht unternehmerfeindliche »Frankfurter Allgemeine Zeitung« sah sich am 11. Januar 1984 zu einem Leitartikel veranlaßt, in dem es heißt: »Daß ein Konkurs nicht immer staatlich gesetzten Rahmenbedingungen oder rüden Gewerkschaften anzulasten ist, scheint aus dem unternehmerischen Wissensschatz gestrichen ... So gesehen, ist bei Unternehmern von mehr Eigenverantwortung zwar viel die Rede, aber kaum die Spur.«

Das Wort »Pleite« scheint wieder seinen ursprünglichen Sinn zurückzubekommen. Das hebräische »peleta« heißt eigentlich »Flucht« oder »Rettung«.

Die Ursachen für Mismanagement und die daraus resultierenden Pleiten können aber nur eingekreist werden, wenn der dafür verantwortliche Personenkreis identifiziert ist. Zwar werden die Begriffe Managen und Manager heute in einer Vielfalt von Zusammenhängen benutzt. Aber wer wirklich zur Berufsgruppe der Manager gehört, das ist nirgends festgelegt.

2 Vizekönig und Prügelknabe

Wer und was ist ein Manager?

Der Friseur, der den kleinen Salon an der Ecke betreibt und dort drei Angestellte beschäftigt, ist ohne Zweifel ein Manager, selbst wenn sein Nettoeinkommen noch unter dem eines Facharbeiters liegen sollte. Er muß sich rechtzeitig darauf einstellen, wenn die Punks plötzlich auf einfarbige Kurzhaare umsteigen oder bei angepaßten Jugendlichen Façonschnitt gefragt ist. Er muß sicherstellen, daß in seinem Laden nie die Kosmetika ausgehen, muß die Arbeitszeiten und den Urlaub seiner Angestellten so einteilen, daß seine Kunden in Stoßzeiten nicht zu lange warten, während in ruhigen Zeiten zwei seiner Damen gelangweilt in der Ecke sitzen und ihre Fingernägel polieren. Seine Mitarbeiter muß er durch angemessenen Lohn, durch Lob und eigenes Vorbild bei Laune halten, damit nicht muffige Bedienung empfindliche Kunden vertreibt, den Friseusen stets fachlich beispringen, Fehler verhindern oder korrigieren. Er muß stets mit einem Auge und einem Ohr überwachen, ob die Wünsche seiner Kunden freundlich und kompetent erfüllt werden, dafür sorgen, daß sein Salon stets sauber und einladend wirkt. Und er muß schließlich abends noch die Kasse prüfen und die Buchhaltung erledigen.

All das sind eindeutig Management-Aufgaben, und sie klingen auch so, wenn sie in die gängigen Fachausdrücke gekleidet werden: Unser Unternehmens-Leiter betreibt Marktforschung, lang- und mittelfristige Planung. Er entwirft und überwacht die Organisation, die Bereitstellung von Material und Arbeitskräften. Er koordiniert die Arbeitsprozesse entsprechend der Nachfrage. Er motiviert seine Angestellten. Und er betreibt schließlich Controlling im produktiven wie im fiskalischen Bereich. Kurz: Er plant, organisiert, führt, kontrolliert und trägt Verantwortung.

Ganz anders stellt sich die Situation des Geschäftsführers eines mittelständischen Unternehmens mit einem dominierenden Besitzer dar. Auch wenn dieser Mann nominell über 1000 Angestellte und Arbeiter gebietet, man ihm den klingenden Titel eines Direktors in Messing graviert an seine Bürotür schraubt, er über eine Chefsekretärin verfügt, einen großvolumigen Dienstwagen fährt, eine Dienstvilla bewohnt und ein sechsstelliges Gehalt nach Hause trägt, ist er kein Manager, solange ihm der Firmenbesitzer ständig Anweisungen auch über die Details seiner Arbeit gibt. In diesem Falle ist er bestenfalls ein gehobener Bote, der als Schaltstelle für Informationen zwischen oben und unten dient.

Sollte er Talent zum Manager besitzen, wird er bald frustriert und wieder auf Stellungssuche sein. Ein solches Szenario ist beileibe keine Fiktion. Max Grundig, einer der renommiertesten Hersteller von Unterhaltungselektronik in der Bundesrepublik, praktizierte diesen Führungsstil über viele Jahre und über viele Geschäftsführer – bis er schließlich sein Unternehmen an die große Konkurrenz *Philips* in den Niederlanden verkaufen mußte.

Unternehmer oder Manager?

Die beiden Beispiele sollen belegen, daß man die Position des Managers weder nach seinem Gehalt noch nach seinem Titel definieren kann. So ist zum Beispiel die gelegentlich benutzte Gehaltsskala unsinnig, die Angestellte mit einem Jahreseinkommen von 80 000 bis 150 000 Mark im Mittelmanagement, alle darüber im Top-Management ansiedelt. Im Kontext dieses Buches wird der Manager nur an seiner Funktion gemessen. Zur Kaste der Führenden zählen demnach Frauen und Männer, die maßgebend an Entscheidungen beteiligt sind, die das ganze Unternehmen betreffen, Personen mit der Verpflichtung, für ihr Tun selbst die volle Verantwortung zu tragen. Bei dieser Definition spielt es keine Rolle, ob der Manager selbst Besitzer und Unternehmer oder ein besoldeter Angestellter ist.

Ohnehin scheint der Unternehmer, der seinen Betrieb selbst managt, heute nicht mehr die wirtschaftliche und politische Rolle wie in der Vergangenheit zu spielen. Bei fast allen großen Konzernen ist er bereits keine identifizierbare Person mehr. Besitzer dieser Multis ist das anonyme Kapital mit seiner Eigengesetzlichkeit, das vom Aufsichtsrat und von den Großaktionären – sehr oft den Banken – repräsentiert wird. Je größer ein Unternehmen ist, desto mehr wächst die Gefahr, daß der Besitzer seiner Aufgabe nicht mehr gewachsen ist. Die vergangenen Jahre boten dafür zahlreiche Beispiele: Grundig, Bauknecht, Kreidler, Neckermann sind nur einige der Patriarchen, die entweder verkaufen oder in Liquidation gehen mußten.

Einen funktionierenden Unternehmerstand gibt es eigentlich nur noch in der mittelständischen und Kleinindustrie. Numerisch ist das eindeutig die Mehrheit der Firmen in der Bundesrepublik. Von den etwa zwei Millionen Unternehmen im Lande haben nur 200 einen Jahresumsatz von mehr als einer Milliarde Mark. 200 000 bis 250 000 liegen zwischen 20 Millionen und einer Milliarde. Der große Rest setzt sich aus Gewerbetreibenden, Handwerkern und Kleinunternehmen zusammen. Trotz ihrer geringen Zahl sind jedoch die Großen die Mächtigen im Lande. Die Firmen mit einem Jahresumsatz von mehr als 250 Millionen Mark produzieren 54 Prozent des gesamten Umsatzes in der Bundesrepublik.

Gleitende Zahl

Je größer ein Unternehmen ist, desto bürokratischer wird seine Verwaltung und desto komplexer seine Management-Struktur. In einem mittelständischen Betrieb kann noch ein Einzelner alle Bereiche überblicken und kontrollieren. Ein oder zwei Manager im definierten Sinne reichen dafür aus. Im Großkonzern muß die Unternehmensführung bereits wie eine Pyramide aufgebaut sein. Verantwortung, und damit Management-Aufgaben, werden in mehreren Ebenen nach unten delegiert. So steht zum Beispiel bei der *Siemens AG* der Leiter des Bereiches Antennenbau erst auf der fünften Stufe der Hierarchie, ist jedoch weitgehend allein für seinen Betriebszweig verantwortlich und damit im vollen Sinne ein Manager.

Mit der Definition des Begriffes Manager ändert sich natürlich auch die Zahl der Menschen, die darunterfallen. Der Deutsche Gewerkschaftsbund legt besonders strenge Maßstäbe an. Er zählt zu den eigentlichen Managern nur »jene sehr kleine Gruppe von engen Mitarbeitern der obersten Herren in den Wirtschaftsbürokratien, die wirklich substantiell an ›unternehmerischen Entscheidungen‹ mitwirken«. Zu diesem Kreis zählen demnach im Volkswagen-Konzern 30 bis 40 Personen, also 0,03 Prozent aller Beschäftigten, bei einer Lufthansa-Tochter drei von 2000 Beschäftigten, also 0,15 Prozent.

Etwas großzügiger rechnet die *Daimler-Benz AG* in Untertürkheim. Nach ihrer Personalstatistik zählen zu den Leitenden Führungskräften: 50 Direktoren, 113 Fachbereichsleiter, 413 Hauptabteilungsleiter, 1489 Abteilungsleiter und sogar noch 27 Werksärzte, insgesamt 2092 Menschen oder 1,51 Prozent der Mitarbeiter. Nach hausinterner Definition gehören jedoch nur die Direktoren und Fachbereichsleiter zum oberen Führungskreis, der zusammen mit den Hauptabteilungsleitern das Management bildet. Das sind 576 Manager, 0,42 Prozent der etwa 140 000 Beschäftigten im Konzern.

Am genauesten definiert das Bundes-Arbeitsgericht den Kreis der Führungskräfte. Im Streit zwischen den Gewerkschaften, Parteien und Arbeitgebern um den Begriff »Leitende Angestellte« – die »Dritte Kraft« in der Mitbestimmung – entschieden die Obersten Arbeitsrichter in einem Folgebeschluß am 9. Dezember 1975. Danach ist ein Mitarbeiter dann »Leitender Angestellter« im Sinne des Paragraphen 5.3 des Betriebsverfassungsgesetzes, wenn: 1. er substantiell an Entscheidungen beteiligt ist, und 2. seine Tätigkeit eindeutig von derart wirklich unternehmerischen Entscheidungen geprägt ist. In der Praxis allerdings sieht zumindest der DGB dieses Gesetz verwässert. Denn unter den Begriff »Leitende Angestellte« fallen heute meist auch Mitarbeiter der unteren und mittleren Führungsschichten, die nach Gewerkschafts-Definition bestenfalls »Angestellte mit Leitungsaufgaben« sind. Diese 400 000 bis 500 000 Frauen und Männer repräsentieren 2 bis 2,5 Prozent aller Beschäftigten in der Bundesrepublik. Schon beinahe ins Lächerliche rutschen solche Zahlenspiele ab, wenn ein Wissenschaftler für eine ernstgemeinte Untersuchung »20 000 Manager in 100 nordrhein-westfälischen Unternehmen« befragt.

Der ideale Typ

Statt nach seiner Funktion kann der Manager auch nach den Fähigkeiten definiert werden, die zur Erfüllung seiner Aufgaben verlangt werden. Auch dafür gibt es keine festen Regeln, auf die sich die Wissenschaftler geeinigt haben. Doch aus der Vielfalt der Aufzählungen kristallisieren sich immer wieder dieselben Eigenschaften heraus. Warren Bennis, Professor für Management an der Schule für Betriebsführung der Universität Südkalifornien, hat 90 Spitzenkräfte *(top-leaders)* aus den verschiedensten Bereichen des öffentlichen und wirtschaftlichen Lebens intensiv analysiert und in fünf Punkten zusammengefaßt, was diese Erfolgreichen gemein haben:

1. Sie haben eine zwingende Vision von ihrer Arbeit und wissen zu jeder Zeit, was sie erreichen wollen. Sie sind also extrem zielorientiert.

2. Sie können gut mit Menschen kommunizieren, Menschen hinter sich vereinen und ihnen zugleich ein Gefühl von Bedeutung vermitteln.

3. Sie scheuen sich nicht, Fehler einzugestehen und aus ihnen zu lernen.

4. Sie bleiben gradlinig auf ihrem Kurs zum Ziel, sind stark engagiert und ausdauernd *(persistent).*

5. Sie haben ein ausgeprägtes Selbstwertgefühl, das unter anderem daraus resultiert, daß sie ihre Stärken und Schwächen klar erkennen.

Bennis faßt seine Eindrücke zusammen: »Die meisten Manager konzentrieren sich darauf, Aufgaben richtig zu erledigen. Die wahren Führer dagegen kümmern sich mehr darum, die richtigen Aufgaben zu suchen und zu erledigen.«

Bei zahlreichen Gesprächen mit Managern, Unternehmensberatern und Wissenschaftlern in der Bundesrepublik kam ein ähnlicher Wunschzettel in bezug auf die Fähigkeiten und Eigenschaften von Managern zustande. Deutlich wurde, daß der Wechsel der Wirtschaft von ungehemmtem Wachstum zur Krise einen in den Boomtagen nicht unüblichen Führungs-Typ aus dem Rennen geworfen hat. Dr. Heinz Damm, Personalchef für Führungskräfte bei *Daimler-Benz*: »Überflieger haben heute keine Chance mehr.«

Statt dessen werden nun Leute gesucht, die bereits in ihrer Jugend spontan informelle Führungsqualitäten gezeigt haben: als Klassensprecher, bei den Pfadfindern, in der kirchlichen Jugend oder ähnlichen Organisationen. Danach hilft ein Studium der Betriebswirtschaft oder eine Banklehre, ist jedoch nicht entscheidend. Viel wichtiger ist, daß die jungen Führungsanwärter bei Antritt des Berufslebens instinktiv die richtigen Anlagen zeigen: Ehrgeiz, Lernfähigkeit, Kooperationsbereitschaft, Interessen weit über ihr Fachgebiet hinaus, Zielstrebigkeit, Stehvermögen auch in Streßsituationen. Dann, so die ideale Karriere, läßt sich die Nachwuchskraft in ihrem Betrieb horizontal in andere Abteilungen versetzen, etwa von der Produktion in den Vertrieb, ohne unbedingt auf Beförderung und höherem Gehalt zu bestehen. Je weiter sie einst nach oben steigt, desto weniger wichtig werden Spezialkenntnisse in einem bestimmten Fach. Auf den obersten Etagen ist der vielseitige Generalist gefragt.

Das soziale Know-how

Ist der Manager erst fest auf der Karriereleiter etabliert, werden immer stärker persönliche und soziale Talente gefordert. Oder, wie ein Berater es ausdrückt: »Das technische Know-how weicht hinter das soziale Know-how zurück.« In der dünnen Luft der obersten Etagen muß der Manager intelligent und nüchtern, zugleich aber phantasiebegabt sein. Er muß Märkte und Menschen beurteilen, ihre künftigen Trends vorausahnen können. Er sollte Informationen aus den verschiedensten Quellen verstehen und analysieren und aufgrund der gewonnenen Erkenntnisse klare Entscheidungen fällen können, auch indem er bewußt das Risiko eingeht, falsch zu liegen, den Fehler später korrigieren zu müssen.

Eine der entscheidendsten Grundlagen für diese Aufgaben nannten alle Gesprächspartner das angeborene und sorgsam entwickelte Talent, Menschen führen, zum Team formen und motivieren zu können. Der Manager muß Aufgaben delegieren und dann dem Beauftragten auch Entscheidungs-Spielraum und die volle Verantwortung lassen. Trotzdem sollte er alle Fäden in der Hand halten, ohne daß sich seine Mitarbeiter bevormundet fühlen. Schließlich muß er im Notfall in der Lage sein, ein Projekt, das schiefzulaufen oder steckenzubleiben droht, selbst zu übernehmen und durch Beispiel vorzumachen, wie er sich die Lösung vorstellt.

Stark betont wurde auch immer wieder, daß ein Manager heute in der Lage sein muß, über den Fabrikzaun hinauszublicken, daß er an der Entwicklung des gesellschaftlichen Bewußtseins seiner Umwelt stets Interesse zu zeigen hat und sich sogar aktiv dabei engagieren sollte. *Daimler-Benz* hält für seine Direktoren zu diesem Zweck regelmäßig Kurse ab, in denen werkfremde Fachleute über gesellschaftliche Trends referieren.

Der Internationalist

Daß dieses Beobachten der Umwelt nicht auf das eigene Land beschränkt bleiben darf, sondern die ganze Welt einschließen muß, darüber herrscht ebenfalls Konsens. Ein Manager heute, heißt es, muß Internationalist sein. Er sollte mindestens einmal im Jahr relevante Konkurrenzländer wie Japan oder die Vereinigten Staaten besuchen und dazu natürlich Fremdsprachenkenntnisse besitzen. Schließlich bewegen gesellschaftliche Entwicklungen im In- und Ausland sehr stark die Märkte, beeinflussen sie die künftige Nachfrage.

Um den Talent-Katalog nicht allzu ideal werden zu lassen, hier noch die Ergänzung eines Personalberaters, der sehr viel Umgang mit Top-Managern hat: »Wenn ein Mensch all den beruflichen und privaten Ärger auf sich nimmt, der mit einem Spitzenjob verbunden ist, dann muß er ein krasser Egoist, ein Narziß und ein Masochist sein.«

Natürlich erfüllt kein Bewerber all die gestellten Bedingungen. Dieser perfekte Mensch wäre nicht zu ertragen. Doch die erwähnten Fähigkeiten dienen in den gutgeführten, erfolgreichen Unternehmen heute als eine Art Checkliste. Mit verschiedenen Gewichtungen je nach der zu vergebenden Position bekommt derjenige Kandidat den Zuschlag, der die meisten Voraussetzungen erfüllt.

Schein und Wirklichkeit

Die Wirklichkeit und sogar die Selbsteinschätzung der deutschen Manager stimmt mit solchen Ideal-Vorstellungen allerdings nicht überein. Oder, um es im Jargon der Betroffenen zu sagen: Die Ist-Analyse deckt sich nicht mit den Soll-Anforderungen. Die Hamburger Unternehmensberater Scientific Control Systems GmbH (SCS) haben zusammen mit der Düsseldorfer Wirtschaftszeitung »Handelsblatt« für eine »Unternehmer-Enquete 1982/83« insgesamt 3297 Manager aus den obersten Etagen mittlerer und großer Firmen nach einer Selbstdarstellung befragt. Bei der Bewertung der Ergebnisse muß man natürlich im Auge behalten, daß selbst der geschickteste Fragebogen geschönte Auskünfte nicht ganz vermeiden kann. Trotzdem entsteht ein recht deutliches Bild vom deutschen Top-Manager, wie er wirklich ist. Im Durchschnitt ist er zwischen 40 und 59 Jahre alt (fast 40 Prozent sind zwischen 50 und 59), hat zu 68 Prozent ein Hochschulstudium und verdient 190 000 Mark im Jahr. Knapp ein Viertel hat sogar ein Einkommen von mehr als 250 000 Mark. Lobend vermerkt die Studie, daß mehr als die Hälfte der Manager an drei oder mehr Fortbildungsseminaren teilgenommen hat. Doch ebenso signifikant scheint, daß 30 Prozent noch nie solche Kurse besuchten.

Fast die Hälfte der Chefs hat weniger als fünf Mitarbeiter, die ihnen direkt berichten, und je älter ein Manager wird, desto geringer ist die Zahl dieser Zuarbeiter. Trotzdem sehen 50 Prozent als wichtigste Managereigenschaft »kooperativ« an. Danach folgen: Neuem aufgeschlossen, schneller Entscheider, sachlich. So zukunftsorientierte Eigenschaften wie »kreativ« und »risikobereit« folgen erst auf

Platz 10 und 11, abgeschlagen im Mittelfeld. Bei den älteren Managern – die am höchsten in der Hierarchie, dem Entscheidungszentrum am nächsten stehen – rücken schon deutlich die konservativen Elemente nach vorn: Spitzenreiter sind bei ihnen »Sicherheits- und Traditionsbewußtsein«. In 63 Prozent der betroffenen Unternehmen wurden denn auch in den vergangenen fünf Jahren keine oder wenige Produkt-Innovationen entwickelt.

In einer Zeit, in der ständig von der Interdependenz der Weltwirtschaft geredet wird, scheint es verwunderlich, daß 70 Prozent der befragten Unternehmensführer noch nie im Ausland beruflich tätig waren. Und nur sehr wenige bemühen sich, ihren Horizont über die Landesgrenzen hinaus zu erweitern: Gerade 6 Prozent der Manager lesen regelmäßig eine der großen englischsprachigen Wirtschaftspublikationen. 48 Prozent der Befragten geben zudem zu, daß es in ihrem Unternehmen keine Dokumentationsstelle und keine Abteilung gibt, die relevante Zeitungen und Zeitschriften auswertet. Nur 13 Prozent haben deshalb keine Schwierigkeiten, aus den Medien Informationen zu ziehen, die für ihr Unternehmen wichtig sind.

Der ausgebeutete Ausbeuter

Nach der Idealvorstellung und der Selbsteinschätzung sollte auch die Gegenposition nicht übersehen werden, die von den Gewerkschaften zu Stellung und Aufgaben des Managers eingenommen wird. Sie wurde intensiv debattiert und schließlich auch definiert anläßlich des Streites darüber, wo in der sozialen Struktur der Unternehmen der »Leitende Angestellte« eingeordnet werden soll. Ulrich Briefs, Diplom-Volkswirt und wissenschaftlicher Referent beim Wirtschafts- und Sozialwissenschaftlichen Institut (WSI) des Deutschen Gewerkschaftsbundes, anerkennt als wirkliche Entscheidungsträger nur eine winzige Gruppe von Top-Managern, nicht mehr als zwanzig selbst in den größten Konzernen. Diese sieht er als die Vertreter des Kapitals, die selbst auch nur innerhalb des systemimmanenten Rahmens der »Logik von Kapitalverwertung und Profitmaximierung« reagieren können. Was darunter als Management gilt, kann – laut Briefs – nicht für sich in Anspruch nehmen, »Dritte Kraft« zwischen Arbeit und Kapital zu sein. Der einst von der FDP erfundene »Faktor Disposition« – der in Freiräumen disponierende »Leitende Angestellte« – existiert nach dieser Lesart nicht. Briefs sieht diesen Manager-Typ lediglich als Transmissionsriemen, der die Anweisungen des anonymen Kapitals an die Angestellten und Arbeiter weitergibt. Er ist »ein Anpasser, bestensfalls ein Bündler von Kräften«, ein Lenker, der selbst gelenkt wird, ein ausgebeuteter Ausbeuter. Briefs: »Ist der Arbeiter ... zum Anhängsel der Maschine geworden, so wird der Manager zunehmend zum Anhängsel des Budgets.«

Diese Anschauung wird sicher mitbestimmt vom politischen Ziel der Gewerkschaften, die angestellten Manager als Arbeitnehmer eingestuft zu sehen und auf diesem Weg ihre Interessen vertreten zu können. Das würde klare Fronten zwischen Kapital und Arbeit wahren – und die Parität in der Mitbestimmung nicht gefährden. Doch es wäre grundfalsch, diese Thesen deshalb von vornherein als Propaganda abzuheften. Überraschende – wenn auch unfreiwillige – Unterstützung erhielt Briefs von Johannes Gottwald, dem früheren Vize-Präsidenten der Union der Leitenden Angestellten. Der betonte 1971 in einem Gespräch mit dem Magazin »Der Spiegel« vehement, wie eindeutig und loyal seine Organisation auf der Unternehmerseite stehe und wie weit sie von den Gewerkschaften entfernt sei. Im gleichen Atemzug aber lamentierte er, daß die Gewerkschaften nicht bereit gewesen seien, die Interessen der Leitenden zu schützen, die ja wie jeder Arbeitnehmer gefeuert werden könnten. Gottwald klagte über die Stellung seiner Kollegen im Betrieb: »Die Leitenden Angestellten haben unternehmerische Funktionen, arbeitsrechtlich sind sie allerdings Arbeitnehmer. Sie können einerseits Vizekönige, andererseits Prügelknaben sein.« Sie herrschen nach unten, werden aber von oben gelenkt.

Unseren Manager-Friseur im Salon an der Ecke berühren solche spitzfindigen Erwägungen wenig. Er braucht keine Meßlatten, um seine Qualifikation zu bestimmen. Ob er gut oder schlecht managt, kann er stündlich am Kundenstrom – und zum Jahresende an der

Kasse ablesen. Diese Methode ist sicher auch heute noch sehr nützlich, vor allem da die vielen Theorien zur Unternehmensführung erst in der jüngsten Vergangenheit entwickelt wurden und deshalb nicht nur bei Skeptikern noch als unausgegoren gelten.

3 Das jüngste Gewerbe

Kurze Geschichte des Managements

Ein untersetzter Pennsylvanier deutscher Abstammung, »mehr vom Schlage eines Stieres« und »so einfältig, daß er für andere Arbeiten unbrauchbar war«, ist der erste Arbeiter, an dem modernes Management erprobt wurde. Frederick Winslow Taylor bewies an diesem Mann, den er in seinen Schriften »Schmidt« nennt und lebensnah bis hin zu seinem deutschen Akzent schildert, daß durch wissenschaftliche Organisation des Arbeitsprozesses und straffe Kontrolle von oben her die Effektivität, sprich Produktivität der Arbeitskräfte um ein Vielfaches gesteigert werden kann. Als »wissenschaftliche Betriebsführung« *(Scientific Management)* oder kurz »Taylorismus« wurden die Theorien des amerikanischen Ingenieurs und wohl ersten hauptberuflichen Unternehmensberaters seither zum Ausgangspunkt fast aller Management-Konzepte, zum Alten Testament der Jünger moderner Unternehmungs-Organisation.

Taylor war vom ungelernten Stahlarbeiter zum Meister aufgestiegen, in Abendkursen Ingenieur geworden und schließlich zum technischen Leiter eines Stahlwerks avanciert. Erträge aus mehreren Patenten erlaubten es ihm, sich mit 45 Jahren aus dem Erwerbsleben zurückzuziehen, um nur noch mit geradezu missionarischem Eifer seine Management-Theorien zu verbreiten. *Bethlehem Steel Corporation,* ein Stahlwerk im US-Bundesstaat Pennsylvanien, gab ihm die Gelegenheit, das Unternehmen zu reorganisieren. Zu diesem Zweck schuf Taylor seinen Musterfall »Schmidt«, den kapitalistischen Ahnherrn des sowjetischen Musterbrigadiers Stachanow. *Bethlehem Steel* produzierte in fünf Hochöfen Roheisen. Eine Kolonne von 75 Arbeitern schleppte die fertigen, 40 Kilogramm schweren Eisenbarren ohne mechanische Hilfen vom Werkshof über eine Holzplanke in bereitstehende Eisenbahnwaggons.

Durch tagelanges Messen eruierte Taylor, daß jeder der Arbeiter am Tag 12,5 Tonnen Roheisen verlud. Nach seinen selbstgefundenen Formeln errechnete er, ein guter Arbeiter müsse eigentlich 47 bis 48 Tonnen täglich schaffen. Unter den vier kräftigsten Verladern wählte der Ingenieur für sein Experiment »Schmidt« aus, wohl weil der Mann als fügsam, ruhig und fleißig bekannt war und weil für ihn »ein Penny eine Bedeutung hatte, als ob er so groß wie ein Wagenrad wäre«. Mit dem Versprechen von mehr Lohn – 1,85 Dollar statt 1,15 am Tag – und Appellen an seinen Ehrgeiz – »Sie glauben doch, daß Sie zu den besten Arbeitern gehören« – brachte Taylor den Mann dazu, tatsächlich die nächsten drei Jahre lang täglich 47 Tonnen Roheisen zu verladen. Dem Vorbild »Schmidts« folgten bald andere Arbeiter an der Verladerampe. Für 60 Prozent mehr Lohn erhielt Taylor fast das Vierfache an Arbeitsleistung.

Die Anfänge

Der »Erfinder des Managements« schrieb seine epochemachenden Bücher erst zu Beginn dieses Jahrhunderts. Die systematische wissenschaftliche Erforschung der Grundlagen von Unternehmensführung begann sogar erst nach dem Zweiten Weltkrieg, steht also noch in ihren Anfängen. Die erarbeiteten Rezepte sind dementsprechend auch von einer verwirrenden, oft widersprüchlichen Vielfalt. Es bereitet keine Schwierigkeiten, die Titel von mehr als hundert Büchern zusammenzustellen, von denen jedes im Detail darlegt, wie ein Betrieb zu führen sei, von denen aber kaum zwei übereinstimmen. Management, so scheint es, ist keine sehr allgemeinverbindliche Wissenschaft.

Das überrascht insofern, als jene 0,4 Prozent der am Arbeitsprozeß Beteiligten, die nach den Erfahrungen eines – erfolgreichen – bundesdeutschen Großkonzerns zur Leitung der Unternehmen notwendig sind, immerhin mit ihren Entscheidungen weitgehend das Wohl und Wehe unserer Wirtschaft bestimmen. Nicht zuletzt von ihren Fähigkeiten hängt es ab, wie viele Arbeitslose das Gefühl haben, aus der Gemeinschaft der Nützlichen ausgeschlossen zu sein, wie voll die Börsen und Konten der Bürger sind.

Verständlicher wird dieses noch tastende Suchen und Versuchen in einem so lebenswichtigen Bereich, wenn man bedenkt, daß der Beruf des Managers (im weitesten Sinn, also auch des Unternehmers, der seinen eigenen Betrieb leitet) zu den jüngsten Gewerben gehört. Selbst der modernste Elektronen-Rechner kann seine Ahnenreihe noch in gerader Linie zu den Mathematikern des alten Griechenlands, wie Pythagoras, zurückverfolgen. Das Management mit seiner heutigen Aufgabenstellung ist dagegen gerade knapp 200 Jahre alt.

In der Vergangenheit beschränkte sich das produzierende Gewerbe in der Regel auf Handwerker. Individuen stellten bestimmte Produkte vom ersten bis zum letzten Handgriff selbst her, mußten also nur ihre eigene Arbeit und bestenfalls die einiger abhängiger Gesellen organisieren. Großobjekte wie der Bau der Pyramiden, der Chinesischen Mauer oder römischer Tempel wurden mit Hilfe von Sklaven- oder Fronarbeit erstellt. Dabei war das Produktionsmittel Mensch nicht den Gesetzen von Angebot und Nachfrage unterworfen. Erst als im 18. und 19. Jahrhundert mit der Erfindung und Entwicklung von Maschinen die Erste Industrielle Revolution ausbrach, wurden ehemals selbständige handwerkliche Fähigkeiten der verschiedensten Art in einer einzigen Fabrik zusammengefaßt, um ein gemeinsames Endprodukt herzustellen. Noch bis 1870 etwa bediente sich der »Kapitalist«, der mit seinem Geld das Gemeinschaftswerk finanzierte, vor allem in England der sogenannten *subcontractors* – der Sub-Unternehmer. Von ihnen erwarb er gegen Stücklohn die notwendigen Einzelteile. Selbst wenn die Zulieferer in den vom Kapitalisten gestellten Werkräumen produzierten, verwalteten sie in eigener Verantwortung ihr Kontingent an Arbeitern.

Erst als die großen Unternehmer dazu übergingen, die *subcontractors* auszuschalten, wurden sie zu dem gezwungen, was heute »managen« heißt. Sie mußten nicht nur den Fluß von Kapital und Material reibungslos kanalisieren und den Absatz ihrer Waren sicherstellen. Sie mußten nun auch die widerstrebenden Interessen der Arbeitnehmer – möglichst gute Bezahlung für Arbeit unter erträglichen Bedingungen – und Arbeitgeber – möglichst hohe Produktion bei niedrigen Kosten – zu koordinieren versuchen. Der »Faktor Mensch« wurde von zentraler Bedeutung für das Gedeihen des Unternehmens. Und wie dieser Faktor am rationellsten eingesetzt werden kann, bleibt bis heute eine der entscheidendsten Aufgaben.

Vorbilder Kirche und Armee

Den frühen Managern stand dabei ein fast unbeschränktes Angebot an bitterarmen, unorganisierten Un- oder Unterbeschäftigten zur Verfügung. Sie mußten auf die sozialen Bedürfnisse ihrer Arbeiter kaum Rücksicht nehmen und konnten sich ganz auf die Koordination der Arbeitsprozesse konzentrieren, das rationelle Zusammenfügen der Faktoren Material und Mensch.

Für diese Aufgabe standen ihnen allerdings nur sehr wenige Vorbilder zur Verfügung. Zwar hatten schon früher große Handelshäuser, wie die Fugger in Augsburg, bewundernswert durchkonstruierte Organisationen geschaffen, die mit so modernen Instrumenten wie Buchführung und Controlling die ganze damals bekannte Welt umspannten. Doch sie befaßten sich mit der Bewegung bereits gefertigter Waren. Der »Faktor Mensch« war zweitrangig in den Faktoreien.

Nur bei zwei historischen Organisationen stand die Koordination der Aktivitäten vieler Menschen im Mittelpunkt ihrer Tätigkeit: bei der katholischen Kirche und in den Armeen der jeweiligen Länder. Bezeichnenderweise berufen sich Manager und Unternehmer auch heute noch, bewußt oder unbewußt, auf diese Vorbilder. Nicht zufällig herrscht in den Unternehmen eine militärische Terminologie vor. Sie haben Stäbe und Linie, planen Strategie und Taktik, sind offensiv oder defensiv.

Gründliche Untersuchungen über die Mechanik und Methodik der Administration, die Erfolge oder Mißerfolge der beiden Institutionen ermöglichte, gab es jedoch im vorigen Jahrhundert nicht. Deshalb fehlten auch Lehrbücher für die neuen Manager. Sie mußten sich ihre Methoden selbst suchen und kamen dabei zu Lösungen, die mit denen von Kirche und Militär fast identisch waren. Bezeichnend ist, daß die ersten ernst zu nehmenden Untersuchungen und Abhandlungen über das erfolgreiche Führen von modernen Unternehmen ausschließlich von Praktikern, also von Managern selbst geschrieben wurden.

Wohl die ersten Unternehmer, die ihre Aufgabe systematisch und mit einer gewissen wissenschaftlichen Akribie zu erfüllen suchten, waren James Watt junior und Matthew Robinson Boulton in Großbritannien. Die Söhne der Erfinder der Dampfmaschine führten in der Fabrik ihrer Väter zu Beginn des vorigen Jahrhunderts bereits so fortschrittliche Methoden wie Marktforschung, Produktionsplanung, wohlberechnete fließbandähnliche Anordnung der Maschinen, detaillierte Kostenrechnung durch alle Stationen der Produktion und genaue statistische Erfassung von Arbeit und Kosten ein. Ihren Mitarbeitern boten sie Fortbildungskurse ebenso an wie die finanzielle Beteiligung am Erfolg. Selbst eine von den Arbeitern selbst verwaltete Krankenversicherung fehlte nicht.

Robert Owen, ebenfalls Brite, führte die soziale Fürsorge für die Arbeiter seiner Textilfabriken zwischen 1800 und 1828 noch einen Schritt weiter. Er bot ihnen verkürzte Arbeitszeiten, Kantinenessen, billige Güter des täglichen Bedarfs und baute ihnen sogar für die damalige Zeit attraktive Wohnsiedlungen. Doch Owen sah sich nicht als Wohltäter. Er fand und praktizierte ein Prinzip, das heute gelegentlich wieder vergessen wird: Zufriedene Arbeiter sind fleißige und pflichtbewußte Arbeiter. In sie sollte ganz nüchtern ebenso investiert werden wie in die Maschinen. Heute heißt das auf neudeutsch Motivation und ist gegenwärtig in seiner negativen Form in fast aller Manager Munde: als Klage über Demotivation.

Lehrmeister Henri Fayol

Eine der ersten und immer noch eine der gründlichsten Darstellungen moderner Management-Theorien stammt von dem französischen Bergbauingenieur Henri Fayol, der eine in Schwierigkeiten geratene Kohlenmine mit spektakulärem Erfolg sanierte. Er faßte seine Erfahrungen in einem 1916 erschienenen Buch zusammen – »Administration Industrielle et Générale« –, das als erstes umfassendes Lehrbuch über die Kunst des Managements auch heute noch anerkannt ist, das aber erstaunlicherweise erst nach dem Zweiten Weltkrieg über Frankreichs Grenzen hinaus bekannt wurde. Fayol listet sehr gründlich die Qualitäten auf, die ein guter Manager aufweisen muß: Physisch sollte er »gesund, energisch, direkt« sein, geistig »aufnahme- und lernfähig, vorwärtsdrängend, anpassungsbereit«. Seine Erziehung müsse ihn »auch mit Bereichen vertraut machen, die nicht direkt mit seiner Aufgabe zusammenhängen«. Moralisch brauche er »Energie, Standfestigkeit, Bereitschaft zur Verantwortung, Initiative, Loyalität, Takt und Würde«. Dazu benötige er noch umfassendes Fachwissen und Erfahrung in seiner Arbeit. An diesem nun fast 60 Jahre alten Katalog können auch heute noch Fayols Nachfolger gemessen werden.

Die »Funktionen«, die Aufgaben des Managers, faßt der Franzose in fünf Punkten zusammen: 1. Planung für die gegenwärtige Arbeit und die zukünftige Entwicklung; 2. Organisation, damit alles für den Produktionsprozeß Notwendige – Geräte, Rohstoffe, Finanzen, Arbeitskräfte – rechtzeitig am rechten Ort bereitsteht; 3. Anweisung, die durch Aufträge an Untergebene den Prozeß in Gang bringt; 4. Koordination zur ständigen Überwachung und Anpassung aller verschiedenen Arbeitsgänge; 5. Kontrolle, ob die Pläne auch eingehalten werden. Diese Grundsätze, so einfach sie klingen mögen, scheinen heute zwei Generationen nach Fayol oft wieder in Vergessenheit geraten zu sein.

Vielleicht wäre es dazu nicht gekommen, hätte sich eine andere Forderung des Franzosen durchgesetzt: Er hielt es im industriellen Zeitalter für notwendig, seine Vorstellungen über die erforderlichen Fähigkeiten von Managern auf die Lehrpläne von Schulen und Ausbildungswerkstätten zu setzen. In einem aktuellen amerikanischen Standardwerk über Management steht heute der bedauernde Kommentar zur Schulung des Management-Nachwuchses: »Wären spätere Management-Theoretiker etwas genauer den Richtlinien Fayols gefolgt, dann hätten sie vielleicht schon lange eine Lücke geschlossen, die heute noch existiert.«

Rationalisierer Taylor

Der kühle, sachliche Franzose Fayol hatte als Abschluß und Bilanz eines erfolgreichen Berufslebens seine Erfahrungen niedergeschrieben und seinen Nachfolgern zur gefälligen Beachtung oder Nichtbeachtung überlassen. Sein Werk wird heute in fast jedem Buch über Management zitiert – allerdings meist nur als historische Fußnote. Im Haupttext stehen dagegen heute noch die Theorien und praktischen Anweisungen seines Zeitgenossen Frederick Winslow Taylor. Der Amerikaner hatte durch sein ganzes Berufsleben hindurch auf eine Veränderung der industriellen Strukturen hingearbeitet, manchmal mit der Verbohrtheit des Fanatikers, manchmal mit der Naivität des Träumers. Mit seinem 1911 veröffentlichten Buch »Die Prinzipien der Wissenschaftlichen Betriebsführung« wurde er zum Guru der Management-Theoretiker. Sein Eifer wurde bei der Propagierung seiner Ideen nur noch von seiner politischen Naivität übertroffen.

Zu Taylors Zeit – von etwa 1880 bis nach dem Ersten Weltkrieg – wurden die USA von ständigen blutigen Arbeitsunruhen erschüttert. Die atemberaubend schnelle Mechanisierung der Industrie führte dazu, daß immer mehr »Arbeiter der ersten Generation« eingestellt wurden – Einwanderer, Farbige, Farmer, die industrielle Disziplin als Gewalt auffaßten. Zugleich kämpften die Gewerkschaften um ihren schwindenden Einfluß, denn deren aktive Mitglieder, die qualifizierten Facharbeiter, gerieten durch die Automatisierung in die Minderheit. Bei Arbeitgebern und Politikern war der Sozialdarwinismus die gängige Ideologie. Er lehrte, daß nur der Tüchtige Erfolg habe. Wer es zu nichts bringe, sei selbst daran schuld und dürfe nicht noch durch Sozialpläne des Staates für seine Faulheit und Dummheit belohnt werden. Damals wurde eine Schrift zum Bestseller, die sich über die »rührseligen Sympathiekundgebungen für ›niedergehaltene Arbeitnehmer‹« mokierte und dann klagte: »Niemand spricht von dem Unternehmer, der vorzeitig altert, weil er – meist vergeblich – versucht, die schmutzigen Taugenichtse dazu zu bringen, anständige Arbeit zu leisten.«

In dieser Atmosphäre antworteten Arbeitgeber auf jede Krise mit Lohnkürzungen und Entlassungen. Streiks wurden mit Polizei und Miliz blutig niedergeschlagen. In weiten Teilen der USA herrschten oft bürgerkriegsähnliche Zustände. Ausgerechnet in dieser Zeit gab Taylor den Unternehmern ein Instrumentarium an die Hand, mit dem die Leistung der Arbeiter um vieles effizienter ausgebeutet werden konnte. Weltfremd erwartete der Rationalisierer, daß seine Methoden die extremen sozialen Gegensätze entkrampfen würden. Er war überzeugt, die Arbeitnehmer würden seine Vorschläge ebenso begeistert aufnehmen wie die Arbeitgeber. Taylor glaubte in seiner Naivität, daß die durch Rationalisierung gesteigerten Überschüsse gerecht von Arbeitern und Unternehmern geteilt und die beiden Parteien künftig harmonisch im Team auf weitere Produktionssteigerungen hinarbeiten würden.

Das Gegenteil trat ein. Der Taylorismus verschärfte die Spannungen, und sein Erfinder mußte seine Thesen deshalb 1912 vor einem Ausschuß des amerikanischen Kongresses verteidigen. Das Protokoll dieses Verhörs steht heute gleichberechtigt neben dem eigentlichen Hauptwerk von Taylor, gilt als dessen authentischer Kommentar. Taylor hatte sein Schlüsselerlebnis als junger Arbeiter. Er beobachtete, wie seine Kollegen möglichst wenig arbeiteten, um sich nicht durch Überproduktion um ihre Jobs zu bringen. Als er später Werksleiter wurde und auf der anderen Seite stand, erkannte er, daß die Arbeitgeber ebensowenig über das Problem der Produktivität wußten. Anstatt darüber nachzudenken, wie man Arbeit und Lohn in ein gerechtes Verhältnis bringen könne, überlegten Arbeitnehmer und Arbeitgeber nur, wie sich jeder für seinen Bereich ein möglichst großes Stück vom gemeinsam erwirtschafteten Kuchen sicherte. Taylor stellte diesem Verhalten sein eigenes System entgegen, das zumindest für die damalige Zeit etwas blauäugig schien: In einer geistigen Revolution müßten Arbeitgeber und Arbeitnehmer zu der Einsicht gebracht werden, daß gemeinsame Anstrengungen zur Erzielung einer höheren Produktivität den erwirtschafteten Überschuß so gewaltig steigern würden, daß mehr als genug für alle vorhanden sei. Um das zu erreichen, bemühte sich der Ingenieur Taylor besonders intensiv darum, die Effizienz der Arbeiter zu steigern. Durch genaue Messung von Arbeitsvorgängen wollte er allerdings auch einen festen Maßstab für eine gerechte Entlohnung finden. Er versuchte, die Methoden der exakten Wissenschaft auf die Kontrolle der immer komplexer werdenden Arbeit anzuwenden. Taylor forderte das Management auf, alle praktischen Kenntnisse der Arbeiter über ihre Tätigkeit zu sammeln, zu messen und in Tabellen festzuhalten. Jede geistige Arbeit – also auch Mitdenken – müsse von der Werkbank weg in die Büros verlagert werden. Schließlich müsse dem Arbeitnehmer seine Tätigkeit jeden Tag bis ins letzte Detail und in zeitlich festgelegten Takten vorgeschrieben werden. Der Mensch sollte zum reibungslos funktionierenden Automaten werden.

Taylor selbst war an dem Mißbrauch seiner Theorien nicht unschuldig. Seine Darstellung des Experiments mit dem Roheisen-Verlader »Schmidt« liest sich nicht wie die Konversation von zwei Männern mit identischen wirtschaftlichen Zielen. Schon der wiederholte Hinweis auf die »Einfältigkeit« des Deutschamerikaners könnte auf den Rat schließen lassen, nur leicht benutzbare Opfer für ähnliche Maßnahmen auszusuchen. Und die breite Schilderung, wie ein besonderer Aufseher den ganzen Tag neben »Schmidt« steht und ihm genau nach der Stoppuhr jeden Handgriff und jede Pause vorschreibt, ist auch nicht dazu angetan, Taylor als einen Vordenker humaner Arbeit auszuweisen. Doch wenn immer heute von Rationalisierung die Rede ist, stehen im Hintergrund die Vorstellungen und Ideen des amerikanischen Ingenieurs.

Fayol, Taylor und andere Praktiker des Managements dominierten die Lehre von der Unternehmensführung bis fast in die Mitte unseres Jahrhunderts. Erst nachdem der Zweite Weltkrieg bislang unbekannte Kraftanstrengungen von der Industrie und deren Managern gefordert hatte, bemächtigte sich die reine Wissenschaft des Faches Betriebsorganisation. Kaum eine Fakultät, die nicht etwas zum Thema beizutragen hätte. Um Managementfragen kümmern sich nicht mehr nur Betriebswirtschaftler, sondern auch Psychologen, Soziologen, Ergonomiker (Ergonomie = Lehre von der Anpassung der Arbeit an den Menschen), Mathematiker, Historiker, Wirtschaftswissenschaftler und Verhaltensforscher. Die Liste nimmt kein Ende. Und fast jeder zweite Forscher gründet eine neue Schule. Ein lernbegieriger Management-Student findet sich sehr bald zwischen allen Lehrstühlen sitzend.

DAS INSTRUMENTARIUM

Die Furcht vor dem Risiko des Unbekannten

4 Schönwetter-Kapitäne

Vergebliches Hoffen auf Wiederkehr des Booms

Die Verantwortlichen der *Allgemeinen Elektrizitätsgesellschaft* (AEG) können nicht behaupten, sie seien nicht rechtzeitig gewarnt worden. Bereits 1973, als die Wirtschaftswelt noch halbwegs in Ordnung schien, mahnte der damalige AEG-Finanzchef Johannes Semler seine Vorstandskollegen hinter verschlossenen Türen: »Unkontrolliertes Wachstum wird in der Medizin Karzinom genannt und führt im allgemeinen zum Tod.« Semler erlitt das Los der Kassandra. Der antiken Seherin hatte der Gott Apoll zwar die Gabe der sich erfüllenden Prophezeiung verliehen, ihr jedoch die Macht der Überzeugung verweigert.

Am 9. August 1982 war die Schadenfreude dann auf der Seite der ausländischen Konkurrenten von AEG. Die französische Tageszeitung »Le Figaro« sprach von einem »nationalen Drama« der Deutschen, die Londoner »Times« kommentierte: »Ein Fragezeichen hängt nun über dem, was eine der Erfolgsgeschichten der Nachkriegszeit zu sein schien – über dem deutschen Industriestaat.«

Die AEG, das Symbol deutschen Erfindergeistes und deutscher Tüchtigkeit, hatte 99 Jahre nach ihrer Gründung bei der 34jährigen Amtsrichterin Marion Peppler am Amtsgericht Frankfurt ein Vergleichsverfahren beantragt. »Die größte Pleite der europäischen Wirtschaftsgeschichte«, schrieb der »Spiegel«, sei ganz banal auf die bürokratischen Gleise geraten wie der Konkurs »beim Bäkkermeister an der Ecke, der den neuen Ofen eine Nummer zu groß geplant hatte.« Verpflichtungen – also schlicht Schulden – von 6,7 Milliarden Mark standen in den Büchern des Konzerns Vermögenswerte von 2,5 Milliarden Mark (»Weltwoche«, 16. März 1983) gegenüber. Der Koloß war an seinem wuchernden Wachstum kläglich verendet.

Bis zum »großen Knall«, wie der britische »Guardian« die AEG-

Pleite nannte, hatten sich Politiker und Manager in der Bundesrepublik einreden können, die schnell steigende Zahl der Konkurse im Land sei eine unvermeidliche Auswirkung der Weltwirtschaftskrise. Der Zusammenbruch des Riesen zwang nun endlich zum Nachdenken über die eigene Schuld – vor allem da der im gleichen Bereich tätige Konkurrent *Siemens* im gleichen wirtschaftlichen Umfeld prosperierte.

Natürlich hat das verhängnisvolle Zusammenspiel vieler verschiedener Managementfehler die Talfahrt der AEG beschleunigt. In erster Linie aber ist der Kollaps des Konzerns ein Musterfall dafür, daß Deutschlands Nachkriegsmanager im blinden Glauben an ewiges Wachstum die Vorboten grundlegender Strukturveränderungen nicht sehen wollten.

Euphorische Expansion

Die AEG hatte nach dem Krieg auf risikofreudiges Wachstum gesetzt. Bis 1961 stand an der Spitze des Konzerns mit Dr. Hans Constantin Boden ein Chef, der noch aus der Vorkriegszeit des Werkes Weit- und Überblick mitgebracht hatte. Doch auch er schaffte es nicht, in dem schnell wachsenden Konglomerat bei den Mitarbeitern jene innere Verbundenheit zu erwecken, die zum Beispiel beim Konkurrenten *Siemens* noch heute über manche Schwierigkeit hinweghilft. In der Euphorie des Booms stürzten sich Bodens Nachfolger in eine unüberlegte Expansion. Dr. Ing. Hans Heyne etwa trieb das Unternehmen schlecht vorbereitet in das Geschäft mit Atomkraftwerken und erwirtschaftete damit Milliardenverluste. 1976 mußte die AEG den gesamten Kraftwerkbau, zuvor eine der stolzesten Säulen des Konzerns, an den Rivalen *Siemens* abgeben. Heyne stieg auch in das Computergeschäft ein. Und wieder war die Begeisterung größer als das Fachwissen, erneut türmten sich die Verluste.

Die wirkliche Katastrophe leitete Dr. Hans Bühler ein, den selbst zurückhaltende Wirtschaftskommentatoren einen »barocken Menschen« nannten. Er hatte zuvor das erfolgreiche Haushaltsgerätegeschäft des Konzerns geleitet und brachte an die Spitze des Unternehmens die Überzeugung mit, daß der Absatz von Küchenmaschinen ungebrochen weiter Konjunktur haben werde. In wenigen Jahren kaufte er mehr als 50 Haushaltsgerätefirmen zusammen, darunter so renommierte Namen wie *Zanker, Küppersbusch, Neff, Linde.* Bezahlt wurden die Akquisitionen mit Krediten. Ein Schuldenberg wuchs an, unter dem das Werk schließlich erstickte. Denn die AEG hatte mit dem Kauf, mit der Expansion an sich, das Ziel bereits als erreicht betrachtet. Niemand machte sich je die Mühe, aus den Dutzenden von verschiedenen Firmen eine rationell funktionierende Einheit zu formen. Weder im Haushaltsgerätebereich noch in dem ähnlich unkoordiniert zusammengewürfelten Zweig Unterhaltungselektronik, den der renommierte Name *Telefunken* anführte, gab es ein einheitliches Konzept. 1981 erwirtschaftete *AEG-Telefunken* mit 33 000 Beschäftigten in 20 Fabriken einen Umsatz von 4,8 Milliarden Mark (Haushaltsgeräte und U-Elektronik). Mit 13 000 Beschäftigten in vier Werken setzte die vereinte Konkurrenz *Bosch-Siemens* dagegen 2,6 Milliarden um. Das entspricht einem Umsatz pro Mitarbeiter bei AEG von 145 000, bei *Bosch-Siemens* von 200 000 Mark, immerhin ein Produktivitätsunterschied von 37 Prozent aus der Sicht der AEG.

Die AEG hatte sich – stets bewußt oder unbewußt dem Branchenersten *Siemens* auf den Fersen – einen Konzern zusammengekauft, der zwar Anfang der siebziger Jahre in der bereits abflachenden Konjunktur gelegentlich noch Gewinne mit bewährten alten Produkten machen konnte, der aber in keiner Weise auf die Zukunft vorbereitet war.

Gesundbeten

Erst 1976 gestanden sich die Manager ihre inzwischen unübersehbaren Schwierigkeiten ein. Als Sanierer engagierten sie Walter Cipa. Mit seinem harschen Umgangston und seinen rüden Methoden verärgerte der Amateurboxer seine Vorstandskollegen und Mitarbeiter wie die Gewerkschaften so gründlich, daß er nach drei

Jahren das Handtuch werfen mußte. Als seinen Nachfolger empfahl er einen Mann zu suchen, der »Boxer *und* Psychologe« zugleich sein sollte. Statt dessen engagierte AEG-Aufsichtsratsvorsitzender Hans Friderichs, als Chef der *Dresdner Bank* Hauptgläubiger des maroden Konzerns, den wenig bekannten mittelständischen Unternehmer Heinz Dürr, der sich vor allem als strahlender Optimist profilierte.

In der Schublade seines Chef-Schreibtisches lag zwar eine 300 Seiten starke, düstere Analyse des Schweizer Unternehmensberaters Nicholas Hayek und dessen wohlüberlegte Vorschläge, die AEG gesundzuschrumpfen. Doch Dürr nahm das Gutachten nicht zur Kenntnis. Er reiste von Vortrag zu Pressekonferenz und verkündete überall, die Zukunft des Unternehmens sei »prima« – Gesundbeten statt Gesundschrumpfen. Bei der Reorganisation der AEG ging er von denselben Grundsätzen aus, die schon in die Schwierigkeiten geführt hatten: Keine Straffung, denn Größe an sich ist gut; was in der Vergangenheit Gewinne brachte, muß auch in der Zukunft laufen; erst dort einsteigen, wo andere Unternehmen schon erfolgreich waren. Mit seinen flotten Sprüchen begeisterte er vor allem Geldgeber Friderichs, der schließlich 1979 Deutschlands Banken und Industrielle überreden konnte, der kranken AEG mit insgesamt 1,4 Milliarden Mark beizuspringen. Vollmundig stilisierten die privaten Helfer ihre Rettungsaktion zur »großen Bewährungsprobe für die Marktwirtschaft«. Der Staat werde nicht gebraucht, die Industrie helfe sich selbst. 1981 war die Probe gescheitert. Die Hilfsgelder waren wirkungslos versickert. Niemand wollte mehr neue Kredite geben. Die einst so selbstbewußten Manager antichambrierten nun plötzlich in Bonn: Der Staat müsse nun endlich eingreifen.

Um wenigstens ein wenig Bares in die Kassen zu bekommen, mußte Dürr über die Jahre ausgerechnet jene Tochter-Firmen verkaufen, die noch am Markt bestehen konnten: *Telefunken* mit Unterhaltungselektronik, die zukunftsträchtige und erfolgreiche *Telefunken-Nachrichtentechnik* (ATN), die *Frankfurter Telefonbau und Normalzeit* sowie die *Telefunken Elektronische Bauelemente GmbH* (TBG). Die Zukunftselektronik war damit aus dem Konzern weitgehend ausgegliedert.

Vorbei ist die Krise der AEG noch lange nicht. Ob allerdings Dürr weiterhin nach der Rettung suchen wird, ist nicht mehr so sicher. Sein eigener Stuttgarter Betrieb (Lackautomaten für die Automobilindustrie), dessen vorbildliche Leitung ihn für den Sanierer-Job bei der AEG empfohlen hatte, geriet selbst in die Schieflage: Die Umsätze gingen zurück, der Gewinn fiel von 32 auf 7 Millionen Mark. Dürr hatte mit unüberlegter Expansion den gleichen Fehler gemacht wie einst die AEG. In Frankreich hatte er eine Fabrik gekauft, ohne zuvor den Absatzmarkt zu erforschen, in Deutschland sich in die zukunftsträchtige Automations- und Förderungstechnik diversifizieren wollen, ohne von der komplexen Technologie genügend zu verstehen.

Wachstum ersetzt Planung

Im Grunde müßten Deutschlands Manager für den Fall AEG dankbar sein. Während die vielen Zusammenbrüche kleinerer Unternehmen als bedauerliches Versagen unter den Teppich gekehrt werden konnten, sollte der »große Knall« endlich zum Nachdenken über grundsätzliche Strukturfragen zwingen. Allerdings – Dürr zeigt das – scheint der Leidensdruck in der Zielgruppe der Manager noch nicht stark genug zu sein. Vielleicht liegt es, salopp gesagt, daran, daß ein alter Hund keine neuen Tricks mehr lernt.

Die meisten Top-Manager in Deutschland sind heute zwischen 55 und 65 Jahre alt. Sie machten ihre ersten Schritte auf der Karriereleiter vor 30 und mehr Jahren. Damals herrschte in Deutschlands Industrie nach dem Krieg Aufbruchsstimmung, und dafür wurden Pioniertypen gebraucht. Manager wurden nicht durch sorgfältige Auslese gefunden, sondern gewissermaßen durch Zuruf ernannt. Als Qualifikation wurde nur verlangt, daß sie die Ärmel hochkrempeln und »ranklotzen« konnten. Was immer ihr Werk produzierte, fand reißenden Absatz. Wachstum war so automatisch, daß eine genaue Zukunftsplanung überflüssig schien. Zudem überwogen in der ganzen Welt ähnliche Zustände. Die Industrienationen mußten sich von den mörderischen Anstrengungen des

Krieges erholen. Die Länder der Dritten Welt erwachten aus ihrem Kolonialschlaf, und mit ihnen entstand ein ganzer neuer Markt. Die Aufnahmefähigkeit der Konsumenten schien unbegrenzt. In jenen Zeiten – sie dauerten bis Ende der 60er Jahre – hatte Mismanagement kaum äußere Auswirkungen. Kritik fand nicht statt. Umsätze und Gewinne stiegen, und solange die Kasse stimmte, waren alle zufrieden: die Unternehmer, die Aktionäre, die Banken. Einer Firma damals vorzurechnen, sie hätte mit etwas überlegteren Führungsmethoden ihren Gewinn leicht verdoppeln können, wäre auf totales Unverständnis gestoßen. Gelegentliche Kassandra-Rufe ernteten mitleidiges Lächeln. Optimismus war in.

Die erste Krise 1966/67 und die Ölpreiserhöhungen 1973/74 lösten Schockwellen aus. Doch aus heutiger Sicht hatten beide wirtschaftlichen Einbrüche einen entscheidenden Fehler: Sie währten zu kurz. Unternehmer und Manager klammerten sich an die Hoffnung, das Wachstum werde bald wieder zurückkehren und alles heilen. Sie hatten – leider – recht. Nach zwei, drei Jahren herrschten beinahe wieder die alten Zustände, wurden wieder wie gewohnt schwarze Zahlen geschrieben. Die Verantwortlichen konnten sich zufrieden zurücklehnen und sehr schnell vergessen, wie gefährlich nahe diese aus heutiger Sicht harmlosen Turbulenzen sie schon an den Rand der Existenzgefährdung gebracht hatten. Als 1979 die neue Weltwirtschaftskrise hereinbrach, bezogen die Manager dieselbe Verteidigungsstellung: Die schwere Zeit aussitzen, die Durststrecke in der Talsohle durchhalten, um anschließend auf höherem Niveau wieder erfolgreich weitermachen zu können. Als Jahre später nur noch die Regierungen optimistisch oder berechnend vom bevorstehenden Aufschwung redeten, zeigte sich, daß nicht wenige deutsche Manager im Grunde nur »Schönwetterkapitäne« sind. Sie können ihr Unternehmensschiff auf ruhiger See recht gut steuern und auch einmal eine kurze Böe überstehen. In einem längeren Sturm aber säuft ein Kahn nach dem anderen ab.

Seit Beginn der Industrialisierung hatten sich die Unternehmen – von weltwirtschaftlichen Rezessionen abgesehen – auf ständige Nachfragesteigerung verlassen können. Heute jedoch müssen die Manager lernen, daß sie in einem gesättigten Markt nur noch dann ihren Umsatz erhöhen können, wenn es ihnen gelingt, der Konkurrenz ein Stück von dem kaum mehr wachsenden Kuchen abzujagen. Die Japaner haben in dieser Wettbewerbsdisziplin vor den Europäern mindestens eine Generation Vorsprung. Als sie lange nach den europäischen Staaten eine ernst zu nehmende Industrienation wurden, mußten sie den schon etablierten Ländern jeden einzelnen Markt abnehmen oder sich ganz neue Märkte schaffen. Wir müssen das erst noch lernen. Grundlage aber für die Lernfähigkeit kann nur die Einsicht in die veränderten Verhältnisse sein. Daran jedoch hapert es noch sehr. Die Manager wollen sich einfach nicht eingestehen, daß die Zeit des Nachkriegsbooms nicht mehr wiederkehren wird. Sie krallen sich an das Allheilmittel Wachstum wie an einen Fetisch. Das wirkt sich bis in ihre Sprache aus. Ausdrücke wie Stagnation oder Rückgang werden geradezu abergläubisch gemieden. An ihre Stelle rücken so aberwitzig paradoxe Kunstwörter wie »Nullwachstum« und »Negativ-Wachstum«.

Vogel-Strauß-Politik

Die Schiffswerften in Norddeutschland sind Musterbeispiele für diese Vogel-Strauß-Politik. Bereits in den 60er Jahren wurde deutlich erkennbar, daß einerseits der Bedarf an Frachtraum in Massenguttransportern und Riesentankern nicht unbegrenzt steigen werde, andererseits in Ostasien (Japan, Korea, Taiwan) eine schlagkräftige Konkurrenz heranwuchs. Doch anstatt sich rechtzeitig in verwandte Produktionsbereiche zu diversifizieren, wie es sogar Betriebsräte und Gewerkschaften schon Anfang der 70er Jahre gefordert hatten, setzten die Werften auf Abwarten. Die Hamburger *Howaldtswerke – Deutsche Werft* (HDW) investierte Rücklagen von 500 Millionen Mark nicht in neue Industriezweige, sondern beschloß, sich während der Krise mit künstlich niedrigen Preisen im Geschäft zu halten und dann, wenn der Aufschwung wiederkäme, gesund und rüstig die angeschlagene Konkurrenz zu überrunden. Die Krise dauerte länger als das Geld reichte. Statt 24 000 Arbeitskräften vor 20 Jahren beschäftigt die HDW jetzt noch 4000 und denkt an weiteren Abbau. Doch eigene Fehler, aus denen es lernen könnte, hat das Management immer noch nicht entdeckt.

Der Markt stagniert

HDW greift wie andere Unternehmen viel lieber nach jedem Strohhalm, der vorbeitreibt, und deutet ihn in ein Rettungsfloß um. Als die Deutsche Mark gegenüber dem US-Dollar plötzlich im Wert um mehr als 30 Prozent absackte, belebte sich natürlich der Außenhandel der Bundesrepublik. Da internationale Geschäfte meist in Dollar gerechnet werden, verbilligten sich die deutschen Waren um fast ein Drittel. Verträge, die noch zu den alten Dollarkursen abgeschlossen worden waren, brachten den deutschen Lieferanten um 30 Prozent gesteigerte D-Mark-Einnahmen. Die Handelsbilanz – das Verhältnis zwischen Import und Export – sah wieder gut aus. Sofort zogen die Manager daraus den Schluß, die Sorgen um die Wettbewerbsfähigkeit deutscher Waren auf dem Weltmarkt seien ein Fehlalarm gewesen. In Wirklichkeit wurden aber nur bisher mit geringen Gewinnspannen verkaufte Artikel über den Wechselkurs zu lukrativen Geschäften. Professor Dr. Horst Albach, Mitglied des Sachverständigenrats zur Begutachtung der gesamtwirtschaftlichen Entwicklung und Lehrstuhlinhaber für Betriebswirtschaft an der Universität Bonn, formulierte schon 1981: »Die ›armen Hunde‹ im Produktportfolio eines Landes werden über den Wechselkurs plötzlich zu ›Cash Cows‹« (Goldeseln). Sofort verdrängt wurde von den Unternehmen, daß ihre Wettbewerbsfähigkeit am Weltmarkt nicht vom kurzfristigen Gewinn, sondern vom hervorragenden Produkt abhängt.

In allen Gesprächen mit Wirtschaftsfachleuten wurde mir stolz entgegengehalten, daß die Bundesrepublik weltweit immer noch führend sei in Bau und Verkauf von Anlagen (ganzen Fabriken), Werkzeugmaschinen und Kraftfahrzeugen. Das mag ja stimmen – obwohl nicht übersehen werden darf, daß wir auch in diesen Bereichen beträchtliche Marktanteile verloren haben und die in den Anlagen und auf den Werkzeugbänken gefertigten Waren in absehbarer Zeit auch wieder auf dem deutschen Markt erscheinen und anderen Branchen im Inland Konkurrenz machen. Vor allem aber hilft der größte Vorsprung beim Bau von Anlagen nicht, wenn die potentiellen Kunden - vor allem die rohstoffreichen Länder der Dritten Welt - kein Geld zum Kauf dieser teuren Waren mehr haben. Genau das ist aber heute der Fall.

Wegen der hohen Kreditzinsen müssen diese Länder einen sehr großen Teil ihrer Deviseneinnahmen für die Bedienung ihrer Anleihen aufwenden. Die Philippinen und Indonesien in Asien, Mexiko, Brasilien und Argentinien in Lateinamerika, Nigeria in Afrika und fast alle Ölstaaten im Nahen Osten haben in diesem Jahr Dutzende von gewaltigen Industrialisierungsvorhaben eingefroren. Anlagen im Wert von vielen Milliarden Mark werden nicht gekauft. Bedauernd gesteht die entsprechende Industrie in der Bundesrepublik ein, daß ihre Geschäfte derzeit an »Nullwachstum« oder gar »Negativ-Wachstum« leiden, daß also nicht mehr viel läuft. Doch mit ungebrochenem Optimismus reden die zuständigen Manager von einer »vorübergehenden Talsohle«. Sie scheinen überzeugt zu sein, daß die eigentlich bankrotten Abnehmer-Staaten irgendwie bald wieder ihre Finanzen in Ordnung bringen und dann erneut fleißig ordern werden. Sie sind wie Kinder, die unter dem angeklebten Bart zwar sehr wohl den Onkel erkennen, aber dennoch an den Weihnachtsmann glauben wollen.

Die mageren Jahre

Selbst jetzt, da die Zeichen an der Wand für jedermann deutlich lesbar sind, wollen die Manager in ihren Unternehmen noch nicht jene grundlegenden strukturellen Veränderungen vornehmen, die eigentlich in den fetten Zeiten vor 15 Jahren notwendig gewesen wären. Es hat an Warnern und an sinnvollen Rezepten nie gefehlt. Doch nur wenige konnten sich entschließen, in guten Tagen weitsichtig für die mageren Jahre vorzusorgen.

Diese Minderheit steht heute noch gesund da, als Beweis für das

Versagen der anderen, die selten weiter als bis zur nächsten Bilanz vorausschauten.

Die bedächtigen Schönwetterkapitäne krallen sich immer noch an ihrer Pinne fest. Anstatt ihr Boot endlich für das stürmischere Wetter umzurüsten, sind sie vollauf damit beschäftigt, fieberhaft den lecken Kahn leer zu schöpfen. Dabei wäre es notwendig, das Ruder ganz herumzuwerfen. Denn nicht nur die gesättigten Märkte und das knappe Kapital bestimmen den neuen Kurs. Die Unternehmen müssen sich auch darauf einstellen, daß Wettbewerbsfähigkeit nur noch durch technologischen Vorsprung verbessert werden kann. Sie müssen endlich begreifen, daß die technischen Neuerungen heute in einem viel schnelleren Rhythmus aufeinanderfolgen als noch vor zehn Jahren. Wer in diesem Rennen schläft, läuft Gefahr, nicht mehr aufzuwachen.

Eberhard von Brauchitsch, damals noch persönlich haftender Gesellschafter der *Flick-Industrieverwaltung KGaA,* warnte 1981 seine Manager-Kollegen: Zur Jahrhundertwende sei Wachstum noch zu 80 Prozent von Kapital und Arbeit, nur zu 20 Prozent durch Innovation geschaffen worden. Heute sei das Verhältnis fast umgekehrt: 70 Prozent des Wachstums entstünden aus der technischen Neuerung, nur noch 30 Prozent aus Kapital und Arbeit.

Gefragt ist deshalb heute der Manager, der bereit ist, mit kalkuliertem Risiko und gründlicher Vorbereitung neue Wege einzuschlagen. Vor allem aber muß er sein Unternehmen so organisieren, daß es bei dieser Innovation nie erlahmt. Nur dann wird das Wirtschaftsboot beim nächsten Sturm nicht wieder mit dem falschen Segel am Mast überrascht. Die Bosse von heute brauchen Mut zum Risiko, Phantasie, Kreativität. Haben sie diese Eigenschaften?

5 Der Zahlen-Fetischist

Angst vor Risiken bremst die Kreativität

Bei jedem Gespräch mit Industriellen kommt früher oder später die Rede auf die Sparte Maschinenbau, vor allem auf Werkzeugmaschinen. In der grauen See der deprimierenden Nachrichten erscheint dieser Zweig den Managern wie ein Leuchtfeuer der Hoffnung. Denn im Maschinenbau, so wird gläubig wiederholt, »sind wir immer noch die Besten der Welt«. Daß die Auftragseingänge aus dem Ausland und Inland seit Jahren rückläufig sind, wird ausschließlich äußeren Faktoren zugeschrieben: Die Kunden vor allem in der Dritten Welt haben zur Zeit kaum noch Geld. Die möglichen Abnehmer in Deutschland haben die Produktionskapazität ihrer Fabriken ohnehin nur zu drei Vierteln ausgelastet. Wenn sie investieren sollten, dann bestenfalls in Verbindung mit Rationalisierungsmaßnahmen, kaum aber in Verbindung mit Produktionserweiterungen. Das Licht des Maschinenbaus leuchtet also nicht allzu hell. Trotzdem halten sich die Manager an ihre ungebrochene Hoffnung, daß mit dem Aufschwung auch wieder die Nachfrage nach den unübertrefflichen deutschen Maschinen kommen werde.

Wie so oft blicken sie bei ihren Prognosen nur sehr kurzfristig in die Zukunft, vor allem aber nostalgisch in die Vergangenheit. Sie dokumentieren die Meinung des amerikanischen Autors Bruce Nussbaum, der in seinem Buch »Das Ende unserer Zukunft« den Niedergang der deutschen Wirtschaft voraussagt. Seine Begründung: In der Bundesrepublik werden auch heute noch die besten Produkte des 19. Jahrhunderts gebaut, wie Autos, Turbinen, Präzisionswerkzeuge. Aber der Übergang von der Mechanik zur Elektronik wurde verpaßt. Das trifft besonders für das Schaustück der deutschen Industrie zu, den Maschinenbau.

Seit Jahren bereits ist weltweit in diesem Bereich das wichtigste Schlagwort: numerische Steuerung. Die Zeit ist abzusehen, da keine Werkzeugmaschine mehr verkauft werden kann, die nicht ihr eigenes Elektronengehirn besitzt. Nicht mehr der schwäbische Tüftler stellt das Gerät ein, sondern der Silicon-Chip, in dem alle Arbeitsgänge gespeichert sind und der mit den verschiedenen Abläufen programmiert werden kann. Schon heute sind die Bilder von jenen Fabrikhallen keine Seltenheit mehr, in denen die Maschinen tagaus, tagein geisterhaft ihre Arbeit tun, ohne daß ein Mensch zu ihrer Bedienung nötig wäre.

In der Mikroelektronik aber sind Deutschlands Unternehmen hinter den Marktführern Amerika und Japan um drei bis fünf Jahre zurück – bei den schnellen Innovationszyklen heute bedeutet das mindestens eine Chip-Generation. Die »Imitationsgeschwindigkeit«, also die Zeit für die Adaption und Anwendung fremder Erfindungen, beträgt in den USA 0,1 Jahre, in der Bundesrepublik dagegen 2,7 Jahre. Selbst im Nachbauen sind wir zu langsam.

Trotzdem versicherte mir noch im Februar 1984 ein deutscher Manager, daß dieser Rückstand für unser Glanzstück Maschinenbau keine Gefahr bedeute. Die deutschen Unternehmen, die in der Regel keine konkurrenzfähigen elektronischen Steuerungen bauen können, würden dieses »Gehirn« eben im Ausland kaufen und in ihre hervorragenden Maschinen einbauen. Dieses Experiment, nicht gemeinsam entwickelte Mechanik und Steuerung zusammenzubringen, wurde in der Bundesrepublik schon einmal im großen Rahmen gemacht: Dem exzellenten Düsenjäger Starfighter wurde auf Bonns Wunsch eine ganz neue, ebenfalls exzellente Elektronik eingebaut. Das Ergebnis ist auf Friedhöfen im ganzen Lande zu besichtigen. Glauben unsere Maschinenbauer wirklich, daß künftige Investoren teure Anlagen kaufen werden, bei denen sie im Störungsfall zwei Kundendienstleute holen müssen – einen für die Mechanik, den anderen für die Elektronik?

Vom Unternehmer zum Bewahrer

Bereits vor Jahren hätten die Manager nur wenig Phantasie gebraucht, um den unaufhaltsamen Trend zur numerisch gesteuerten Maschine zu erkennen. Mit ein wenig Kreativität hätte in ihren

Werken die entsprechende Elektronik entwickelt werden können. Und mit einem gewissen Maß an Risikobereitschaft hätten die notwendigen Investitionen die Produktion der kombinierten modernen Anlagen bis heute bereits sicherstellen können. An diesen lebensnotwendigen Eigenschaften aber fehlt es bei unseren Managern. Selbst Otto Wolff von Amerongen, als Präsident der Deutschen Industrie- und Handelskammer gewiß kein leichtfertiger Kritiker der deutschen Industrie, bescheinigt seinen Managerkollegen »wenig ausgeprägte unternehmerische Risikobereitschaft« und befürchtet, wir könnten eines Tages sogar von Ländern wie Brasilien überrundet werden. Wolff: »Investitionszurückhaltung kann längerfristig die Wettbewerbsfähigkeit der deutschen Industrie gefährden. Mit alten Maschinen kämpft es sich auf dem Weltmarkt schlecht.«

Professor Gerhard Mensch, Innovationsforscher am Case Institute of Technology, Cleveland (Ohio), teilt den Niedergang des unternehmerischen Schwungs in der Bundesrepublik in zeitliche Phasen ein. Seine Stufen auf der Treppe zur technologischen Stagnation: 1945 bis 1955 Phase der Innovation mit sehr vielen Produktinnovationen (Entwicklung neuer Produkte) und wenigen Prozeßinnovationen (Rationalisierung des Herstellungsprozesses); 1956 bis 1966 Wachstum mit vielen Produkt- und sehr vielen Prozeßinnovationen; 1967 bis 1973 Maturation mit wenig Produkt- und vielen Prozeßinnovationen; 1973 bis 1980 Saturation mit fast keinen Produkt- und wenig Prozeßinnovationen. Den jeweiligen »Chef-Typus«, also Manager während der gleichen Phasen, beschreibt Mensch: zuerst dynamischer Unternehmer, dann kalkulierender Aufbauer, dann vorsichtiger Controller und schließlich nur noch Bewahrer.

Diese Bewahrer, die heute dominieren, wagen nur selten ihren Besitzstand für Veränderungen aufs Spiel zu setzen. Und je mehr sie besitzen, desto weniger sind sie bereit zu riskieren, denn um so mehr könnten sie verlieren. Daß ihnen alles abhanden kommen kann, wenn sie durch ihre ängstlich-konservative Einstellung von der Entwicklung überrollt werden, wollen sie sich nicht eingestehen, ehe es zu spät ist. Jochen Kienbaum, geschäftsführender Gesellschafter der Kienbaum-Unternehmensberatung GmbH, hat die

Erfahrung gemacht, daß vor allem die großen Konzerne nur wenig Bereitschaft zu langfristigen – zehn, fünfzehn Jahre im voraus – Unternehmensplanungen beweisen: »Wenn in einer Sparte das Geschäft hervorragend läuft, wird nicht immer daran gedacht, daß das in drei, vier Jahren zu Ende sein kann.« Die Manager freuen sich über die Gewinne, solange sie in die Kassen rollen. Erst wenn schon überall die Alarmglocken schrillen, versuchen sie kurzfristig Rettungsmaßnahmen. Belege dafür, daß dieses Panik-Management keine Erfolge haben kann, gibt es in großer Zahl: AEG, *Bauknecht, Kreidler,* MAN, um nur einige der wichtigsten zu nennen.

Die Häufung solcher Lehrbeispiele bringt jedoch bedauerlicherweise die – noch – Überlebenden nur selten zur Besinnung. Statt Mut zu fassen und mit vollem Risiko sein Unternehmen auf die veränderten Umwelt-Bedingungen umzustellen, flüchtet der Manager sich oft in Ausreden, die ihm weiteres Zögern erlauben. Die oben zitierte Unternehmer-Enquete von SCS und »Handelsblatt« nennt als Grenzen des Handlungsspielraums der Manager an erster Stelle »Geschäftspolitik und Richtlinien im Unternehmen« und danach »Finanzielle Einschränkungen«. Als Probleme, die Unternehmertätigkeit einschränken, listen die Manager (in dieser Reihenfolge) auf: Fehlende Preisüberwälzungsmöglichkeiten, mangelndes Vertrauen in die Wirtschaftspolitik (erfragt bereits nach der Wende in Bonn), Lohn-Nebenkosten, hohe Zinsen, Konkurrenz-Produkte aus Niedrigpreis-Ländern. In keiner der Tabellen taucht ein Hauch von Selbstkritik auf. Risikoscheu, mangelnde Phantasie, fehlende Kreativität werden nicht als Probleme oder Hemmnisse erkannt.

Die Macht des Durchschnitts

Ein Unternehmensberater schildert, wie sich die Flucht vor der Wirklichkeit in der Praxis abspielt: »Es gibt Unternehmen, die seit Jahren Gewinnzahlen zeigen, mit denen sie sich eigentlich verstekken müßten. Auf den Branchentreffen trösten sie sich aber damit, daß es ja der ganzen Branche schlechtgehe. Dann jammern sie sich gegenseitig etwas vor und übersehen die wenigen weißen Raben, die in der gleichen Branche noch gut Geld machen. So konnte sich die Schuhindustrie zum Beispiel klammheimlich darauf einigen, gerade noch die Abschreibungen und einen Schnaps darüber zu verdienen und sich damit zufriedenzugeben. Diese Macht des Durchschnitts, diese Tendenz zum Mittelmaß hat sicher die meisten Manager geprägt.«

Der Durchschnitt hat zumindest einen Vorzug, den deutsche Manager zu schätzen wissen. Er läßt sich berechnen, mit Ziffern belegen. Sehr oft ist es ein gewisser Zahlenfetischismus, der die Risikobereitschaft bremst. Niemand wird sich anmaßen, mit belegbaren Kalkulationen vorauszusagen, wohin die Märkte in einem Jahrzehnt tendieren werden. Solche Prognosen müssen sehr stark auf Spürsinn und Instinkt basieren und mit Erfahrung abgestützt werden. Verläßt sich ein Manager bei der Zukunftsplanung bewußt auf seinen Instinkt, dann übernimmt er damit eine sehr persönliche Verantwortung. Die meisten ziehen es jedoch vor, sich abzusichern. Indem sie sich auf die Zahlen ihrer Marketing-Abteilung berufen, konnten sie gar nicht anders entscheiden. Der Glaube, daß nur Zahlen nicht lügen, ist weit verbreitet.

Besonders in Deutschland scheint ein starres Korsett von Zahlen und festgeschriebenen Regeln und Vorschriften noch häufig Phantasie und Kreativität zu ersetzen. Das zeigt sich auch darin, wie sich die Ausbildung professioneller Organisatoren entwickelt. Während der 30er Jahre war ihr Gewerbe entstanden, um die Unternehmer bei der Rationalisierung zu beraten, und sie bewiesen tatsächlich ihren Wert in der praktischen Arbeit. Doch bald erklang der Ruf, die Organisatoren und ihre Ausbildung zu organisieren. Heute bestehen an Deutschlands Hochschulen bereits 50 Professuren für Organisationslehre, dazu Regel- und Wörterbücher der neuen Fakultät. Erste Klagen über eine »Theorieüberfrachtung« dieses eigentlich stark praxisorientierten Berufes werden laut. Knut Bleicher, selbst Professor für Unternehmensführung, Organisation und Personalwirtschaft an der Justus-Liebig-Universität Gießen, warnt: »Der Organisator läuft Gefahr, daß er sich als Träger bestimmter Methodenkenntnisse zum Bewahrer eines als bürokratisch zu kennzeichnenden Systems entwickelt, der seinen beruflichen Erfolg in der Perfektionierung von Regeln findet, deren Sinn für andere Betroffene weitgehend ins Dunkle rückt.« Das geschieht in einer Zeit, in der die Wirtschaft flexible Organisatoren bräuchte, um den Unternehmen bei der Umstellung von der ökonomischen Grob- auf die Feinsteuerung zu helfen.

Flucht in die Bürokratie

Den Trend zur Bürokratisierung, der natürlich in Großunternehmen beträchtlich stärker ist als in mittelständischen und kleinen Betrieben, sehen auch die Gewerkschaften als einen der Gründe für die Krise der Wirtschaft. Ulrich Briefs nennt die »klassischen Management-Strukturen relativ einfallslos« und erläutert: »Das hängt damit zusammen, daß wir ein Management haben, das nach kaufmännischen Gesichtspunkten entscheiden muß. Die Manager leben in einer Welt der Zahlen, der rechnerischen, buchhalterischen Vorgänge, die alles irgendwie vergleichbar machen. Damit wird alles in die Eindimensionalität zurückgeführt. Es geht nur darum, ob der Profit stimmt. Umwelt- und kundenfreundliche Produkte und Verfahren sind bestenfalls willkommene Nebenprodukte.« Briefs schließt daraus: »Konsequenterweise ist die Aufgabe des Managers auch nicht, Kreativität zu entfalten – er ist also gerade auch nicht der vielberufene Innovator. Vielmehr ist seine Aufgabe, die schöpferischen Fähigkeiten der Untergebenen zu koordinieren, einige zu fördern, viele zu unterdrücken, je nachdem, wie die ›Strategien‹ oder Kapitalverwertungskonzepte des Apparates es erfordern.« Die Gewerkschaften haben für die hemmende Wirkung des Managements im Unternehmen einen recht einleuchtenden Beweis: Wenn in einem Betrieb »Dienst nach Vorschrift«, also nach den vom Management aufgestellten detaillierten Regeln gemacht wird, dann bricht sehr schnell die gesamte Organisation zusammen. Nur die Kreativität und der Leistungswille der Arbeitnehmer, so die Gewerkschaften, halten ein Unternehmen am Leben. Eine der wirkungsvollsten Drohungen gegenüber dem Manager ist die, man werde seine Anweisungen genau befolgen.

Furcht vor dem Alleingang

Der starre Blick auf den kurzfristigen Profit, auf die Bilanz zum Jahresende, hat eine ganze Branche in große Bedrängnis gebracht. Ohne gründliche Prüfung hatten sich die Banken in aller Welt in das ursprünglich sehr gewinnträchtige Kreditgeschäft mit den Rohstoffländern der Dritten Welt und den Staaten des Ostblocks gestürzt. Heute können sie nur noch durch ständige Umschuldungen und Stundungen einen Milliarden-Dollar-Kollaps des internationalen Geldgewerbes abwenden. Nach vorsichtigen Schätzungen belaufen sich die kurz- und langfristigen Schulden aller Entwicklungsländer auf mehr als 800 Milliarden US-Dollar – und ein guter Teil der Schuldnerstaaten ist praktisch zahlungsunfähig. So unlogisch es auch klingen mag: Die Furcht vor dem kurzfristigen Wagnis des Verzichts hat die Banker in aller Welt in das viel gefährlichere langfristige Risiko getrieben. Nach der Ölpreis-Explosion von 1973/74 hatten die Petroleum exportierenden Länder (OPEC) ihre horrenden Überschüsse als Termingelder mittelfristig bei den Großbanken der Industriestaaten angelegt. Um die Zinsen für dieses Kapital zu verdienen und Profite zu erzielen, mußten die Banken das Geld zu höherem Zins ausleihen. Einige Institute entdeckten als potentielle Kunden rohstoffreiche Entwicklungsländer, die zuvor Kredite nur mit strengen Auflagen von Regierungen oder internationalen Organisationen wie der Weltbank bekommen hatten. In den ersten Jahren warfen diese Geschäfte auch recht ansehnliche Gewinne ab. Wie die Lemminge folgten alle großen Banken den Vorläufern in den gefährlichen Sumpf. In den anfänglichen Boomjahren hätte ein Bankmanager sogar beträchtlichen Mut aufbringen müssen, um seinen Aktionären und Kunden klarzumachen, er wolle auf die gewaltigen Steigerungen im Kreditgeschäft, auf die geblähten Bilanzsummen und erwarteten Gewinne verzichten.

Außenstehende warnten von Anbeginn. Denn die durch Petrodollar angeschwollenen Konten der Banken änderten nicht das geringste an den oft äußerst unsoliden Regierungen in Entwicklungsländern wie Indonesien, Philippinen, Zaire, Nigeria oder Argentinien. 1975 bekamen die Länder der Dritten Welt bereits die Hälfte ihrer Kredite von den Banken, später sogar zwei Drittel. Daß die massive Konkurrenz zwischen den Geldverleihern bald die Gewinnspannen der Banken fast bis zur Bedeutungslosigkeit aushöhlte, hätten kühle Manager vorausberechnen können.

Der zweite Ölpreisschub 1979/80 brachte das Erwachen für die Geldinstitute. Eine sofort folgende hartnäckige Rezession sowie schnell ansteigende Zinsen steigerten die Krise in Katastrophen-Kategorien. Die Länder der Dritten Welt erlösten für ihre Rohstoffe wegen der stagnierenden Nachfrage bald ein Viertel weniger Devisen. Für ihre Energieimporte dagegen mußten sie beträchtlich mehr zahlen. Die Zinsen für ihre Kredite konnten sie nur noch aufbringen, indem sie neue Schulden machten. Ein Land wie Polen zum Beispiel kann Zins und Tilgung für seine Auslandsschulden nicht einmal bezahlen, wenn es keinen einzigen Dollar mehr für Importe ausgibt und alle durch Exporte eingenommenen Devisen direkt an die Banken überweist. In Fachkreisen heißt das »Schuldendienstquote von mehr als 100 Prozent« und gilt als klassischer Fall von Bankrott.

Die Krise hätte gar nicht entstehen können, wären die Bankmanager nicht der Versuchung des schnellen Geldes erlegen, hätten sie die Phantasie gehabt, die Entwicklung vorauszusehen, und nicht das Risiko gescheut, kurzfristig ihre Aktionäre zu verärgern. Doch sie sahen als ihre Hauptaufgabe, zum jeweiligen Jahresabschluß eine positive Bilanz und gute Dividende vorzuweisen.

Zinsen statt Gewinne

Der Fall der Banken macht deutlich, wie schwierig es ist, Fehlverhalten von Managern aus verschiedenen Branchen zu vergleichen. Während den Geldleuten vorgeworfen werden muß, daß sie ihr Kapital zu unüberlegt ausgegeben haben, wird die produzierende Industrie dafür kritisiert, daß sie ihr Geld gar nicht investiert. Im ersten Halbjahr 1982 wurden nur eineinhalb Prozent des Bruttosozialproduktes für die Erweiterung von Produktionsanlagen verwendet, gegenüber mehr als fünfeinhalb Prozent in den ersten Halbjahren 1970 bis 1973. Das entgegengesetzte Verhalten von

Bank- und Fabrik-Managern hat aber eine gemeinsame Ursache. In beiden Fällen fehlt es den Verantwortlichen am Mut, sich mit ihrem Unternehmen auf langfristige Entwicklungen einzustellen, die sich nur mit Phantasie und Instinkt erahnen, nicht aber mit Statistiken beweisen lassen. Statt dessen folgen sie der Herde: Was fast alle tun, muß richtig sein. Die Manager trauen sich nicht, aus dem Durchschnitt auszubrechen. Sie scheuen das Risiko, mit einer aus dem Rahmen fallenden Strategie zu scheitern und dann die Verantwortung nicht auf den »Trend« schieben zu können. Sie versäumen damit aber auch die Chance, nach einigen vielleicht schwierigen Jahren im Gegensatz zu ihren Durchschnitts-Kollegen mit ihrem Unternehmen gesund und vital am Markt bestehen zu können.

Statt sich jetzt mit Innovations-Investitionen auf die Zukunft vorzubereiten, bilden die Unternehmen mit ihren erwirtschafteten Gewinnen lieber »Rückstellungen«, mit denen sie entweder hochverzinste Wertpapiere kaufen oder Spekulationsprofite zu machen versuchen. Diese versteckten Gewinne, die in der Bilanz als Fremdmittel geführt werden, dürften der wirkliche Grund für die lauter werdende Klage der Wirtschaft über das immer geringere Eigenkapital der Unternehmen sein. Seit 1970, so weisen Statistiken der Bundesbank aus, sinkt der Anteil des Eigenkapitals an den Bilanzsummen stetig. Mittel für Investitionen müssen daher als teures Fremdkapital aufgenommen werden. Grund für diesen Kapitalrückgang sind die schrumpfenden Gewinne, klagen die Unternehmen. Vor allem bei den Aktiengesellschaften wird seit Jahren der wirkliche Gewinn jetzt nach unten korrigiert. Er verschwindet in »Rückstellungen« für »ungewisse Verbindlichkeiten« und für mehr als 80 weitere zugelassene Risiken. Als Rückstellung sind die Einnahmen dem Zugriff der Steuer und der Aktionäre entzogen. Nur intern werden sie von den Banken bei der Beurteilung der Kreditwürdigkeit eines Unternehmens als »graues Eigenkapital« gewertet. Die Firmen können mit den rückgestellten Geldern zum Beispiel Wertpapiere kaufen und, etwa bei US-Schuldscheinen, mehr als zehn Prozent Zinsen einnehmen.

Vor allem die florierenden Konzerne haben sich auf diese Weise Kapitalpolster zugelegt. Bereits 1981 machten die »Rückstellungen« bei BMW 33 Prozent der Bilanzsumme aus, bei *Siemens* ebenfalls 33, beim Pharmakonzern *Schering* und bei *Daimler-Benz* 43, bei *Bosch* sogar mehr als 50 Prozent. *Volkswagen, Ford, Bosch* und *Daimler-Benz* hatten Ende 1981 zwischen 15 und 25 Prozent ihrer Bilanzsumme in Wertpapieren angelegt. *Siemens* besaß festverzinsliche Papiere im Wert von über fünf Milliarden Mark, einschließlich Schuldscheinen und flüssigen Mitteln sogar die gewaltige Liquiditätsreserve (also schnell verfügbares Geld) von elf Milliarden Mark. Einige Beobachter schätzen, daß *Siemens* inzwischen mit seinen Kapitalanlagen mehr verdient als mit seiner Produktion. Die Tendenz bleibt bei allen Unternehmen steigend.

Wenn dieses »graue Kapital« investiert wird, dann selten in der Bundesrepublik. Bei dem Chemieriesen *Hoechst* zum Beispiel fiel der Wert der inländischen Sachanlagen von 1977 bis 1981 um 300 Millionen Mark. Im gleichen Zeitraum stieg das Anlagevermögen im Ausland um 1,6 Milliarden Mark. Das kann nur so interpretiert werden, daß *Hoechst* zu Hause nicht einmal die alten Maschinen ersetzt, dafür aber Werke im Ausland kauft. An Kapital für Investitionen hat es auf jeden Fall nicht gefehlt.

Es hat sicher auch nicht an dem administrativen Know-how gefehlt. Heute gibt es bereits für jedes Problem, das im Management auftreten kann, ein fertiges, durchkalkuliertes und wissenschaftlich untermauertes Konzept. Und für jedes Konzept gibt es einen Berater, der es bereitwillig lehrt. Einer dieser Lehrmeister, der Schweizer Nicholas Hayek, faßt die wirklichen Mängel der Manager drastisch zusammen: »Wir haben nicht nur in Deutschland, sondern in der ganzen Industriewelt einen deutlichen Mangel an begabten Managern. Was uns am meisten fehlt, ist nicht Geld, nicht Knowhow. Es fehlt hauptsächlich an Managementfähigkeiten, an Mut zur Entscheidung und Durchführung.«

6 Die Flut von Heilslehren

Management-Konzepte als Ersatz für eigene Verantwortung

Manfred Lennings, bis 1983 Vorstandsvorsitzender der *Gutehoffnungshütte* (GHH) und das Wunderkind des deutschen Managements, hatte es immer verstanden, sich öffentlich als modernen, dynamischen, erfolgreichen Unternehmensführer darzustellen. Mit 34 Jahren war er bereits Vorstandsmitglied der *Deutschen Werft AG* und mit 36 oberster Chef des Schiffsbaubetriebs. Er verließ das Unternehmen noch rechtzeitig, bevor es mit der Werft sturzflugartig abwärtsging. Die *Deutsche Werft,* inzwischen mit den *Howaldtswerken* fusioniert, kann heute nicht mehr als kranker Betrieb klassifiziert werden. Das Unternehmen ist eigentlich tot und wird nur noch durch staatliche Geldspritzen in einer Art Scheinleben gehalten. Manfred Lennings hat es nicht geschadet, daß er als Werftchef in den entscheidenden Jahren für die Entwicklung mitverantwortlich war.

Mit 40 Jahren war er bereits Vorstandsvorsitzender der GHH, des größten Maschinen- und Anlagenbau-Konzerns in Europa. In dieser Position hatte er sich so vorteilhaft dargestellt, daß er zum Präsidenten des Instituts der deutschen Wirtschaft gewählt und allgemein als der nächste Präsident des Bundesverbandes der Deutschen Industrie angesehen wurde. Doch Lennings schaffte es nicht mehr, auch ein zweites Mal rechtzeitig von einem lecken Schiff abzumustern. Während der Top-Manager durch die Vortragssäle und Fernsehstudios der Republik eilte und tiefschürfend darüber referierte, wie Deutschlands Wirtschaft an den von Regierung und ausländischer Konkurrenz gesetzten Rahmenbedingungen langsam ersticke (»Die deutsche Industrie hat ihre internationale Wettbewerbsfähigkeit verloren«), rutschte sein eigenes Unternehmen in eine gefährliche Schieflage.

Die größte Firma der *Gutehoffnungshütte,* MAN in Augsburg, geriet immer tiefer in die roten Zahlen. Im Geschäftsjahr 1982/83 machte die Tochter allein 300 Millionen Verlust. Dadurch geriet der gesamte Konzern in Gefahr. Denn MAN beschäftigt immerhin 60 000 der 80 000 GHH-Mitarbeiter (75 Prozent) und erwirtschaftet mehr als die Hälfte des Gruppenumsatzes. Die GHH-Tochter liefert ein breitgefächertes Angebot an Produkten: Lastwagen, Busse, Schiffsmotoren, Druckmaschinen, Turbinen und anderes und heißt deshalb firmenintern mit gewissem Stolz »technisches Warenhaus«. Trotz dieser starken Diversifikation gerieten fast alle Produktionszweige in Bedrängnis. Vor allem der Nutzfahrzeugbau, das bei weitem wichtigste Standbein der MAN, schlitterte in ein tiefes Konjunkturtal, als nach dem Inlandsmarkt plötzlich auch der lebenswichtige Export vor allem in die Ölstaaten des Nahen Ostens austrocknete. Zugleich erlitt das Unternehmen bei Fehlinvestitionen in Australien, Argentinien, Frankreich und Jordanien Verluste von 100 Millionen Mark, lebensgefährlich für einen Konzern, der wie die GHH zu 70 Prozent vom Export lebt.

Noch auf der Hauptversammlung im Februar 1983 hatte Lennings verschleiernd formuliert, daß »bei Tochtergesellschaften in Argentinien, Australien, Frankreich sowie bei einem Jordanien-Auftrag außergewöhnliche Belastungen entstanden« seien. Genaues erfuhren die Aktionäre nicht. Auch die Gründe für das Fiasko vernebelte der Vorsitzende: »Wir müssen erkennen, daß die gegenwärtige Situation nicht nur die konjunkturelle Situation der Weltwirtschaft widerspiegelt, sondern auch Strukturelemente enthält, auf die wir uns einzustellen haben.« Lennings Patentlösung: Kurzarbeit, Entlassungen, Gesundschrumpfen.

Viel deutlicher wurde schon Steffen Matthias als Vertreter der Deutschen Schutzvereinigung für Wertpapierbesitz. Er erinnerte, daß MAN ein Jahr zuvor von ihren Aktionären zusätzliches Kapital in Höhe von 172 Millionen Mark gefordert und bekommen hatte, das nun »buchstäblich verschleudert worden ist«. Matthias: »Von der Kapitalerhöhung gingen gut 100 Millionen bei Pannen drauf.« Noch direkter griff Kurt Fiebich, selbsternannter Interessenvertreter der Kleinaktionäre und seit vielen Jahren der Schrekken der Hauptversammlungen großer Konzerne, den GHH-Vorstand an: »Sie haben gesagt, man hätte die Entwicklungen in Brasilien, Australien, der OPEC nicht voraussehen können. Alles hat man sehen können, wenn man die Informationen hat, die Sie alle haben, die Sie an dieser Tafel sitzen. Sie haben doch riesengroße Stäbe von Volkswirtschaftlern. Sie machen doch dauernd die großen Weltreisen, verbraten Hunderttausende von Mark Reisespesen pro Kopf. Sie müssen doch wissen, wie es in der Welt aussieht. Die Verschuldung Brasiliens, Perus, Boliviens, auch der Ostblockländer diskutieren wir doch schon seit Jahren in den Hauptversammlungen der deutschen Großbanken. Wie konnten Sie dann Ihre Planungen und Prognosen auf diese schüttere Basis stellen.«

Delegieren ja – Kontrolle nein

Lennings verwirrte in seiner Erwiderung die Zuhörer mit Zahlen, ging aber auf das wirklich wesentliche Thema nicht ein: Hatten Managementfehler verschuldet, daß MAN und damit GHH unvorbereitet in eine Flaute gesegelt waren? Der Vorsitzende selbst hätte die Frage sicher verneint. Er hatte immer betont, daß für ihn Führen Delegieren bedeute. Untergebene sollten in einem dezentralisierten Unternehmen weitgehend selbständig und eigenverantwortlich arbeiten. Die arbeitsintensivere und unangenehmere Kehrseite dieses allgemein anerkannten Management-Konzeptes hatte Lennings vernachlässigt: Daß die Zentrale das Ergebnis der delegierten Arbeit regelmäßig und gründlich kontrollieren muß. GHH hatte nicht einmal einen funktionsfähigen Kontrollapparat aufgebaut. Lennings saß zwar im Aufsichtsrat der Augsburger Tochter. Dennoch war er einer der letzten im Unternehmen, der erfuhr, daß sich an der MAN-Spitze zwei konkurrierende Machtgruppen gebildet hatten – um den Chef Otto Voisard und um den Finanzvorstand Gerd Wollburg –, die mit Intrigen gegeneinander lebensnotwendige Entscheidungen blockierten und den gesamten Vorstand lähmten. Als die Zahlen aus Augsburg schließlich alarmierend rot leuchteten, verfiel Lennings in das andere Extrem: Er wollte sich selbst zum Vorstandschef bei MAN machen, um den Betrieb wieder in Ordnung zu bringen. Doch daraus wurde nichts mehr.

Im Aufsichtsrat von GHH herrschten Zustände wie bei MAN selbst. Paul Lichtenberg vertrat dort den Anteilseigner *Commerzbank*. Er schätzte Lennings weder als Manager noch als Mensch, hatte jedoch eine starke Neigung zum gefährdeten MAN-Finanzchef Wollburg. Die *Commerzbank* und die Versicherungsgesellschaft *Allianz* haben ihre GHH-Aktien in die gemeinsame Verwaltungsgesellschaft *Regina* eingebracht. Dort hält die *Commerzbank* 25 Prozent, *Allianz* 75. Doch Beschlüsse können nur einstimmig gefaßt werden. So schaffte es Minderheitseigner Lichtenberg schließlich doch, den ungeliebten Lennings Ende 1983 abzuschießen. Statt seiner übernahm jetzt Klaus Götte die Führung von GHH. Der Maschinenbaukonzern soll nun von einem Manager saniert werden, der seine Erfahrungen vorwiegend bei Banken und Versicherungen gesammelt hat.

Es erstaunt immer wieder, wenn deutlich wird, nach welchen peripheren Kriterien die vitalen Personalentscheidungen in einem Weltkonzern mit 80 000 Mitarbeitern gefällt werden. Und gelinde gesagt verwundert es, daß ein Manager wie Lennings nach der Demonstration seiner Fähigkeiten nicht mit seiner Abfindung in den Vorruhestand tritt, sondern vorübergehend sogar ernsthaft als Staatssekretär für das Bundesverteidigungsministerium gehandelt wird und dann schließlich als Berater bei einer Landesbank landet.

Verwirrende Vielfalt

Der Fall *Gutehoffnungshütte* zeigt auch auf, wie sich selbstherrliche Manager aus dem großen Angebot an Management-Konzepten das herauspicken, was ihren persönlichen Ambitionen entgegenkommt, und darüber völlig versäumen, ihre Unternehmen langfristig auf die Zukunft vorzubereiten. Vielleicht ist die Flut von Rezepten für die Betriebssanierung einfach zu verwirrend. In den 50er Jahren führten Tochterfirmen amerikanischer Konzerne in ihren europäischen Niederlassungen die in den USA entwickelten und sehr ernst genommenen »aufgeklärten« Organisationssysteme ein. Amerikanische Unternehmensberater folgten ihren Kunden, und bald befaßten sich auch die deutschen Manager mit dem neuen Trend. Es dauerte nicht lange, bis sich die Wissenschaft des Sujets annahm. Und heute gibt es wohlfundierte, allgemein akzeptierte neue Führungssysteme, wie Controlling-Methoden (wobei das englische Controlling nicht Kontrolle, sondern Steuerung heißt), moderne Methoden der Personalführung und -motivation, Unternehmensplanung, Divisionalisierung (Aufteilen eines Konzerns in selbstverantwortliche Sparten), Profit-Center-Konzepte, Kapitalbeteiligung der Mitarbeiter und anderes. Doch mit gewohnter deutscher Gründlichkeit werden die Konzepte bis auf die achte Stelle hinter dem Komma festgeschrieben. Wenn es zum Beispiel um etwas derartig Atmosphärisches geht wie die Veränderungen der gesellschaftlichen Wertvorstellungen in der Bevölkerung, dann weist ein Fachmann in seinen Überlegungen zu neuen Marketing-Methoden in einem Nebensatz »auf so bekannte Prognoseinstrumente« hin wie »Marketing-Audit, Simulationsmodelle auf der Basis von System Dynamics, Indikationsprognosen, Delphi-Prognosen«. Ein anderer wieder spricht volltönend von »individualzentrierten Motivationsaspekten« und meint damit ganz schlicht, man müsse auch ein wenig auf die Wünsche der einzelnen Mitarbeiter achten.

Korsett von Gesetzen

Die Manager besitzen oft nicht die Souveränität, mit gesundem Menschenverstand und auf der Grundlage ihrer Berufserfahrung den theoretischen Wust auf verständliche Formeln zu reduzieren und diese den jeweils aktuellen Entwicklungen anzupassen. Statt dessen werden die Konzepte wie Statistiken mißbraucht: Solange man sich streng an die »Vorschriften« hält, kann man bei einem eventuellen Scheitern die Regeln verantwortlich machen und muß nicht selbst dafür geradestehen. Statt der notwendigen Flexibilität entsteht in den Unternehmen ein starres Korsett von Gesetzen und Ausführungsbestimmungen.

Dabei scheinen die deutschen Manager sehr wohl einzusehen,

daß sie mit den altgewohnten Methoden in der sich immer schneller ändernden Welt nicht mehr überleben können. Ihre Probleme haben in den letzten Jahren Firmen der Unternehmens- und Personalberatung wie Pilze aus dem Boden schießen lassen. Über 600 der betrieblichen Nothelfer stehen heute in den Telefonbüchern der Bundesrepublik, und ein Manager braucht schon beinahe einen Sonderberater, um aus dem gewaltigen Angebot eine seriöse Adresse herauszufinden. Ähnliches gilt für die Schwemme von Kursen, Seminaren, Symposien, die außer absetzbaren Spesenrechnungen auch Weiterbildung für die Unternehmensführer zu bieten behaupten. Um es modisch auszudrücken: Die Manager scheinen inzwischen sensibilisiert für die Probleme ihres Gewerbes. Sie sehen wohl, wenn auch noch diffus, daß sie sich mit der Zeit verändern müssen. Vor wenigen Jahren noch konnte sich ein Unternehmen auf automatisches Wachstum verlassen. Heute zwingen die scharfe ausländische Konkurrenz und die schnellen »Innovationszyklen« die Manager, sich fast täglich aufs neue einer veränderten Umwelt anzupassen. Die Versuchung ist groß, in hektischem Aktivismus ebenso täglich neue Konzepte zu entwickeln oder sich so lange an die alten Produkte zu klammern, wie sie noch verkäuflich bleiben. Dem Abbröckeln der Nachfrage wird dann resigniert mit »Gesundschrumpfen« begegnet. Dabei wird verdrängt, daß am Ende eines konsequenten Schrumpfungsprozesses die Null-Lösung steht.

Taktik statt Strategie

Wissenschaftler, Berater, Manager selbst weisen mit Büchern, Artikeln, klugen Symposien und schönen Reden regelmäßig nach, daß sie zumindest theoretisch sehr wohl um die Unsinnigkeit dieser Ad-hoc-Reaktion wissen. Das große Schlagwort, seit Jahren in aller Munde und wie so vieles im Management vom Militär geborgt, ist »Strategie« statt »Taktik«. Jeder scheint zu wissen, daß er sehr sorgfältig die kommenden Trends der nächsten zehn, fünfzehn Jahre abschätzen sollte und dann analysieren müßte, wie sein Unternehmen mit seinem Basis-Know-how in diese Trends paßt. Daraus muß die langfristige Strategie erarbeitet werden, die nicht so sehr festlegt, welche Produkte während der nächsten zehn Jahre gefertigt werden sollen, sondern vielmehr sicherstellen muß, daß das Unternehmen sich auf der Grundlage seiner technischen Ausstattung und der Fähigkeiten seiner Mitarbeiter rechtzeitig auf jede Veränderung im generellen Trend einstellt und dabei der Konkurrenz möglichst zuvorkommt. Das ist wie Segeln in unbekannten Gewässern: Der Skipper muß zwar die gerade Route zum Ziel genau kennen, aber in jeder Sekunde bereit sein, Untiefen auszuweichen oder Änderungen der Windrichtungen zum Kreuzen von der Ideallinie weg auszunutzen.

So kannte MAN zum Beispiel schon seit Jahren den Trend: »Der Schiffsmotor folgt der Werft.« Das heißt, daß die schweren Maschinen nicht mehr in Augsburg gebaut und dann mühsam zum fernen Dock transportiert werden können. Kostensparend werden seit Jahren die Motoren nahe oder sogar in der Werft in Lizenz gefertigt. Ebenso mußte MAN wissen, daß der Schiffsneubau sich immer mehr nach Ostasien verlagerte, nach Japan, Südkorea und Taiwan. Doch vor einem Jahr klagte mir ein MAN-Vertreter in Asien: »Ich kann doch kaum noch mal eine Serie von Motoren verkaufen. Wir machen fast nur noch Reparaturen.« Hätte sich MAN rechtzeitig auf die Entwicklung eingestellt, dann würde dieser Repräsentant heute den Lizenzbau von Schiffsmotoren in Asien überwachen und bräuchte sich weniger Sorgen um die Konkurrenz zu machen. Jetzt ist es zu spät. Asiens Werften sind etabliert, die Lizenzen vergeben.

Ernstzunehmende Fachleute geben den Managern Hilfestellung, indem sie heute schon die Entwicklungen von morgen vorauszusagen versuchen. So prognostiziert der promovierte Volkswirt Armin Ziegler, daß sich der Spielraum für rein wirtschaftliches Handeln dramatisch reduzieren wird, vor allem durch den Wandel gesellschaftlicher Werte wie Autoritätsverlust, höherer Wert der Freizeit, Mißtrauen gegenüber großen Instituten sowie durch die Überalterung der Bevölkerung. Auch werden sich die Beschäftigungsstrukturen grundlegend verändern. Die Reihenfolge der Arbeitgeber nach der Beschäftigtenzahl ist heute: Industrie, Dienstleistungen, Handel, Handwerk, Öffentliche Verwaltung, Land- und Forstwirtschaft. Im Jahr 2000 wird sie laut Ziegler sein: Dienstleistung, Handel, Öffentliche Verwaltung, Handwerk, Industrie, Land- und Forstwirtschaft. Das wären gewiß einschneidende Veränderungen. Doch die Haltung vieler Manager, daran einfach nicht glauben zu wollen, wird ihre Auswirkungen noch verschlimmern. Nur wer sich heute bereits auf diese Entwicklungen einstellt, wird auch noch in 20 Jahren bestehen können. Jene deutschen Unternehmen, die sich vor 15 Jahren auf jetzt eingetretene Wechsel vorbereitet haben und heute auch in der Krise gedeihen, sollten als anregende Beispiele ausreichen.

Gewinn-Diät

Selbst wenn sich ein Manager heute seiner langfristigen Strategie rühmt, dann erliegt er oft einer Begriffsverwechslung. Er meint lediglich, daß er seine Jahres- oder Fünfjahresplanung fortgeschrieben hat. Planung ist aber nicht Strategie, sie entsteht erst aus der Strategie. Wie wenig diese Kenntnis verbreitet ist, erforschte der Münchner Unternehmensberater Dr. Klaus Höfner. Er ermittelte, daß nur 26,9 Prozent der deutschen Unternehmen eine Strategie für die nächsten zehn bis fünfzehn Jahre erarbeitet haben. Es darf nicht als Ausrede herhalten, daß viele US-Firmen nicht besser, die meisten europäischen Konkurrenten sogar noch schlechter dastehen. Höfner, der als Strategie die systematische Suche nach Erfolgspotentialen versteht, fragte die wenigen zukunftsorientierten Manager nach den Vorteilen, die sie aus ihrem Verhalten schon heute ziehen. Die Reihenfolge der Antworten ist aufschlußreich: verstärkter Dialog unter den Mitarbeitern über die Zukunft des Werkes, rationaleres Handeln, ständiges Lernen.

Ein Haupthindernis gegen die Entwicklung langfristiger Strategien ist die Erfahrung, daß damit keine kurzfristigen meßbaren Erfolge erzielt werden. Sie schlagen sich nicht sofort in Umsatz, Gewinn und Dividende nieder. Es mag sogar geschehen, daß die Bilanzen für ein paar Jahre sehr bescheiden ausfallen, bis die Umstellung des Unternehmens wirklich greift. Kaum ein Manager aber hat den Mut, seine Kapitalgeber für einige Jahre bewußt und mit erklärter Absicht auf Gewinn-Diät zu setzen. Dazu ein Beispiel: Wenn ein deutscher Konzern im Wachstumsmarkt Südostasien heute eine Niederlassung eröffnet und die zwei, drei Jahre lang keine Profite überweist, dann wird dieses Exempel alle anderen Konzerne abschrecken. Die japanischen Unternehmen aber zogen bereits vor einem Jahrzehnt in diesen Raum und ließen ihre Vertreter acht, zehn Jahre lang mit Verlust arbeiten. Heute beherrschen sie fast konkurrenzlos den Markt und schreiben satte schwarze Zahlen.

Für große Unternehmen, die wegen ihrer unvermeidlichen Bürokratisierung eine Wende nur sehr schwerfällig ausführen können, ist es fast schon zu spät. Ein deutscher Banker stellte einmal fest, wenn man in einem durchorganisierten Unternehmen den Pförtner auf den Stuhl des Vorstandsvorsitzenden setzen würde, dann merke das fünf Jahre lang niemand. Denn so lange dauere es, bis ganz oben gemachte Fehler oder Unterlassungen sich auswirkten – so lange aber benötigen auch Korrekturen.

Daten statt Informationen

Manager, die in der Zukunft bestehen wollen, müssen sich auf einen unverrückbaren Grundsatz einstellen: Das einzig Beständige in den nächsten Jahrzehnten wird der stete Wandel sein. Nur wer sich geschmeidig anpassen kann, ohne sein Hauptziel aus den Augen zu verlieren, wird überleben. Daß in solchen Zeiten das Sammeln und sorgfältige Auswerten von Informationen von zentraler Bedeutung für jedes Unternehmen wird, scheint den meisten Managern bewußt zu sein. Der EDV-Bildschirm ist schon beinahe zum neuen Fetisch im Büro geworden. Der Zugang zur betriebsinternen Datenanlage kennzeichnet die Stellung des Mitarbeiters in der Hierarchie.

Doch auch in diesem Bereich verfallen viele in die gewohnten Fehler: Die Zahlen, die Daten werden bereits als das Allheilmittel angesehen und als Ersatz für eigene Entscheidungen genommen. Diese Zahlen und Daten werden jedoch erst zur Information, wenn sie von einem Menschen subjektiv in bezug zu den Bedürfnissen des Unternehmens gesetzt werden. Die Firmen leiden heute nicht unter der oft beklagten Informationsüberflutung, sondern unter einer Datenlawine. Viel zu selten noch werden aus den Daten relevante Informationen herausgefiltert, und in kaum einem Unternehmen geschieht das systematisch. Informationen nützen dem Betrieb erst, wenn ihr Fluß auf dem kürzesten Weg von oben nach unten und umgekehrt voll durchorganisiert ist. Um das zu gewährleisten, müßten die Unternehmen ihre Hierarchie-Pyramide möglichst flach gestalten, die Anzahl der Befehlsebenen muß so gering wie möglich gehalten werden. Das scheint recht schwierig zu sein, da einer Verflachung der Pyramide recht viele Titel und Positionen geopfert werden müßten.

Die meisten Informationen, die aus dem Betrieb selbst an die Spitze gelangen, sind von den Vorstellungen und Hoffnungen des Unternehmens subjektiv gefärbt oder gar verfälscht. Zudem verläßt sich der Manager oft auf jene Fakten, die ihm mehr oder weniger zufällig auf den Schreibtisch flattern. Zusätzlich stützt er sich auf seine Erfahrungen aus der Vergangenheit. Das führt dazu, daß die altbewährten Schlußfolgerungen immer mehr verfestigt werden. Aus der Datenflut werden unbewußt jene Informationen ausgewählt, die alte Vorurteile bestätigen.

Neuerung kann nur dann entstehen, wenn bewußt und gezielt neue Informationen gesucht werden. Auch hierzu gibt es ein japanisches Beispiel, über das bei uns viel gelächelt wurde. Man kennt das Bild von Gruppen japanischer Kaufleute oder Techniker, die in Europa jedes Schaufenster, jede Maschine auf Messen fotografieren, die bei Besichtigungen ständig ihre Schmalfilmkameras und Tonbandgeräte laufen lassen, die Plastiktüten mit allen erreichbaren Prospekten füllen und wegschleppen. All das sind jedoch Informationen, die zu Hause sorgfältig ausgewertet werden. Das überlegene Lächeln über dieses Hamster-Gebaren ist uns eingefroren, seit in unseren Schaufenstern oft schon japanische Waren dominieren.

Vorbild Machiavelli

Statt sich gelegentlich an solchen Vorbildern zu orientieren, stürzen sich unsere Manager in immer schnellerem Rhythmus von einem theoretischen Konzept in das andere. Diese Suche nach einer Heilslehre, die als Krücke für die eigene Verantwortung herhalten muß, gleitet gelegentlich schon ins Lächerliche ab. Der neueste Guru der Manager ist dafür ein Beleg. Seit der Brite Antony Jay ein Buch über »Management und Machiavelli« schrieb, wurde der italienische Theoretiker der Machtpolitik zu einem Vorbild für Unternehmensführung. Seine Vorstellungen werden auf internationalen Kursen und Seminaren gelehrt, zum Beispiel in Zürich unter dem pompösen Thema: »Managers Machiavelli – Erfolgsseminar für Verantwortliche, Theorie und Praxis der Macht im Wirtschaftsleben«. Verschwiegen wird in der Regel, daß Machiavelli selbst mit seinen Rezepten in der Praxis spektakulär gescheitert ist, daß seine Hoffnung, in der Politik Karriere zu machen, nie erfüllt wurde. Doch der Versager wird heute zum Vorbild stilisiert, wenn auch mit krassen Vereinfachungen seiner vielschichtigen Theorien. Allen Ernstes wird Unternehmensführern eingeredet, sie bräuchten zum Erfolg aalglatten Opportunismus, Ränkespiel, Perfidie, Bluff, Lüge und Verrat.

Das Konzept Machiavelli zeigt am deutlichsten, woran all diese Lehren kranken: Sie stellen sich als dogmatische Erfolgsrezepte dar, deren Zahlen und Tabellen dem Manager weitgehend das eigene Denken abnehmen sollen. Werden die Regeln nur streng befolgt, kann der Erfolg nicht ausbleiben. Fast alle Theorien aber reduzieren den unberechenbaren Menschen, der als Mitarbeiter letztlich wichtiger ist als die modernste Maschine, auf ein reflexartig reagierendes Rädchen im Getriebe. Über die Pflege seines »Human-Inventars« macht sich der Manager in der Regel weniger Gedanken als über Erhalt oder Erneuerung seiner mechanischen Anlagen.

7 Die Schizophrenie der Führung

Personalpolitik – das Stiefkind des Managements

Ein Gespenst geht um in den bundesdeutschen Betrieben: das Gespenst der »Inneren Kündigung«. Kurse und Seminare zum Thema werden gehalten, Bücher darüber geschrieben. Einige Personalberater stellten ihre Arbeit ganz darauf ab. Das Phänomen, das die Manager schreckt, ist das Aussteigen von Mitarbeitern aus dem Karriererennen. Immer häufiger geschieht es, daß einst erfolgversprechender Nachwuchs eines Tages beschließt: Was ich erreicht habe, genügt mir. Warum soll ich mich für ein bißchen mehr Geld unverhältnismäßig kaputtmachen. Dann kommt auch jener Begriff ins Spiel, den die Vorgesetzten gern als »nebelhafte Ausrede« abqualifizieren: Lebensqualität, die wichtiger genommen wird als beruflicher Aufstieg. Der betroffene Mitarbeiter beschließt, die ihm übertragene Arbeit mit dem geringstmöglichen Aufwand zu erledigen, ohne allerdings zu schlampen. Er teilt seinen Beschluß auszusteigen nicht mit. Seine Kündigung ist »innerlich«, nur ihm selbst bekannt. Es sind oft die Intelligentesten, die Kreativsten, die auf diese Weise resignieren, dem Unternehmen ihr Engagement oder gar ihre Loyalität entziehen.

Die Gründe für die »Innere Kündigung« sind vielfältig. Doch ein Argument taucht immer wieder auf: Frustration über die menschlichen Beziehungen am Arbeitsplatz, zu wenig Verantwortung, kurzum eine Vernachlässigung der Personalfürsorge im Betrieb. Woran es in Betrieben mit einer Häufung von »Inneren Kündigungen« fehlt, wird ebenfalls mit einem sehr verbreiteten modischen Schlagwort beschrieben: an der »Motivation« der Untergebenen durch die Führung. Professor Dr. Reinhard Höhn, Gründer und Leiter der Harzburger Akademie für Führungskräfte der Wirtschaft, fand daher die griffige Formel: »Nicht das Unternehmen, der Chef ist krank.« An Beispielen für diese These mangelt es wahrhaftig nicht.

Josef Neckermann, Versandhändler und Dressurreiter, verlor (unter anderem) auf diesem Wege seinen Konzern. Der Selfmademan hatte 1950 sein Handelshaus gegründet und es in den Boomjahren zu einem Unternehmen mit drei Milliarden Mark Umsatz aufgebläht. Sein blinder Glaube an Wachstum trieb ihn in eine kostspielige und gewinnarme Diversifikation. Fähige Mitarbeiter, die ihn rechtzeitig hätten bremsen können, wurden nicht gehört. Denn der Firmenbesitzer herrschte in seinem Betrieb als absoluter Patriarch. Die Manager unter ihm mußten jeder seiner Launen gehorchen. Und der Chef scheute sich nie, seine spontanen Einfälle an den direkten Vorgesetzten vorbei mit dem vierten Glied der Hierarchie zu verwirklichen.

Selbst hochbezahlte Top-Manager blieben oft lange nach Feierabend noch in ihren Büros, obwohl sie dort nichts mehr zu tun hatten. Sie mußten stets damit rechnen, daß der Chef sie zu Nachtsitzungen rief, um Auskunft zu verlangen, warum zum Beispiel die Konkurrenz einen bestimmten Artikel um wenige Pfennige billiger anbot. Kam nicht sofort eine detaillierte, überzeugende Antwort, dann, so schildert ein ausgeschiedener Manager, »macht einen der Alte zur Sau«. Glaubte Neckermann die Fehlleistung eines Untergebenen entdeckt zu haben, dann beschuldigte er den Betroffenen: »Was haben Sie mit meinen Millionen gemacht?« Gefiel ihm aber die Idee eines Mitarbeiters, dann belohnte er den Erfolgreichen mit einem Markstück aus der Jackentasche. Selbst sein jüngster Sohn Johannes, der widerstrebend die Leitung der Stabsstelle »Vertrieb und Marketing« übernommen hatte, mußte sich von dem öffentlich immer sehr leise und distinguiert auftretenden Übervater in Vorstandssitzungen anschreien lassen: »Nimm die Pfeife aus dem Mund, du Esel.«

So wie Neckermann fähige Leute mit eigenen Ideen und Durchsetzungsvermögen nicht in selbstverantwortliche Stellungen aufsteigen ließ, so hielt er umgekehrt an alten, angepaßten Gefolgsleuten fest, selbst wenn deren Leistungen den veränderten Marktverhältnissen nicht mehr gerecht wurden. Mit Sonderprivilegien ausgestattet, bildete die Alte Garde eine Sonderkaste mit Herrschaftswissen. Das grün gebundene Organisationshandbuch des Hauses *Neckermann Versand AG,* in dem die in Unternehmen übliche Zuständigkeit festgeschrieben wurde, war Makulatur, wenn der Chef über alle Instanzen hinweg in Verantwortlichkeiten eingriff. Delegieren von Kompetenzen und Verantwortungen funktionierte nur so lange, wie es dem Patriarchen paßte.

Dieses System trieb fähige Leute zwangsläufig aus dem Unternehmen. Zurück blieben servile Jasager, die sich nach ihres Meisters Stimme und Laune richteten. Einer, der ausgeschieden war, beschrieb die Zustände auf der Führungsebene: »Es war wichtiger, ein Gespräch mit Neckermann ohne Kritik zu überstehen, als in fachlichen Auseinandersetzungen eigene Vorstellungen zu entwikkeln.« Dieses organisatorische Chaos auf der obersten Ebene schlug im Unternehmen natürlich bis ganz nach unten durch. Der Informationsfluß durch alle Hierarchiestufen klappte nie, und deshalb konnten auch selten an den richtigen Stellen die korrekten Entscheidungen getroffen werden. Neckermann mußte schließlich sein geliebtes Lebenswerk abgeben, um es nicht in den Konkurs zu treiben.

Vom Kerl zum Scheißkerl

Ähnliche Umstände führten zum gleichen Ergebnis beim größten deutschen Konzern für Unterhaltungselektronik, der *Grundig AG* in Fürth (Bayern). Firmen-Gründer und Chef Max Grundig verhinderte ebenfalls durch seine selbstherrliche Führung, daß sein Unternehmen ein handlungsfähiges Management entwickelte, das sich gegen die scharfe japanische Konkurrenz hätte behaupten können. Er ließ sein Aufsichtsratsmitglied Karl Richter mit einigem Stolz mitteilen: »Herr Grundig ist kein Teamarbeiter.« Ein ausgeschiedenes Vorstandsmitglied schildert die Folgen dieser Haltung: »Bei Grundig herrscht die totale Konfusion.« Beide hatten recht. Max Grundig, wie Neckermann in den Zeiten der nahezu unbegrenzt wachsenden Nachfrage zu seiner Bedeutung aufgestiegen, glaubte auch im ausgetrockneten Markt allein auf Grund seiner Erfahrung und seines – rückwärtsgerichteten – Instinkts besser als alle modernen Manager Trends aufspüren zu können. In drei an sein Büro angrenzenden Musterräumen – einem Museum seiner Erfolge – entschied er allein über die neuen Modelle. Ebenso spontan und unberaten konnte er wenige Wochen später, wenn die Produktion bereits angelaufen war, sein selbstgewähltes Gerät als »unmögliche Krücke« verwerfen und wieder vom Band nehmen. Die Verantwortung für solche Fehlentscheidungen pflegte er dem erstbesten Ingenieur aufzubürden, dem er auch gleich die Kündigung nahelegte. Ein Entwicklungstechniker, der diese Behandlung geduldig ertrug, sagte von sich selbst: »Als ich hier anfing, war ich ein Kerl. Jetzt bin ich ein Scheißkerl.«

Ein ausgeschiedenes Vorstandsmitglied faßte die Personalpolitik im Hause zusammen: »Jeder muß wissen, was er sagt, wann er besser schweigt, wann er lügen muß. Hier ist das rechte oder falsche Wort für das persönliche Überleben wichtig.« Wer bei Grundig bleiben wollte, mußte sich wie ein Schuljunge den Vorschriften des Pedells unterordnen. Selbst Top-Manager durften nur auf Dienstreisen gehen, wenn ihnen der oberste Chef schriftlich die Genehmigung erteilt hatte. Statt durch formelle und informelle Information im Betrieb die vorhandenen personellen Kapazitäten in vollem Umfang zu nützen, ließ sich Grundig von wenigen Vertrauten zutragen, was in den verschiedenen Abteilungen lief – Intrige als Führungsform. Durch unregelmäßige Telefonanrufe kontrollierte der Konzernherr täglich, ob seine Direktoren auch an ihren Arbeitsplätzen saßen. Von der Delegation von Aufgaben und Verantwortung hielt er so wenig, daß er sich während seiner täglichen zehn Arbeitsstunden sogar um den Ersatz ausscheidender Putzfrauen und den Austausch defekter Schreibmaschinen persönlich kümmerte. Mögliche Nachfolger, die der alternde Unternehmer regelmäßig einkaufte und euphorisch der Öffentlichkeit vorstellte, hielten in der Atmosphäre der kriecherischen Jasager selten länger als ein Jahr aus. Das Unternehmen züchtete Frustration und Resignation, zwang die Mitarbeiter geradezu in die »Innere Kündigung«.

»Der Chef ist automatisch besser«

Es liegt nahe, die beiden Beispiele als atypisch zu verwerfen, da es sich dabei ja nicht um angestellte Manager, sondern um Unternehmer handelt. Doch *Neckermann* und *Grundig* sind zwei kranke Betriebe, an denen sich weitverbreitete Symptome besonders deutlich zeigen. Gerade weil die Top-Manager zugleich die Unternehmer sind, können die Schuldigen leicht identifiziert werden. In einer Firma mit angestellten Managern verteilt sich die Verantwortung auf den gesamten Vorstand und verwässert dadurch ein wenig. Das Problem der »Inneren Kündigung« wäre aber nicht so weit verbreitet, wenn nicht ähnliche Zustände wie bei *Neckermann* und *Grundig* bei sehr vielen Unternehmen herrschten. Allzusehr dominiert vor allem auf den obersten Etagen des Managements noch die Meinung, der Chef sei automatisch besser, fähiger, kundiger als alle anderen, denn sonst wäre er ja nicht der Chef. Trotz vieler schöner Reden über die notwendige Fürsorge für Mitarbeiter, über die modernen Manager-Konzepte wie Motivation, Delegation, über die mündigen Angestellten, sieht die Praxis in den Betrieben meist sehr anders aus.

Die Kluft zwischen Anspruch und Wirklichkeit ist tief. Stolz verkündet das Top-Management seine unveränderten strategischen Ziele, doch aus taktischen Gründen wird ein Ziel oft ad hoc aufgegeben. Ein Mitarbeiter, der gegen diesen Mangel an Konsequenz und Durchhaltevermögen protestiert, zieht sich den Vorwurf des Mangels an Flexibilität zu. Regelmäßig fordern die Chefs ihre Mitarbeiter auf, aus eigener Initiative Neuerungsvorschläge zu machen. Fällt aber ein Untergebener mehrfach durch Ideen auf, die sich nicht streng im Rahmen der Vorstellungen des Vorgesetzten halten, steht er bald im Ruf eines Illusionisten, der zuviel Zeit hat. Selten fehlt in Vorstandsreden der Ruf nach Mitarbeitern, die ausgeprägte Persönlichkeiten sind. Zeigt aber jemand seine Zivilcourage allzu deutlich, dann wird er der Illoyalität bezichtigt und mit dem Etikett »Unruhestifter« versehen.

In mehr als 20 Seminaren befragte das Institut für Praktisches Management (IPM), München Baldham, die Teilnehmer nach den Haupthindernissen bei Führungsaufgaben. Die anonymen Antworten waren in ihrer Reihenfolge aufschlußreich: unzureichende Delegation, mangelhafte Kommunikation (also Informationsaustausch im Unternehmen), schlechte Kooperation zwischen verschiedenen Führungsebenen, ungünstige Arbeitsverhältnisse, ungenügende Motivation der Mitarbeiter, fehlende Identifikation der Mitarbeiter mit den Unternehmenszielen. Alle diese Klagen hängen direkt oder indirekt mit Fehlern in der zentral wichtigen Personalpolitik der Unternehmen zusammen. Nur selten – und dann stets unbeabsichtigt – relativieren Managementvertreter selbst ihre Sonntagsreden über die tiefe soziale Bindung an ihre Arbeitnehmer. In einem Streitgespräch hielt der Tarifpolitiker der IG Metall, Hans Janßen, dem Hauptgeschäftsführer der metallindustriellen Arbeitgeberverbände, Dieter Kirchner, ironisch vor: »Ich finde es geradezu rührend, wie sich Herr Kirchner der Interessen der Arbeitnehmer annimmt.« Kirchners spontane und entlarvende Antwort: »Notgedrungen.«

Das »geliehene Kapital« Arbeitskraft

Kirchner scheint wie viele Manager zu verdrängen, daß ein Unternehmen gerade dann in Not gerät, wenn es die Interessen der Arbeitnehmer allzu deutlich vernachlässigt. Eine Fabrik selbst hat keinerlei Know-how, weder technisches noch kaufmännisches, noch organisatorisches. Das Wissen eines jeden Unternehmens resultiert ausschließlich aus der Summierung des Wissens seiner Angestellten. Deshalb kommt dem »geliehenen Kapital« Arbeitskraft größere Bedeutung zu als dem Anlagevermögen – den Maschinen und Gebäuden. Mit diesem geliehenen Kapital wird oft nicht sehr pfleglich umgegangen. Konsequenterweise wird ein großer Teil des geborgten Know-hows, der Kreativität und der Initiative der Mitarbeiter der Firma durch »Innere Kündigung« entzogen. Das Unternehmen funktioniert nur noch auf Sparflamme.

Die Top-Manager, in der Regel zwischen 55 und 65 Jahre alt und nach allen Umfragen im eigenen Verständnis eher konservativ, hängen noch stark dem traditionellen Bild vom Unternehmer an. Die Zeit ist noch nicht lange vorbei, in der ein Besitzer oder Leiter eines Betriebs mit vorbildlicher Fürsorge über die Bedürfnisse seiner Mitarbeiter bestimmte. Doch spätestens seit den 60er Jahren hat sich der Arbeitnehmer emanzipiert. Was früher ein Privileg der wenigen Reichen war, ist heute selbstverständliches Recht für alle. Auch der Arbeiter und oft seine Frau fahren Auto, langlebige Konsumgüter stehen in jedem Haushalt. Die Sonnenküsten des Mittelmeers sind nicht mehr die Spielwiese der oberen Zehntausend. Millionen von einst Armen verbringen ihren Urlaub an der Côte d'Azur, an Spaniens oder Griechenlands Küsten. Die Arbeitgeber haben übersehen, daß ein Arbeitnehmer heute einen über das Materielle hinausgehenden Anstoß braucht, damit er mit seiner Leistung zum Gedeihen seines Unternehmens beiträgt. Er muß eine Rolle im Betrieb bekommen, die nicht nur sein Bedürfnis nach Geld befriedigt. Um diesen Punkt drehen sich alle Management-Konzepte, die sich mit Personalpolitik befassen.

Der Mitarbeiter, so ist heute der unbestrittene Konsens, muß durch klare Abgrenzung der Kompetenzen, durch Delegation von Verantwortung das Gefühl bekommen, er sei mit seiner persönlichen Leistung für den guten Namen des Unternehmens zuständig. Er muß sich mit dem Endprodukt seiner Arbeit identifizieren. Zum finanziellen Lohn sollen noch Stolz auf die eigene Leistung, Zufriedenheit mit der Arbeit kommen. Von diesen unbestrittenen Prinzipien zu ihrer Durchsetzung ist aber noch ein weiter Weg zu gehen. Auf Grund von Umfragen bei den Teilnehmern an ihren Manager-Kursen zeichnet die Bad Harzburger Akademie für Führungskräfte ein Bild, das sie selbst mit »Schizophrenie im Führungsstil« überschreibt. Auf die Frage, wie sie selbst geführt werden möchten, antworten Manager aus dem zweiten und dritten Glied übereinstimmend: »Ich wünsche mir einen Tätigkeitsbereich, in dem Aufgaben und Kompetenzen mit der sich daraus ergebenden Verantwortung festgelegt sind. Ich möchte nicht, daß mein Vorgesetzter ständig in diesen Bereich eingreift und da entscheidet, wo ich entscheiden müßte. Ich möchte, daß er mich als selbständig handelnden und entscheidenden Mitarbeiter akzeptiert.« Dieselben Manager machen dann aber deutlich, daß sie selbst nach unten genau so handeln wie ihre Vorgesetzten, daß sie ihre Untergebenen nicht frei entscheiden und handeln lassen. Ihre Erklärung: »Leider sind meine Mitarbeiter noch nicht so weit, daß ich ihnen Selbständigkeit zugestehen kann.«

Diese Haltung zieht sich durch alle Ebenen der Betriebe: Kaum jemand führt so, wie er selbst geführt werden möchte. Jeder will möglichst viele Kompetenzen von oben zugesprochen bekommen und möglichst wenige nach unten weitergeben. Zwangsläufig entstehen dadurch zwischen allen Ebenen undurchlässige Schichten, die vertikale Kommunikation verhindern. Ebenso zwangsläufig bleibt auf diesem Weg viel Kompetenz und Verantwortung zu weit oben in der Hierarchie hängen. Für »ganz unten«, dort, wo die physische Arbeit geleistet und das Produkt des Unternehmens gefertigt wird, bleibt nicht mehr genügend Verantwortung übrig, um den Stolz auf die eigene Leistung und damit die Qualität des Produkts zu fördern.

Alle Untersuchungen zeigen, daß die Führung in deutschen Unternehmen vorwiegend autoritär in einer streng geregelten Hierarchie funktioniert. Zwar werden heute so moderne Management-Instrumente wie »Job Description« (Arbeitsplatz-Beschreibung) verwendet. Doch ihr ursprünglicher Sinn, dem Mitarbeiter in einem abgesteckten Rahmen Bewegungsraum für eigene Initiative zu gewähren, wird in sein Gegenteil verkehrt. Die Job Description schreibt in der Regel in unzähligen Paragraphen die Tätigkeit des Mitarbeiters so genau vor, daß für eigenes Mitdenken kein Platz mehr bleibt.

Weitere gravierende Fehler bei der Personalbehandlung sind nach den Erkenntnissen der gewiß nicht industriefeindlichen Harzburger Akademie: Fehlende Informationen für die Untergebenen – wer oben sitzt, hütet sein Herrschaftswissen; den Mitarbeitern werden Aufgaben gestellt, ohne daß sie vorher dazu gehört werden – Befehl statt Teamarbeit; statt konstruktiver Kritik wird verletzender Tadel ausgesprochen; vollbrachte Leistungen werden nicht offen und öffentlich gelobt; der Vorgesetzte zeigt an den Ideen seiner Untergebenen kein Interesse, unterdrückt sogar sinnvolle Vorschläge, wenn sie nicht von ihm selbst kommen, oder gibt sie als seine eigenen nach oben weiter. Kurz: Die Peitsche wird wohl gezeigt, das Zuckerbrot aber unterschlagen.

Fehlende Personal-Inventur

Wenn ein Unternehmen den größtmöglichen Vorteil aus der rationellen Nutzung seiner Mitarbeiter zieht, dann ist das nicht Ausbeutung, sondern Produktivität. Das leuchtet vielleicht eher ein, wenn die Aussage umgedreht wird: Wenn Fähigkeiten, Leistungen und Engagement der Mitarbeiter rationell eingesetzt werden, dann entsteht mit einem geringeren Arbeitsaufwand der höhere Nutzen für das gesamte Unternehmen. Um die Kapazitäten im Hause sinnvoll einsetzen zu können, müßte der Manager diese erst einmal genau kennen. Deshalb macht auch jeder Betrieb mindestens einmal im Jahr, oft aber sogar fortlaufend eine genaue Inventur all seiner Gebäude, Maschinen, Geräte, Werkzeuge, Lagerbestände und sogar Büromöbel. Eine regelmäßige »Inventur« seines Personalbestandes macht aber kaum ein Unternehmen.

Eine langfristige Strategie oder eine schnelle taktische Umstellung kann aber nur gelingen, wenn für die neue Produktion das notwendige Fachpersonal bereitsteht. Doch kaum ein Manager macht sich die Mühe, eine genaue Bestandsaufnahme seiner Mitarbeiter mit all deren Fähigkeiten und Möglichkeiten zu erstellen und deren Ergebnis als wesentlichen Gesichtspunkt in die Planung einzubeziehen. Er verläßt sich darauf, daß er im Bedarfsfall die notwendigen Fachkräfte einkaufen kann. Meist verdrängt er dabei, daß jede Neubesetzung einer Stelle mindestens 25 000 Mark, bei einer Führungskraft sogar 250 000 bis 500 000 Mark kostet, der Neue einige Monate bis ein Jahr eingearbeitet werden muß und der Erfolg nicht garantiert ist. Die Umschulung oder Weiterbildung eines bereits mit dem Betrieb voll vertrauten Mitarbeiters käme nicht nur billiger, sondern würde auch Reibungsverluste vermeiden. Doch selbst Neueinstellungen können viel langfristiger und rationeller geplant werden, wenn die Unternehmensführung bei einem Vergleich von Strategie und Arbeitspotential die entstehenden Lücken rechtzeitig erkennt. Zudem hilft eine genaue Ist-Analyse des Personalbestandes, beim Ausscheiden einer Arbeitskraft sehr schnell in den eigenen Reihen den geeigneten Nachfolger zu finden.

Hat ein Unternehmen den genauen Personalbedarf für seine

strategischen Ziele ermittelt und kann es dem die detaillierte Inventur der vorhandenen Mitarbeiter gegenüberstellen, dann folgt daraus zwangsläufig die Notwendigkeit, auch eine wohldurchdachte Personalentwicklung zu organisieren. Äußere Einwirkungen – wie veränderte Märkte und Technologien – werden die Unternehmen zwingen, ihre internen Aufbau- und Ablauforganisationen in Zukunft noch schneller anzupassen als in der Vergangenheit. Dazu sind Mitarbeiter notwendig, die Flexibilität, Reaktionsfähigkeit, Dynamik und Aufgeschlossenheit für Neues entwickeln. Die Anpassung kann nicht funktionieren, wenn sie jeweils durch den Austausch von Personal versucht wird. Sie muß von innen heraus bewirkt werden. Der Mitarbeiter muß sich mit dem Betrieb verändern.

All das sind bekannte Tatsachen. Selbst die Leiter von Mittelstandsbetrieben versprechen sich – theoretisch – von einem solchen Programm große Vorteile. In einer Umfrage des »Wuppertaler Kreises« nennen sie als erwarteten Nutzen einer Personalentwicklung: Erhaltung und Verbesserung der Wettbewerbsfähigkeit, Anpassung an die Erfordernisse der technischen Entwicklung und des Marktes, Verminderung der Kosten durch Schulung des Kostenbewußtseins, Senkung der Fluktuation und Verbesserung der Kooperation. Kommt aber dann die Rede auf die Durchsetzung solcher Ideen, dann steht schnell das Argument dagegen, das Unternehmen habe weder das Geld noch das notwendige Führungspersonal für solche Projekte. Investitionen in Mitarbeiter bringen keine sofort meßbare Rendite und fallen deshalb meistens unter den Tisch.

Die meisten Großunternehmen denken nicht anders, obwohl sie Dutzende von hauptamtlichen Organisatoren, Betriebswirten, Psychologen beschäftigen. Ein deutliches Indiz dafür ist die Stellung des Personalchefs in vielen Betrieben. In der Regel kommt er aus der Personalbuchhaltung, ist an der unteren Ebene des Vorstandes oder gar eine Etage unter dem Vorstand angesiedelt und sieht seine Aufgabe vorwiegend in der Personalverwaltung. Er bleibt Buchhalter. Etwas zynisch definiert ein aus der Gewerkschaft kommender Arbeitsdirektor: »Die Qualität des Personalchefs wird daran gemessen, wie viele Arbeitsgerichtsprozesse er gewinnt oder verliert.« Statt die Personalpolitik zur zentralen Aufgabe des obersten Stabes zu machen, überlassen sie die meisten Unternehmen der Führungshierarchie auf allen Ebenen als Nebenarbeit. Von Abteilung zu Abteilung differieren daher oft die personalpolitischen Vorstellungen.

Buchhalter oder Politiker

Daß es auch anders geht und welche Folgen das für ein Werk hat, zeigen die positiven Beispiele in der deutschen Wirtschaft. Trotz Krise, Rahmenbedingungen und allen anderen Ausreden sind Unternehmen wie *Bosch, Siemens, Daimler-Benz* und andere heute noch so gesund wie in Boomzeiten, ihre Produkte von der Modernität und der Qualität her weltweit konkurrenzfähig. Es steht außer Zweifel, daß eine sehr gezielte Personalpolitik die Identifikation der Mitarbeiter mit dem Unternehmen gepflegt und damit den Erfolg des Werkes auf eine solide Grundlage gestellt hat.

Dr. Heinz Damm, bei *Daimler-Benz* für die Personalentwicklung bei Leitenden Führungskräften verantwortlich – gewissermaßen der Manager der Manager –, schildert die Einstellung seines Unternehmens: »Der Personalchef ist bei uns eine der Schlüsselfiguren im Vorstand. Bereits 1965 hat unser Vorstand beschlossen, das Wichtigste sei jetzt, die Personalleiter der Werke, der Ressorts, der großen Regionen von Personalverwaltern zu Personalpolitikern zu machen, gegebenenfalls sie abzulösen und zu ersetzen. Das haben wir geschafft. Die beiden letzten haben wir 1983 abgelöst. Solche mentalen Veränderungen brauchen eben eine halbe Generation Zeit. Es genügt nicht, daß wir eine tolle personalpolitische Richtlinie herausgeben, daß wir sagen, wie wir es gern hätten. Die beste strategische Idee geht kaputt, wenn das dritte und vierte Glied der Hierarchie nicht mentaliter darauf eingestellt ist. Die ruinieren die Idee mit den herkömmlichen Methoden. Es gibt keinen Zweifel, das Personalressort unserer Firma sieht nicht mittelfristig, sondern langfristig. Das haben wir lernen müssen. Wir haben zum Beispiel eine Analyse, uns fehlt ein ganz bestimmter qualifizierter Nachwuchs in der Produktionssteuerung oder in der Betriebswirtschaft. Das haben wir vor sechs Jahren definiert und dann planmäßig Leute eingestellt. Zuerst mußten wir allerdings deren Chefs überzeugen, denn die wollten zuverlässige ruhige Sachbearbeiter, nicht junge Burschen, die nach drei Jahren nach ihrer weiteren Karriere fragen. Wir haben trotzdem diese unruhigen Typen reingebracht. Jetzt, nach fünf, sechs Jahren, haben wir dafür im Haus die fertigen Nachfolger für die Abteilungsleiter.«

Bei *Daimler-Benz* begleitet jeden Mitarbeiter eine Beurteilungsakte, in der jedes Jahr seine Leistungen und seine Aussichten vermerkt werden. Diese Eintragungen diskutiert der Vorgesetzte mit dem Mitarbeiter regelmäßig, so daß jeder immer recht genau weiß, wo im Unternehmen er steht und wo er noch hinkommen kann. Der Mitarbeiter fühlt sich nicht so sehr überwacht wie ernst genommen, und er nimmt als Gegenleistung seine Arbeit und deren Produkt ernst. Als Test kann man versuchen, jemandem, der »beim *Daimler*« arbeitet, vorzuhalten, »seine« Automarke sei von minderer Qualität. Er wird den Kritiker notfalls recht drastisch von seiner Identifikation mit dem Unternehmen überzeugen.

Die »soziale Innovation«

Nicht nur die gesunden Unternehmen sind von der Bedeutung ihres Personalwesens und damit des Personalchefs überzeugt. Auch Personalleiter selbst sehen ihre »strategisch-beratende Funktion« als Mittler zwischen Arbeitnehmer und Arbeitgeber sehr zentral für das Gedeihen der Unternehmen. In einer Umfrage der Düsseldorfer Beratungsgesellschaft Herdrich und Struggles stellten sie selbstbewußt fest: »Die höchstwahrscheinliche Entwicklung geht in Richtung einer sukzessiven Übernahme der Gesamtverantwortung für die Unternehmensaktivitäten durch die Personalleiter.«

Noch ist es nicht soweit. Noch sitzen an der Spitze der Unternehmen sehr häufig Leute, die sich selbst von den personalpolitischen Vorschriften ausnehmen, die für alle Untergebenen verbindlich sind, die sich selbst von dem Zwang zu Delegation, Information, Koordination und Kooperation befreien. Sie blockieren den Fortschritt, gelegentlich gar das Überleben ihrer Firma. Denn heute schon ist auch die wirtschaftliche Welt so offen und schnelllebig, daß sich kein Unternehmen mehr durch technischen Vorsprung für längere Zeit einen nennenswerten Vorteil gegenüber der Konkurrenz sichern kann. Wettbewerbsfähigkeit kann nur noch durch »soziale Innovation« erhalten werden. Das bedeutet, daß motivierte und engagierte Mitarbeiter den schnellen technischen Entwicklungen durch eigene Ideen immer einen Schritt voraus sind und durch selbstauferlegtes Qualitätsbewußtsein diesen kleinen Vorsprung zu halten wissen.

Das Beispiel Japan, wo jeder Arbeiter über Qualitätszirkel, ein ausgefeiltes Vorschlagssystem ohne hierarchische Hemmnisse und eine geradezu fanatische Bindung an sein Unternehmen ganz persönlich am Erfolg der Firma interessiert ist, sollte zu denken geben. Vor allem wenn man diesem Vorbild die ständig lauter werdenden Klagen in der Bundesrepublik gegenüberstellt, die deutsche Wirtschaft habe zumindest bei den modernsten Technologien den Anschluß an die internationale Konkurrenz bereits verpaßt.

8 Die Konservierung von Dinosauriern

Unternehmen verpassen den technologischen Anschluß

Männer und Frauen standen so lange breitbeinig im Kreis, bis ihnen die Knie zitterten. In der Anstrengung huschten ihnen Bilder durch das Bewußtsein, die auf nicht bewältigte, unangenehme Ereignisse hindeuteten. Als sie ihre Anspannung lockern durften, begannen sie »zu brüllen wie die Stiere«, so ein Teilnehmer. Danach verteilten sie sich im Raum und achteten darauf, daß der physische Abstand voneinander der persönlich empfundenen Distanz entsprach: Zuneigung und Ablehnung, Isolation und Nähe wurden plastisch demonstriert. Psychospuk bei einem indischen Guru? Nein, die Szenen spielten sich ab, als ein Unternehmensberater einen mittelständischen bundesdeutschen Betrieb wieder konkurrenzfähig zu machen versuchte. Die Firma *F. Hesterberg & Söhne GmbH & Co. KG* in Ennepetal hatte erkannt, daß sie in einer »existenzgefährdenden Zerreißprobe« steckte. Das Unternehmen mit 320 Beschäftigten und 30 Millionen Mark Jahresumsatz spürte 1980, daß es seine marktführende Position als Hersteller von Beschlägen, Scharnieren und Verschlüssen für Automobile und landwirtschaftliches Gerät zu verlieren drohte. Zum erstenmal schloß die Bilanz im Minus ab.

Der Grund für den Niedergang des 200 Jahre alten Betriebs lag ursächlich in einer Führungskrise. Zwei Männer aus verschiedenen Zweigen der Gründerfamilie versuchten das Unternehmen gemeinsam zu lenken, trugen in ihren Chefzimmern aber alte Familienfehden aus und blockierten sich gegenseitig. Zugleich liefen die Patente für die wichtigsten Produkte aus. Die Belegschaft aber, gelähmt durch den Streit in der Chefetage, war nicht in der Lage, Nachfolgemodelle zu entwickeln. Die Atmosphäre im Betrieb hatte die Kreativität verschüttet. Ein Entwicklungstechniker klagte: »Wir standen mit dem Kopf vor der Wand.« Der Chef der Entwicklungsabteilung erkannte: »Wenn sich der Marktführer an seinen eigenen Produkten die Zähne ausbeißt, muß mit der Kommunikation und Kooperation, muß mit uns selbst etwas nicht stimmen.«

In einer letzten gemeinsamen Anstrengung heuerten die beiden Besitzer von dem Institut für angewandte Kreativität in Bergisch Gladbach den Trainer Rainer Wetz an, einen Diplomkaufmann mit psychologischer Ausbildung. Schon dessen erste Sitzung mit 30 Mitarbeitern aus dem Management auf allen Ebenen endete vorzeitig, weil die Leitenden Angestellten lediglich in gegenseitigen Vorwürfen den Frust der vergangenen Monate abluden. Doch in den folgenden Trainingstagen machte Wetz seinen Kunden deutlich, was ihre Zusammenarbeit behinderte: Statusdenken, Geltungsstreben, Karriere-Ehrgeiz, überempfindliche Reaktion auf Kritik, intrigante Grabenkämpfe, bei denen die Mitarbeiter der jeweiligen Abteilungen als Hilfstruppen mißbraucht wurden. Auch den Chefs wurde in den gemeinsamen »Spielen« deutlich gemacht, was ihre Mitarbeiter von ihnen hielten.

Allmählich lernten Chef und Personal, ihre Konflikte miteinander offen auszusprechen und sachlich auszutragen. Erst als diese schonungslose Bestandsaufnahme abgeschlossen war, zeigte Wetz den Technikern den Weg zurück zur Kreativität. Er lehrte sie, nicht stur auf ein Ziel fixiert zu sein, sondern wie im Spiel alle Einfälle spontan zu verwirklichen. Schließlich waren die Entwicklungspezialisten so von ihrem Tun begeistert, daß sie das ganze Werk einbezogen. Ihre Ideen diskutierten sie mit Kaufleuten und Sekretärinnen, mit Schlossern und Fahrern. Das Engagement steckte an. Mitarbeiter brachten die Schulbücher ihrer Kinder mit in den Betrieb, andere schleppten Gerippe von Reptilien und ein menschliches Skelett an, um an diesen natürlichen Vorbildern »Scharniere« zu studieren. Aus dem geballten Know-how des gesamten Unternehmens entstanden schließlich mehrere Patente, die genau in Marktlücken paßten und die Zukunft des Unternehmens sicherten. Als schließlich auch noch einer der Besitzer seinen Anteil an den Partner verkaufte und damit die Führungskrise beendete, konnte der verbliebene Alleininhaber nach zwei Jahren feststellen: »Es geht aufwärts, noch nicht mit der Konjunktur, aber mit uns.«

Fünf Jahre Rückstand

Die wundersame Rettung der Firma *F. Hesterberg* ist ein Schulbeispiel. Das Unternehmen führte vor, wie durch offene, ehrliche Kommunikation und Kooperation zwischen allen Abteilungen und Hierarchie-Ebenen Kreativität und damit technische Innovation erlernt werden kann. Im Umkehrschluß ist *Hesterberg* sicher auch ein deutlicher Hinweis, woran es in den deutschen Unternehmen heute fehlt, warum die Klagen über die mangelnde Innovationsfähigkeit unserer Industrie immer lauter werden. Politiker und Wirtschaftler, Linke und Rechte, Arbeitnehmer und Arbeitgeber sind sich einig, daß die Unternehmen der Bundesrepublik auf wichtigen technologischen Bereichen inzwischen den Anschluß an das Weltniveau verpaßt haben.

Selbst die christlich-liberale Regierung in Bonn, die mit ungebrochenem Optimismus die Selbstheilungskräfte der Wirtschaft als ausreichend für die Bewältigung der Krise betrachtet, sieht im Bereich der Technologie Alarmzeichen. Ein vom Forschungsministerium erarbeiteter »Bericht Informationstechnik« warnt deutlich: »Die Wettbewerbsfähigkeit der deutschen Informationstechnik in der Mikroelektronik und in Teilbereichen der Datenverarbeitung ist angesichts der weltweiten Anstrengungen auf diesem Gebiet gefährdet.« 1982 produzierten die USA in dieser Branche Waren im Wert von 100 Milliarden Dollar, Japan für 40 Milliarden. Mit 10 Milliarden war die Bundesrepublik weit abgeschlagen. Und sogar der Zentralverband der elektrotechnischen Industrie (ZVEI), Interessenvertreter auch der Elektronik-Produzenten, gesteht ein: »Bei hochintelligenten Mikroelektronik-Produkten über die gesamte Breite dieser Technologie hinken wir schon drei bis fünf Jahre hinterher, und der Abstand zur Konkurrenz wird immer größer.«

Bei Gesprächen mit Industrievertretern traf ich immer wieder auf die Ansicht, man solle die Bedeutung der neuen Technologien nicht überschätzen. Schließlich seien konventionelle Techniken am Weltmarkt noch viel stärker gefragt, und bei denen sei die deutsche Wirtschaft absolut konkurrenzfähig. Das klingt sehr stark nach jenen Handwerkern, die sich einst an die Überzeugung klammerten, so modische Spielereien wie Auto und Eisenbahn würden nie das bewährte Pferdefuhrwerk ablösen. Es ist die vergebliche Hoffnung, eine Gefahr gehe vorbei, wenn man sie einfach nicht zur Kenntnis nehme. Realistische Prognosen sagen voraus, daß es im Jahr 2000 kaum noch einen Bereich des täglichen Lebens geben werde, in dem nicht Mikroelektronik und Datenverarbeitung die zentrale Rolle spielen. Schon heute ist ein Küchenmixer oder eine Waschmaschine ohne Chips beinahe ein Anachronismus. In der vordersten Linie der Industrienationen bleiben dann nur jene Länder, die mit der elektronischen Entwicklung Schritt gehalten haben.

Der Export stagniert

Die Bundesrepublik müßte bereits jetzt einen Spurt einlegen, um wenigstens wieder den Anschluß zu finden. Nach den Erhebungen der Bundesregierung ist zum Beispiel die Produktion von integrierten Schaltungen, der Grundlage für die Anwendung der Mikroelektronik, »unzureichend entwickelt«. Die USA und Japan stellen genügend Schaltungen her, um den Rest der Welt über Exporte zu versorgen. Die Bundesrepublik dagegen kann selbst ihren Eigenbedarf nur zu 60 Prozent decken. Im Bereich der Nachrichtentechnik, den Deutschland einst weltweit anführte, stagniert der Export unserer Wirtschaft seit Jahren und liegt bereits deutlich unter der Exportquote der elektronischen Industrie. Aus der Produktion der Unterhaltungs-Elektronik haben sich die Deutschen weitgehend verabschiedet. Bis in die 70er Jahre wurden auf diesem Gebiet noch Export-Überschüsse erzielt. 1981 dagegen wurde ein Import-Überschuß von 500 Millionen Mark verbucht. Bei Datenverarbeitung und Bürotechnik, eine der lebhaftesten Wachstumsbranchen, hinkt die Bundesrepublik ebenfalls hinterher: Mehr als 50 Prozent der benötigten Geräte und Systeme müssen eingeführt werden. Ebenso hat die deutsche Industrie Entwicklung und Herstellung von Heimcomputern vernachlässigt, obwohl diese Branche in Europa die stärkste Wachstumsdynamik zeigt. Industrie-Roboter bauen und exportieren deutsche Firmen zwar. Doch sie besetzen vorwiegend die Marktnische der mit hohem Arbeits- und Kostenaufwand maßgeschneiderten Einzelstücke. Standard-Automaten, die durch große Serien kostengünstig gefertigt werden können (und bei großen Umsätzen befriedigende Gewinnspannen aufweisen), kommen weit häufiger aus Japan. Auf dem Gebiet der Automaten, die selbständig entwerfen und produzieren können, liegen die Deutschen so weit zurück, daß nach Meinung des Forschungsministeriums hier »neue Abhängigkeiten vom Ausland entstehen können«.

Zu ähnlichen Schlüssen kommen die großen deutschen Wirtschaftsforschungs-Institute in einer Strukturanalyse für das Bundes-Wirtschaftsministerium. Sie sind sich einig, daß der Strukturwandel und damit die Modernisierung der deutschen Wirtschaft zu langsam vonstatten geht. Das Münchner Institut für Wirtschaftsforschung (Ifo) erkennt ein »deutliches Zurückbleiben der deutschen Spitzenforschung«. Die Deutschen konzentrieren sich auf Exportgüter, deren Anteil am Welthandel zurückgehe. Dagegen lägen die Amerikaner in sechs, die Japaner in vier Zukunftsbereichen deutlich vorn. Das Hamburger Weltwirtschaftsarchiv vermerkt, daß die großen deutschen Exportbranchen Chemie, Elektrotechnik und Maschinenbau überdurchschnittliche Marktanteile an die ausländische Konkurrenz verloren haben.

Die Mehrheit der Wirtschaftsinstitute ist sich einig über die Gründe für das Zurückfallen der deutschen Industrie. Die hohen Löhne werden genannt, die »falschen staatlichen Anreize« zur Erhaltung überalterter Produktionsanlagen, vor allem aber auch die mangelnde Flexibilität und die Risikoscheu der Unternehmer und Manager. Beispiele für die Richtigkeit der Institut-Thesen gibt es genügend. Die deutsche Kameraindustrie, einst führend in der Welt, existiert heute praktisch nicht mehr. Zu lange hatten die Hersteller ihre japanische Konkurrenz nicht ernst genommen, bis sie sowohl im Preis als auch in der technischen Ausstattung der Kameras rettungslos ins Hintertreffen geraten waren und aufgaben.

Ähnliches geschah der deutschen Uhrenindustrie, die nicht an die elektronisch gesteuerten Quarzwerke glauben wollte, bis die Konsumenten fast nur noch die billigeren – und genaueren – Produkte aus Japan oder Hongkong kauften. Von einst 140 deutschen

Uhrenfabriken sind noch knapp zehn übriggeblieben. Farbfernsehen wurde – unter anderem – in Deutschland erfunden (PAL-System), aber die Geräte auf dem Weltmarkt sind vorwiegend japanischen Ursprungs. Videorecorder wurden bei *Philips* in Holland entwickelt. Doch 90 Prozent der weltweit verkauften Geräte kommen aus japanischen Fabriken. Selbst der Erfinder *Philips* baut heute vorwiegend nach japanischen Lizenzen. 60 Prozent aller in der Welt gebauten Schiffe werden im Fernen Osten entworfen und zusammengeschweißt.

Unbewegliche Techniker

Zahlenfetischisten, von denen es unter den Managern viele gibt, glauben die obengenannten bedrohlichen Entwicklungen widerlegen zu können. Schließlich ermittelte das Münchner Ifo-Institut, daß Deutschlands Industrie immerhin 2,4 Prozent des Bruttosozialprodukts für Forschung und Entwicklung ausgebe, gegenüber 2,1 Prozent in Japan. Das summiert sich, laut ZVEI, allein bei der Mikroelektronik jährlich auf vier bis fünf Milliarden Mark. Die Zahlen sagen jedoch nichts darüber aus, wie effizient diese Forschungsgelder verwendet oder wie rationell die Erfindungen in marktfähige Produkte umgesetzt werden.

Statistisch steht die Bundesrepublik auch bei der Anmeldung von Patenten vor allem für ökonomisch relevante Erfindungen, die gleichzeitig in vielen Ländern geschützt werden, hinter den USA auf Platz zwei. Rechnet man gar die Zahl der Patente pro Kopf der Bevölkerung, dann ist Deutschland Weltmeister. Verdrängt wird, daß seit Jahren der Zuwachs an neuen Patenten in den USA viel schneller steigt als in der Bundesrepublik, daß wir im Wettlauf zurückfallen.

Gewiß ist die Ansicht der fünf Wirtschaftsforschungs-Institute richtig, daß ganz allgemein die Unbeweglichkeit des Managements zu diesen negativen Entwicklungen beigetragen hat. Eine besondere Verantwortung liegt jedoch bei den Technik-Managern. Schließlich werden in den technischen Bereichen der Industriebetriebe die meisten Mitarbeiter beschäftigt, die teuersten Investitionen getätigt und die Weichen für künftige Produkte gestellt. Das Top-Management kann nur sachgerecht entscheiden, wenn es von der Technik umfassend und realistisch informiert wird. Doch gerade von den Chefs der technischen Bereiche werden viele taktische und strategische Fehler gemacht, die berufsbedingt sind und verhindert werden können, wenn durch Kommunikation zwischen allen Abteilungen – etwa mit Marketing und Vertrieb – Betriebsblindheit rechtzeitig bekämpft wird.

Ein Grundfehler der deutschen Techniker ist ihr vom Endziel einer Entwicklung losgelöster Drang zum Perfektionismus. Ein deutscher Manager mit Auslandserfahrung nennt ein Beispiel: »Wenn ein amerikanischer oder japanischer Ingenieur ein neues Telefon entwickeln soll, dann holt er sich die fünf erfolgreichsten Modelle der Konkurrenz und überlegt, wie er deren Vorzüge vereinen und verbessern kann. Ein deutscher Techniker vergräbt sich erst in ein Fachbuch der Integralrechnung, fängt bei Null an.« Noch deutlicher drückt es Dr. Friedrich Schiefer aus, Senior-Partner der McKinsey & Co. Inc.: »Die Deutschen erfinden immer wieder die eierlegende Wollmilchsau. Die versuchen alles mit einem Produkt zu erschlagen.«

Das »NIH-Syndrom«

Dr. Dieter Just, der selbst lange Manager mit Verantwortung für technische Bereiche in der deutschen Industrie war, zählt etwas nüchterner die »sechs Todsünden« seiner Kollegen auf, die immer wieder die Konkurrenzfähigkeit der Unternehmen bremsen:

– In den vergangenen zehn Jahren haben die Techniker den internationalen Wettbewerb unterschätzt. Statt nach den Wünschen des Kunden zu produzieren, versuchten sie, den Kunden zum Experten zu erziehen, der die – oft für die Funktion unwesentlichen – technischen Vorzüge ihres Produktes zu würdigen weiß.

– Das Beharren auf den bewährten eigenen Prozessen verhindert die rechtzeitige Adaption von Erneuerungen. Wer bislang ein

Produkt aus Metall fertigte, betrachtet die Verwendung von Kunststoff als Sakrileg. Dazu kommt das »NIH-Syndrom« *(not invented here* – nicht bei uns erfunden). Es bewirkt, daß nur ernst genommen wird, was im eigenen Werk entwickelt wurde. Bei der Konkurrenz lernen verletzt die eigene Würde.

– Der schnelle Wechsel von serienmäßig gefertigten Produkten überfordert die Techniker. Bis die Qualitätsmängel während des Anlaufs der Serie ausgemerzt sind, wird das Produkt schon wieder abgeändert und modernisiert. Die Lernfähigkeit der Techniker scheint hinter der Komplexität ihrer Aufgaben zurückzubleiben.

– Der starr auf festgesetzte Umsatzziele und kurzfristige Marktanteile gerichtete Blick zwingt die Techniker immer wieder, Termine um jeden Preis einzuhalten. Überstunden, Sondereinsätze, Wochenendarbeit, selbst Vergabe an Fremdfirmen bringen außer dem Stolz auf das pünktlich erreichte Ziel meist Sonderkosten, die alle Kalkulationen über den Haufen werfen. Eine realistischere Planung würde das verhindern.

– Hohe Investitionen fördern das Prestige der technischen Abteilung. Die Kosten-Nutzen-Rechnung würde meist günstiger ausfallen, wenn der bestehende Maschinenpark verbessert und nur das neu gekauft würde, was rationell nicht mehr mit werkseigenen Mitteln zu bewältigen ist.

– Billiger Einkauf kann durch Nacharbeit, Lieferverzögerungen, Verschrottung, Qualitätsmängel und Imageverluste mitunter sehr viel teurer kommen als die kostspieligeren Rohstoffe und Materialien.

Diese von einem Praktiker erkannten Hauptsünden ergeben zusammengesehen ein Grundmuster, das Innovation verhindert. Sie schildern einen rückwärtsblickenden Techniker, dessen ganzes Trachten kurzfristigen Vorteilen gilt.

Es wäre jedoch ungerecht, ausschließlich den Technik-Managern die Schuld daran anzulasten, daß Deutschlands Wirtschaft bei der »Dritten Industriellen Revolution« nicht auf der vordersten Barrikade ihre Fahne schwingt, sondern im Troß hinterherhumpelt.

Forschung im Elfenbeinturm

Ein großer Teil des Forschungs- und damit Innovationspotentials ist an den Universitäten konzentriert. Die Kooperation zwischen Hochschulen und Industrie aber liegt im argen. Deutsche Professoren, auf Lebenszeit verbeamtet, sitzen im Elfenbeinturm der reinen Lehre und betrachten es als geradezu unanständig, marktbezogene Forschung zu betreiben. Das hindert sie allerdings nicht daran, jeweils mit einer kleinen, selektierten Zahl von wohlsituierten Firmen gutdotierte Beraterverträge zu unterhalten. Die Ergebnisse der universitären Forschung gehen also an diese wenigen Unternehmen. Was die nicht verwenden können, verschwindet in den Panzerschränken. Ohnehin gibt die deutsche Industrie weniger als ein Prozent ihrer Forschungsgelder für Aufträge an Universitäten aus. Bezeichnend ist die Tatsache, daß der deutsche Chemiekonzern *Hoechst* 50 Millionen US-Dollar aufwendete, um sich bei der amerikanischen Boston Medical School in einen Forschungsauftrag einzukaufen.

Das bayerische Wirtschaftsministerium, für Forschung und Technologie im Lande verantwortlich, gesteht ein, »daß es selbst für einen Fachmann sehr schwierig ist, eine Übersicht über die Kapazität der Technischen Universität München zu bekommen«. Der Chef eines mittelständischen Unternehmens, der für seine hochtechnologische Produktion Anregungen sucht, steht an den Hochschulen vor unlösbaren Problemen. Selbst wenn die Bereitschaft der Forscher vorhanden ist, Informationen über ihre Arbeit weiterzugeben, so scheitert dieser Technologietransfer daran, daß Professor und Mittelständler verschiedene Sprachen sprechen.

Allerdings ist die Bereitschaft zur Information nicht sehr groß. Denn an den deutschen Universitäten, die von Ländern und Bund finanziert werden, gehören die Forschungsergebnisse des Labors den Professoren. Nur sie dürfen sie verwerten. Dazu wurde sogar eine besondere Institution geschaffen, die Patentstelle der deutschen Forschung, eine Einrichtung beim Fraunhofer Institut in München.

In der Bundesrepublik fehlt jener Austausch zwischen Wissenschaft und Industrie weitgehend, der in den USA selbstverständlich ist. Für einen amerikanischen Technik-Professor ist es geradezu karrierefördernd, immer wieder einige Jahre lang als Angestellter oder Manager in der Forschungs- oder Produktionsabteilung eines großen Werkes zu arbeiten. Ebenso werden Praktiker aus den Unternehmen regelmäßig für einige Semester als Lehrkräfte an die Universitäten berufen. Wenn dagegen ein deutscher Techniker sich habilitiert, hat er in der Regel zehn, fünfzehn Jahre zuvor während seines Praktikums den letzten engen Kontakt zur industriellen Wirklichkeit gehabt. Nur in seltenen Fällen wird er ihn vor seiner Pensionierung noch einmal suchen. Die Trennung zwischen »Denken« und »Machen« ist fast ideologisch verhärtet. Ein Technik-Manager drückte sein Bedauern darüber mit einem Beispiel aus: »In Amerika erwartet jedermann, daß Leonard Bernstein heute eine klassische Symphonie und morgen ein modernes Musical dirigiert. Wenn bei uns der Karajan plötzlich Popmusik macht, gilt er nicht mehr als seriös.«

Innovation für den Markt

Die Durchlässigkeit des amerikanischen Forschungssystems hat solche »Innovations-Farmen« wie das berühmte Silicon Valley und den Boston Electronic Belt hervorgebracht. In der Nachbarschaft der fruchtbarsten technischen Hochschulen haben Wissenschaftler oder Industrie-Techniker mit einer neuen Idee, ausgestattet mit Risikokapital optimistischer Investoren und Banken, kleine Firmen gegründet. Diese Jungunternehmer widmen sich nicht der Grundlagenforschung. Sie machen aus den offenen zugänglichen Theorien der nahe gelegenen Universitäten marktfähige Produkte. Der Heimcomputer entstand in solchen Betrieben und begann von dort seinen eindrucksvollen Siegeszug.

Auch die neben der Mikroelektronik zweitwichtigste Zukunftsbranche fand und findet in diesen »Garagenbetrieben« ihre wichtigsten Impulse: die Gen-Technologie. Diese Kunst, die Erbanlagen von Mikroben zu manipulieren und so Medikamente oder Lebensmittel herzustellen, wird in den USA vorwiegend von Wissenschaftlern in deren eigenen kleinen Firmen vorangetrieben. Auch auf diesem Weg in die Zukunft hinkt die Bundesrepublik weit hinterher. Allerdings gibt es hoffnungsvolle Anzeichen dafür, daß hierzulande die Erkenntnis des technologischen Rückstandes allmählich private Initiative und Risikobereitschaft weckt.

Vier deutsche Professoren – der Genetiker Ekkehard Bautz, die Molekularbiologen Werner Franke, Peter Gruss und Günter Hämmerling – gründeten in Heidelberg mit der *Progen-Biotechnik GmbH* ihre private Forschungsfirma. Noch suchen sie von Investoren das Startkapital von mindestens vier Millionen Mark und von den großen Chemiekonzernen Kooperation beim Vertrieb ihrer Produkte. Doch der Beginn gibt Anlaß zur Hoffnung: eine Million Mark wurde bereits gezeichnet. Eine wichtige Hilfe fällt für die Professoren vorerst aus. Zwar hat die Bonner Regierung 100 Millionen Mark zur »Förderung technologieorientierter Unternehmensgründungen« bereitgestellt. Doch sollen diese Gelder in der Anlaufphase des Programms nur in bestimmte Test-Regionen vergeben werden. Heidelberg, das wichtigste Zentrum der deutschen Gen-Forschung, gehört nicht dazu.

Bonns Angebot zeigt allerdings, daß der Staat nun versucht, der deutschen Industrie auf den bereits abgefahrenen Innovationszug zu helfen. Auch die drei Milliarden Mark, die das Forschungsministerium während fünf Jahren für die Förderung der Informationstechnik (Mikroelektronik, Datenverarbeitung, Bürotechnik, Nachrichtentechnik, industrielle Automaten und Unterhaltungselektronik) ausschütten will, gehören auf dieses Konto. Ebenso die Überlegungen, durch Steuermaßnahmen Risikokapital zu begünstigen.

Der Staat als Nothelfer

Stärker als Bonn bemühen sich einige Bundesländer, allen voran Baden-Württemberg und Bayern, der Industrie auf den Sprung in die Zukunft zu helfen. In den beiden süddeutschen Ländern zeigen umfassende Programme bereits erste Erfolge. Die Regierungen dort wollen vor allem die mittelständische Industrie an die modernen Technologien heranführen. Geld ist dabei nicht das wesentliche Mittel, obwohl Beihilfen und günstige Kredite gewährt werden. Wichtiger ist der Versuch, durch Beratungsstellen und gründliche Koordination aller relevanten Aktivitäten den Unternehmern das vorhandene Wissen zugänglich und verständlich zu machen. In diesem Rahmen wurde bereits an der Universität Karlsruhe ein »Forschungszentrum Informatik« eröffnet, das die Ergebnisse der Grundlagenforschung in die industrielle Praxis umsetzen soll. Besonders große Hoffnung setzen die Länderregierungen in geplante »Technologie-Parks«. Im Umfeld von technischen Universitäten in Bayern und Baden-Württemberg, aber auch in Niedersachsen, werden Jungunternehmern Fabrikationsräume und industrielle Infrastruktur zur Verfügung gestellt. Mit Hilfe der Hochschulen sollen hier Produkte mit modernster Technologie bis zur Marktreife entwickelt werden. Ist eines der neuen Unternehmen etabliert, dann muß es sich, wieder mit Hilfe des Staates, in einem konventionellen Industriegebiet ansiedeln, damit der »Technologie-Park« für den nächsten Neuerer frei wird. Auf diese Weise sollen viele kleine Silicon Valleys entstehen.

Deutliche Erfolge sind bereits zu sehen. Baden-Württemberg gilt inzwischen als die forschungsintensivste Region in Mitteleuropa. Und in Bayern findet sich innerhalb Europas die stärkste Konzentration an großen (auch internationalen) und kleinen Unternehmen, die sich mit der Mikroelektronik befassen.

Der Innovationsboom im Süden Deutschlands hat eigentlich nur einen negativen Aspekt: Er entstand weniger aus der Initiative der Wirtschaft als aus dem Drängen des Staates. Mitschuldig an der gefährlichen Zurückhaltung der Unternehmer und Manager ist allerdings auch wieder der Staat. Noch immer gibt er jährlich nach amtlichen Zahlen über Finanzbeihilfen und Steuererleichterungen fast 30 Milliarden Mark als Subventionen an die Industrie. Nach Ermittlungen des Institutes für Weltwirtschaft in Kiel liegt die tatsächliche Summe eher bei 80 Milliarden Mark. Mit diesem Kapital werden vor allem kranke Unternehmen gestützt. Birgit Breuel, Wirtschaftsministerin in Niedersachsen und mit diesen Problemen täglich konfrontiert, spricht von der staatlichen Förderung einer »Museumswirtschaft«, von einer »Politik der Konservierung von

Dinosauriern«. Die Ministerin über die Erhaltungssubventionen: »Hier geschieht doch nichts anderes als die hochgradige Prämierung desjenigen, der es schafft, den Kopf besonders tief in den Sand zu stecken.«

Solange jedoch dieses soziale Netz für das Kapital eng geknüpft bleibt, wird bei der Wirtschaft geradezu Initiative abgetötet. Die Manager stehen vor der schweren Alternative, entweder den angehäuften Besitzstand auch gegen den ökonomischen Trend mit Hilfe des Staates zu wahren oder ihn für noch nicht bewährte Innovationen und Veränderungen zu riskieren. Es ist die Entscheidung zwischen Prämiensparen und Spekulation.

Ein Mann wie Berthold Leibinger hat sich für die Spekulation entschieden – und dabei groß gewonnen. Der einstige Manager und heutige Besitzer der *Trumpf GmbH & Co. Maschinenfabrik* im schwäbischen Ditzingen machte in zehn Jahren aus einem mittelständischen Betrieb ein weltweit operierendes Unternehmen. Mit seinen numerisch gesteuerten Blechbearbeitungsmaschinen für Kleinserien steigert er seinen Umsatz auch jetzt noch jährlich um zweistellige Raten und eroberte sogar in Japan einen Marktanteil von zehn Prozent. Während seine Kollegen über die schlechten Zeiten klagten und Formulare für staatliche Subventionen ausfüllten, investierte Leibinger konsequent sechs Prozent seines Umsatzes in die Forschung und konnte so neue Verfahren und Anlagen stets vor der Konkurrenz anbieten. Leibinger nennt als Grund für seinen Erfolg: »75 Prozent unserer Produkte sind jünger als fünf Jahre.« Mit Mut und Dynamik ist *Trumpf* als Unternehmen das geworden, was die gesamte deutsche Industrie heute noch zu sein glaubt: ein ernst zu nehmender Konkurrent auf den Exportmärkten.

9 Mehr Rolls-Royce als VW

Manager vernachlässigen das Auslandsgeschäft

Mit etwa 400 Familien in fünf Wohntürmen teile ich ein hochmodernes Condominium im südostasiatischen Stadtstaat Singapur. Da treffen sich Firmenvertreter, Banker, Diplomaten, Journalisten aus der ganzen Welt, und am Wochenende herrscht um den Swimmingpool ein wahres Sprach-Babel – Persisch, Türkisch, Arabisch, Französisch, Spanisch, Italienisch, fast alle asiatischen Sprachen und Dialekte. Deutsch beherrschen in der gesamten Wohnanlage knapp zehn Familien. Doch alle, auch Kinder und Dienstboten, können sich auf englisch verständigen, eine der Amtssprachen in Singapur. Diese Verhältnisse scheinen der bundesdeutschen Firma entgangen zu sein, die den lukrativen Auftrag bekam, das gesamte Condominium mit Gegensprechanlagen zwischen Apartments und Hauseingängen auszustatten. In 400 Wohnungen hängen die kleinen Kästen, an denen zwei Knöpfe in komplizierten Kombinationen gedrückt werden müssen. Auf jedem der Geräte klebt eine Gebrauchsanleitung – ausschließlich in deutscher Sprache, die gerade von 2,5 Prozent der Benutzer verstanden wird. Der Ausrutscher eines unerfahrenen deutschen Exporteurs?

Im selben Singapur wollte ich einen neuen Einbauherd kaufen. Unter anderem erkundigte ich mich auch nach einem Modell von AEG. Der beim Importeur zuständige Sachbearbeiter, ein höflicher Chinese, bat mich in sein Büro zu kommen: Er könne mir leider keine Auskunft geben, da er für die neuen Modelle aus Nürnberg nur einen deutschsprachigen Katalog erhalte, den er selbst nicht verstehe. Der englische Prospekt erreiche ihn erst ein Jahr später, wenn die darin angebotenen Geräte bereits von einer neuen Modellreihe überholt sind. In seinem Büro zeigte mir der Importeur dann einen Großauftrag, fast 150000 Mark, für den Einbau von AEG-Herden in einen luxuriösen Wohnblock. Resigniert klagte mir der Chinese, trotz heftigen Drängens bekomme er für diese fast 100 Herde keine englischsprachigen Gebrauchsanweisungen. Aus eigener Initiative habe er sich schließlich »Raubdrucke« besorgt, die zu einem ähnlichen von AEG in England gefertigten Gerät gehören. Die Besitzer der Luxuswohnungen werden nun in ihren teuren Herden verwaschene Fotokopien von Gebrauchsanweisungen finden, die nur »ungefähr« zutreffen. Mit jedem japanischen Mini-Tonbandgerät – Preis in Singapur 60 Mark – wird ein in Farbe auf teurem Hochglanzpapier gedrucktes dickes Heft geliefert, das in mindestens sechs Sprachen den Gebrauch bis ins kleinste Detail erläutert.

Man muß den deutschen Export einmal nicht durch das »Statistische Jahrbuch der Bundesrepublik«, sondern als Kunde im Ausland erleben, um die Position unserer Wirtschaft in der Welt realistisch einschätzen zu können. Und man muß sich mit den deutschen Managern unterhalten, die ihre Unternehmen im Ausland vertreten. Ihre Kommentare über die Zentrale »daheim« sind sicher durch den täglichen Frust im Ton oft um vieles schärfer, als es die Höflichkeit gebieten würde. Doch im Inhalt stimmen sie überein: Sie machen ihre schwere Arbeit nicht mit tatkräftiger Unterstützung der heimatlichen Firma, sondern meist in heftigen Auseinandersetzungen gegen die theoretischen, oft weltfremden Vorstellungen der Zentrale. Der Gegenpart in Deutschland hält sich für kompetent, weil er ein- oder zweimal im Jahr seine exotischen Märkte bereist. Dort lebt er in Luxushotels, die sich von einer Nobelherberge in Frankfurt höchstens durch den besseren Service unterscheiden. Zwei, drei Tage lang absolviert er ein Verhandlungsprogramm und vergißt leicht, daß sein lokaler Repräsentant meist wochenlang organisiert hat, um auch noch die kleinsten Hindernisse aus dem Weg zu räumen. Außer dem Hotel, der klimatisierten Limousine und eleganten Büros mit höflichen Gesprächspartnern sieht er nichts von dem fremden Land. Doch diese Eindrücke bestimmen künftig seine Geschäftspolitik, die den Mann vor Ort in ein enges Korsett von Vorschriften zwingt und es ihm fast unmöglich macht, sich mit der nötigen Geschmeidigkeit den lokalen Bedingungen anzupassen.

Kein Geld für Kontakte

Ein weiteres Beispiel: Unsere schärfsten Konkurrenten, die japanischen Unternehmen, pflegen besonders intensiv ihre Kontakte zu potentiellen Führern in den Abnehmerländern, vor allem in der Dritten Welt. Jahr für Jahr werden zahlreiche Studenten, junge Techniker und Nachwuchsmanager nach Japan geflogen und dort wie Staatsgäste verwöhnt. Dazu kommen Einladungen zu Kursen und Seminaren und danach regelmäßige Kontakte, kleine Geschenke, Schmeicheleien. Früher oder später steigen einige der Umworbenen in Positionen auf, in denen sie Großaufträge vergeben, über Investitionen entscheiden, Importe verantworten. Dann zahlt sich ihre Dankbarkeit und Loyalität gegenüber ihren japanischen Gönnern aus.

Der Asien-Vertreter eines großen deutschen Maschinenbaukonzerns bemühte sich seit Jahren, sein Unternehmen zu einem ähnlichen Langfristprogramm zu überreden. Vergeblich. Solche Investitionen bringen keine kalkulierbaren Renditen und werden deshalb nicht genehmigt. Der Repräsentant schildert das Ergebnis: »Ich kriege hier ohnehin nur noch Einzelaufträge. Wenn die Japaner mich aber endgültig aus dem Markt haben wollen, dann schaffen die das mit ihren Beziehungen in zwei Wochen.«

Es verblüfft immer wieder, wie weit verbale Ansprüche und wirkliches Verhalten in der deutschen Wirtschaft auseinanderklaffen. Ständig wird den Bürgern vorgerechnet, welch große Bedeutung der Export für die deutsche Wirtschaft habe und wie großartig unsere Exporteure im internationalen Wettbewerb dastehen. Zwei Zahlen werden in diesem Zusammenhang stets zitiert: 40 Prozent der deutschen Arbeitsplätze hängen vom Export ab; 27 Prozent des Bruttosozialproduktes werden in der Bundesrepublik durch Warenausfuhren erwirtschaftet. Voller Stolz wird darauf hingewiesen, daß Japan nur 13 Prozent seiner gesamtwirtschaftlichen Leistung durch Exporte erbringt. Wir sind, so wird unterschwellig suggeriert, doppelt so gut wie die Japaner. Falls dieser Maßstab gilt, dann muß sich die Bundesrepublik vor Belgien verstecken. In diesem kleinen Land hat der Export immerhin 61 Prozent Anteil am Bruttosozialprodukt.

In Wirklichkeit sieht die Lage um einiges düsterer aus. Die deutsche Wirtschaft handelt vor allem mit ihren traditionellen Kunden. Wichtigste Partner sind und bleiben die industrialisierten Nachbarn in Europa.

Unser Außenhandel mit dem kleinen Holland ist um ein Vielfaches größer als mit dem riesigen China. In der Dritten Welt werden vor allem die Kunden in Lateinamerika und Afrika gepflegt, die deutschen Kaufleuten seit Generationen vertraut sind. Ausgerechnet in jenen Kontinenten aber massieren sich die Staaten, die am Rande des Bankrotts lavieren.

Ohne uns in Südostasien

Fast völlig übersehen wurde dagegen, daß in Ostasien und Südostasien in den vergangenen zehn Jahren ein Wirtschaftswachstum einsetzte, das in der ganzen Welt nichts Vergleichbares hat. Beobachter sind sich einig, daß im pazifischen Becken die Zukunft der Weltwirtschaft liegt. Selbst während der Weltwirtschaftskrise und bis heute melden industrielle Schwellenländer wie Südkorea, Taiwan, Malaysia, Hongkong und Singapur Wachstumsraten zwischen sechs und acht Prozent. Allein Südostasien, mit mehr als 250 Millionen Einwohnern so bevölkerungsreich wie die USA, wird immer stärker zum kaufkräftigen Absatzmarkt für Investitions- und Konsumgüter. Doch der Anteil der deutschen Wirtschaft an diesem Markt sinkt stetig. Nur 1,5 Prozent unseres Außenhandels gehen in diese Region. Besonders unsere Maschinenbauer, die sich selbst zur Weltspitze zählen, haben die Entwicklung verschlafen. Von 1972 bis 1981 steigerte Japan seinen Anteil an Asiens Maschineneinfuhren von 31,1 auf 38,8 Prozent, die USA gar von 19,0 auf 33,4 Prozent. Der deutsche Marktanteil dagegen fiel von 11,4 auf 9,8 Prozent. Das Kieler Institut für Weltwirtschaft ermittelte, daß der Exportanteil der Bundesrepublik am Welthandel seit Jahren deutlich sinkt, besonders bedrohlich beim Geschäft mit technologisch hochwertigen Gütern. Chemie, Elektrotechnik und Maschinenbau seien an diesem Rückgang überdurchschnittlich beteiligt.

Das Kieler Institut führt die Schwierigkeiten am Weltmarkt darauf zurück, daß allzu viele deutsche Unternehmen allzuwenig Dynamik zeigten. Die Manager sehen als wichtigstes Rezept für die Anpassung an die veränderten Bedingungen das passive Gesundschrumpfen. Geschrumpft sind inzwischen schon sehr viele, gesund dagegen nur wenige. Während die Auslandsmanager in den Konzernzentralen hektisch versuchten, in den kranken Wirtschaften von Ländern wie Brasilien, Argentinien, Chile ihre ohnehin überoptimistischen Investitionen zu retten, übersahen sie fast vollständig, daß auf der anderen Seite der Erde in Asien ein recht massiver Entwicklungsboom ohne sie stattfand. In jenem Kontinent lebt nicht nur die Hälfte der Erdbevölkerung. Dort lagern und wachsen auch im Übermaß alle Rohstoffe, die eine moderne Industrie braucht. Unkenntnis von Mentalität, Fähigkeiten und Vorstellungen der Menschen in den uralten asiatischen Zivilisationen beließ selbst die Top-Manager von Großkonzernen in dem Glauben, östlich von Suez gebe es nur Exotik, Gurus, Tiger und Schlangen. Daß etwa ein Staat wie Malaysia der Welt größter Produzent an Kautschuk und Zinn ist, als industrielles Schwellenland gilt und mit eigenen, sehr ernst zu nehmenden multinationalen Konzernen sogar an der Londoner Börse die britische Konkurrenz das Fürchten lehrt, wird nicht zur Kenntnis genommen.

Keine Nischen mehr frei

Die deutschen Unternehmen haben diesen Zukunftsmarkt besonders stark vernachlässigt. Sie wollten kein Risiko in dem unbekannten Terrain eingehen und warteten deshalb vorsichtig ab, wie andere dort reüssieren. Wenn sie jetzt allmählich die Möglichkeit dieses Marktes zur Kenntnis nehmen, sind kaum noch Nischen frei. Auf den Straßen so hochmotorisierter Länder wie Malaysia, Thailand, Singapur und Hongkong sind Volkswagen etwa so oft zu sehen wie Rolls-Royce in der Bundesrepublik.

Sehr zögernd nutzten deutsche Manager das asiatische Potential ursprünglich nur als Quelle billiger Arbeitskräfte. Die Produkte ihrer Fabriken waren und sind vor allem für den Reexport nach Deutschland bestimmt. Kaum wurden Bemühungen unternommen, die lokalen Märkte zu erschließen. Auch hierzu ein Beispiel: In einem Fachgeschäft in Singapur wollte ich Zusatzteile zu einem modernen Besteck von WMF kaufen. Freundlich erklärte der chinesische Verkäufer, er müsse diese Teile in Deutschland bestellen und von dort schicken lassen. Lieferzeit etwa drei Monate. Darauf hingewiesen, daß diese Bestecke zum Teil etwa vier Kilometer entfernt in einer WMF-Fabrik in Singapur hergestellt werden, blieb der Chinese weiterhin höflich, wenn auch recht ironisch: Er habe bei dem Singapurer Werk mehrfach darauf gedrängt, die Waren auf dem direkten Weg zu bekommen. Man habe ihn jedoch beschieden, die WMF-Zentrale bestehe darauf, daß alle Produkte aus Singapur erst nach Deutschland geschickt und von dort an die Singapurer Einzelhändler ausgeliefert würden. Es wundert nicht, daß bei solchen Praktiken die deutschen Unternehmen auch bei Investitionen in den asiatischen Ländern zwischen Platz sechs und zehn liegen, weit hinter Japanern, Amerikanern, Engländern, Franzosen, Niederländern, aber auch hinter Koreanern und Taiwanesen. Der Aufschwung im pazifischen Raum findet ohne die deutsche Wirtschaft statt.

Keine Produkte für den Weltmarkt

Wenn deutsche Unternehmen sich endlich entschließen, in einen von der Konkurrenz eröffneten und weitgehend besetzten Markt einzudringen, kommen sie sehr oft mit den falschen Produkten. Immer deutlicher zeigt sich, daß die Manager Schwierigkeiten damit haben, Waren für einen internationalen Massenmarkt zu konzipieren. Die stärkste Konkurrenz hat sich gerade darauf spezialisiert. Japanische Unternehmen haben bislang kaum Basis-Erfindungen gemacht. Sie verstehen es aber unvergleichlich gut, die Erfindungen anderer zu verbessern, daraus marktfähige Produkte zu machen und diese nach Spezifikationen zu bauen, die in der ganzen Welt bei Kunden unterschiedlichster Art ankommen. Die sehr schnell und rationell anlaufenden Großserien ermöglichen zudem einen Preis, der schwer zu unterbieten ist.

Die deutschen Unternehmen dagegen stecken noch tief in ihrer traditionellen Handwerkermentalität. Sie entwerfen ein Produkt, das in seinen technischen Perfektionen die Anforderungen weit übertrifft. Das Produkt an sich, nicht der Markt steht im Vordergrund des Denkens. Manager und Techniker denken bestenfalls noch an die Kunden im eigenen Land. Verkauft sich die Ware dort gut, so wird sie in den Nachbarstaaten angeboten. Wegen des anderen Geschmacks und einer anderen technischen Umwelt (Stromstärken usw.) werden die ersten Änderungen notwendig. Je weiter von zu Hause entfernt das Produkt vertrieben wird, desto grundlegender sind die notwendigen Modifikationen – und darunter leiden oft Funktionsfähigkeit und Qualität. Was geschieht, wenn die Adaption nicht vorgenommen wird, erlebte ein kleiner Importeur in Südostasien. Er hatte in Deutschland 200 elektrische Fußmassage-Geräte bestellt, das Stück zu 500 Mark. Vorsichtshalber setzte er alle einmal in Betrieb. 27 wurden durch sofortigen Kurzschluß gebrauchsunfähig.

Deutsche Manager sind nicht wie ihre japanischen Kollegen in der Lage, Produkte von vornherein für den Weltmarkt zu entwerfen. Mit Ausnahme von Automobilen gibt es keine Ware, die in den letzten Jahren in Deutschland entworfen wurde und den Weltstandard setzte. Sobald ein Gerät die Schwelle erreicht, an der es zum Massenprodukt für den Weltmarkt werden müßte, scheinen die deutschen Unternehmen zu versagen. Davon zeugen jene Industriezweige, die heute nur noch durch Großserien konkurrenzfähige Preise halten können: Unterhaltungselektronik, Küchengeräte, aber auch Stahl, standardisierter Schiffsbau, Uhren, Kameras. Das sind alles Produkte, bei denen die deutsche Industrie einmal weltweit führend war, heute aber keine Rolle mehr spielt. Daran können gewiß nicht nur die immer zitierten hohen Löhne und Lohnnebenkosten schuld sein. Sonst wäre es wohl den japanischen Unternehmen nicht möglich, inzwischen auch in deutschen Zweigwerken mit deutschen Arbeitern und deutschen Tariflöhnen ihre Videorecorder zu fertigen und immer noch zum gleichen günstigen Preis anzubieten wie die Geräte aus Japan.

Bestehen können die deutschen Unternehmen noch im Bereich der Investitionsgüter, die nach Maß und nicht in Massen gefertigt werden. Aber auch dabei verlieren sie den Wettkampf, wenn nur die Produkte gegeneinander stehen. Die Deutschen halten einen Vorsprung, wenn sie außer der Ware auch technisches Know-how, Schulung des Fachpersonals und Service liefern. Doch ob eine Exportwirtschaft von so speziellen und konjunkturabhängigen Anlagen überleben kann, ist zumindest sehr fraglich.

Völlig unverständlich bleibt, warum deutsche Manager die Möglichkeit ausschlagen, wenigstens auf dem Gebiet des hochtechnologischen Anlagenbaus innovativ zu werden und den Weltmarkt anzuführen. Würden sie Bonner Gesetzesvorschläge zum Umweltschutz akzeptieren, dann hätten sie längst Systeme zur Sauberhaltung von Luft und Wasser entwickelt – Katalysatoren für Autos, Filter für Kraftwerke und Chemieanlagen und vieles andere. Wenn dann in absehbarer Zeit ohne jeden Zweifel immer mehr Länder, in der industrialisierten und der Dritten Welt, ähnlich strenge Gesetze einführen, könnten die deutschen Unternehmen mit ausgereiften Produkten den Markt beherrschen. Einer ihrer Kollegen macht es ihnen vor: Die *Deutsche Babcock AG* ist beim Bau umweltfreundlicher Kraftwerke mit der sogenannten Wirbelschichtfeuerung weltweit Marktführer. Statt solchen Beispielen zu folgen, antichambrieren die Manager in Bonn, um die drohenden Gesetze zu verhindern und bei ihren alten Methoden bleiben zu können.

Der enge Horizont

Schließlich stolpern deutsche Unternehmen noch oft über ein selbstgemachtes Hindernis. Firmen aus der Bundesrepublik bekämpfen sich gegenseitig erbittert, wenn es um lukrative Aufträge geht. Sie sind sich oft eine schärfere Konkurrenz als Bewerber aus anderen Ländern. Sie scheuen gelegentlich auch nicht vor unfairen Intrigen zurück, um einen Landsmann aus dem Rennen zu werfen, selbst wenn sie selbst nicht die geringste Chance haben, den Auftrag für sich zu gewinnen. Der Blick über den Zaun der eigenen Fabrik auf die Interessen der gesamten deutschen Wirtschaft scheint immer noch verbaut. So dauerte es sehr lange, bis mehrere deutsche Konzerne ein Konsortium bildeten, um sich mit vereinten Kräften um Aufträge für den Bau einer Stadtbahn in Singapur zu bewerben, immerhin ein Projekt mit Gesamtkosten von fast sechs Milliarden Mark. Als die deutsche Gruppe endlich an die Öffentlichkeit trat, waren die ersten Aufträge bereits vergeben.

Schon eher gehen deutsche Unternehmen Kooperationsverträge mit ausländischen Partnern ein. Allerdings warten sie auch dabei ab, bis die Konkurrenz den Erfolg solcher Zusammenarbeit bewiesen hat. In Südostasien wurde in den letzten Jahren eine Modellreihe von Mittelklassewagen mit dem amerikanischen *Ford*-Zeichen auf der Kühlerhaube zum Marktrenner. Jedermann weiß, daß die Wagen fast komplett vom japanischen Autohersteller *Mazda* stammen. Trotzdem wirkt der Nimbus der westlichen Marke. Als dann auch noch *General Motors,* der größte Autokonzern der Welt, mit Japans Nummer 1 *Toyota* enge Zusammenarbeit bei Produktion und Vertrieb vereinbarten, beschloß endlich VW, seine jahrelang verhandelte Kooperation mit dem Japaner *Nissan* weltweit zu aktivieren.

Entgegen allen öffentlichen Beteuerungen behandeln deutsche Manager den Außenhandel immer noch als Stiefkind. Ein Beleg dafür ist der Umstand, daß es immer schwieriger wird, gute Fachkräfte für einen längeren Aufenthalt im Ausland zu gewinnen. Wer länger als drei Jahre von zu Hause weg ist, muß befürchten, in seinem Unternehmen von der Karriereleiter zu fallen. Ein ausgedehnter Auslandsaufenthalt ist dem Aufstieg im Betrieb nicht förderlich. Deshalb ist es nicht überraschend, daß bei der zitierten Umfrage von Scientific Control Systems von 3297 Top-Managern 70 Prozent angaben, noch nicht im Ausland gearbeitet zu haben. Unter solchen Umständen ist es sehr schwierig, die dringend notwendige Aufgeschlossenheit für internationale Zusammenhänge bei Unternehmensführern zu erreichen. Bei japanischen Großkonzernen ist im Gegensatz zur deutschen Einstellung ein längerer Aufenthalt im Ausland geradezu Voraussetzung für die Beförderung eines Nachwuchs-Managers.

»Weiße Raben« in Japan

Vor allem Mißerfolge im Exportgeschäft werden von der deutschen Wirtschaft auf die »Rahmenbedingungen« geschoben. Doch auch in diesem Bereich gibt es die »weißen Raben«, die durch ihre Erfolge solche Klagen als Ausreden für die eigene Unfähigkeit entlarven. Eine Handvoll deutscher Unternehmen hat sogar in dem anerkannt schwierigsten ausländischen Markt gut Fuß fassen können: in Japan. Einer dieser Erfolgreichen, der Präsident des Chemie- und Pharma-Unternehmens *Merck Japan Limited,* Erhard Reiber, reduziert die verbreiteten Klagen über den undurchdringlichen Protektionismus der Japaner auf ihren Kern: »Eines der größten Handelshemmnisse liegt in den Köpfen der deutschen Manager in der Bundesrepublik.«

Dieses Hemmnis besteht unter anderem darin, daß die Manager glauben, ihre deutschen Vorstellungen und Methoden nach Japan übertragen zu können. Erfolg haben dagegen jene, die Geduld, Geld und Lernbereitschaft in eine drei- bis vierjährige Anlaufzeit investieren und sich der Mentalität ihrer japanischen Kunden und Geschäftspartner anpassen. So muß etwa das geradezu manische Qualitätsbewußtsein der Japaner berücksichtigt werden. Selbst chemische Grundstoffe werden von Weiterverarbeitern nur gekauft, wenn sie in makellose Flaschen abgefüllt und die Etikette exakt mit dem Lineal aufgeklebt sind. Der winzigste Kratzer an einem Neuwagen verhindert den Kauf – weshalb BMW viele seiner aus Deutschland eingeführten Wagen neu spritzt.

Produkte müssen den Bedürfnissen angepaßt werden. Der deutsche Schreibwarenhersteller *C. Josef Lamy GmbH* hat Schwierigkeiten, weil er nicht bereit ist, seine Füllfedern für das Schreiben der japanischen Schriftzeichen umzumodellieren. Die einheimischen Einzelhändler der Importeure wollen wie Freunde oder Familienmitglieder umworben werden, was sie dann mit jahrzehntelanger Loyalität danken. Schließlich müssen die Deutschen von ihrer Paragraphenhörigkeit loskommen und verstehen, daß ein Vertrag in Asien vor allem eine Absichtserklärung ist, in deren Rahmen aufkommende Schwierigkeiten flexibel, unauffällig und reibungslos überwunden werden können. Werden diese Regeln befolgt, dann können sogar deutsche Unternehmen mit so typisch japanischen Produkten wie die Elektronikfirmen *Semikron* aus Nürnberg und *ifm electronic GmbH* beachtliche Marktanteile in Japan erobern. Nur wenige Manager allerdings stellen sich diesen Problemen: In Japan sind 259 deutsche Unternehmen mit etwa 600 Repräsentanten vertreten. In der Bundesrepublik dagegen residieren 15 000 Japaner, die für 600 Firmen aus ihrem Land arbeiten.

Die Würde der Diplomaten

Bei aller Kritik an den deutschen Managern darf allerdings nicht verschwiegen werden, daß sie gegenüber ihren Konkurrenten aus anderen Industrieländern unter einem starken Handicap leiden: Geringe Exportförderung durch die Regierenden in Bonn schafft beinahe unüberwindliche Wettbewerbsnachteile. Die staatliche Absicherung und Subvention von Exportkrediten (Hermes) ist in der Bundesrepublik um vieles niedriger als in anderen Ländern, so daß deutsche Firmen sehr oft im Preis nicht konkurrieren können. Anlagenlieferanten wie *Lurgi* bedienen sich bei ihren Exportaufträgen deshalb mit Vorliebe ihrer Tochterfirmen in großzügigeren Ländern, etwa *Lurgi SA Frankreich.*

Zudem sehen deutsche Diplomaten in ihrer Aufgabe als Wirtschaftswerber einen ungeliebten Nebenjob. An den deutschen Botschaften in Südostasien sitzt kaum ein vollbeschäftigter Fachmann als Sachbearbeiter für Wirtschaftsfragen. Darüber hinaus gibt es in der ganzen Region nur zwei deutsche Handelskammern – in Thailand und Indonesien –, die dazu auch noch ständig über Geldmangel klagen. Dagegen hat die französische Regierung allein in Bangkok ein gesondertes Handelsbüro mit 13 Mitarbeitern, und selbst Österreich beschäftigt in Thailand sieben Wirtschaftsspezialisten. Diese Fachabteilungen der Botschaften fertigen auf Anfrage kostenlos Marktanalysen, vermitteln einheimische Geschäftspartner und suchen aus eigener Initiative Projekte, die für ihre heimische Wirtschaft interessant sein könnten. Solche Arbeit ist unter der Würde deutscher Diplomaten. Ministerialdirigent Werner Ungerer aus der Wirtschaftsabteilung des Bonner Auswärtigen Amtes stellte bereits 1982 klar: »Wir reisen nicht wie die Briten mit Musterköfferchen im Lande herum.« Warum eigentlich nicht?

Die Zurückhaltung des Staates und seiner Bediensteten im Außenhandel sollte allerdings nicht von den Unternehmern als Erklärung für jede Exportschwäche benutzt werden, wie dies oft geschieht. Die Manager sind zum Beispiel ganz allein schuld, daß ihr Engagement am gewaltigen Erdgasgeschäft mit der Sowjetunion nicht die erhofften Früchte trägt. In langen Verhandlungen hatten die Russen geschickt bei den Deutschen den Eindruck erweckt, sie könnten beim Bau der Pipeline vom sibirischen Urengoi nach Europa Aufträge im Wert von zehn Milliarden Mark bekommen. Auf Zahlen ließen sich die sowjetischen Unterhändler jedoch nicht festlegen. Euphorisch über den warmen Regen in der Flaute stellten 50 deutsche Banken für Moskau einen Kredit über zehn Milliarden US-Dollar zusammen.

Als das Geld in der Kasse war, verhandelten die Russen ebenso geschickt und hart mit Lieferanten aus aller Welt und vergaben ihre Aufträge an den Anbieter mit den günstigsten Konditionen. So kam es, daß sich die Bundesrepublik im voraus ohne Gegenleistung auf die Abnahme von 53,1 Prozent des sibirischen Gases verpflichtete, sich von den Anlagenlieferungen aber nur bescheidene 21 Prozent sichern konnten. Selbst die Italiener, die bis heute nicht einen Kubikmeter Gas abzunehmen versprachen, liegen mit 27 Prozent des Anlagengeschäftes besser im Rennen. Und bei der Lieferung von Großrohren wurde der traditionelle Partner der Sowjets, *Mannesmann,* noch von den am Gasgeschäft nicht beteiligten Japanern geschlagen.

DAS UMFELD

Desorientiert in einer veränderten Gesellschaft

10 Enttäuschung im Wohlstand

Die Kluft zwischen Wirtschaft und Gesellschaft

Professor Wolfgang Kartte, Präsident des Bundeskartellamtes, identifiziert das Problem salopp: »Wir sind zu übermütig geworden. Wenn es dem Esel zu wohl wird, geht er aufs Eis tanzen. Diese ganze Nostalgie, diese Distanz zur Leistungsgesellschaft, diese ›Camel‹-Mentalität – auf dem Pferd reiten, an einem stillen Bergsee angeln –, das ist alles verständlich. Nur, man wundert sich, daß diejenigen, die die Segnungen des Wohlstandes am meisten in Anspruch nehmen wollen, gleichzeitig diejenigen sind, die wiederum praktisch die ›Nullwachstum‹-Strategie pushen. Das sind doch Randgruppen, die hier ausflippen. Ich sehe in der Politik – und das geht über alle Parteien hinweg – einen Mangel an Überzeugungskraft in bezug auf die Tatsache, daß man das, was man verbrauchen will, erst einmal leisten muß.«

Der Kartellamtchef spricht damit in seiner Weise die Tatsache an, daß die Unternehmen und ihre Manager in einem gesellschaftlichen Umfeld bestehen müssen, dessen Werte sich in der vergangenen Generation grundlegend verändert haben. Die Soziologie-Professorin Dr. Helge Pross brachte den Wandel auf eine knappe Formel: Nach dem Krieg waren noch all jene Orientierungen lebendig, die Kaiserreich, Weimarer Republik und Drittes Reich überdauert hatten. Die überlebende Generation rettete ihre dominierenden Wertvorstellungen, wie Unterordnung der persönlichen Bedürfnisse unter eine höhere Aufgabe, Bejahung des Prinzips von Befehl und Gehorsam, Anerkenntnis der Ordnung als autoritär hergestellte Regelmäßigkeit. Die nachgewachsene Generation dagegen stuft Ehe und Familie, soziale Sicherheit, hohen materiellen Standard, befriedigenden Beruf, reichlich Freizeit und persönliche Unabhängigkeit ganz oben in ihrer Wertskala ein. Ordnung und Disziplin werden zwar noch grundsätzlich anerkannt, aber nicht mehr als Selbstzweck, als absolute Werte an sich. Sie dienen nur noch als Mittel zur Erreichung der persönlichen Ziele. Der Mensch heute sieht nicht mehr sich selbst als Diener der Gemeinschaft, sondern eher die Gesellschaft als Vehikel zu seinem individuellen Wohlbefinden.

Der Streit der Wissenschaftler darüber, ob diese Entwicklung positiv oder negativ zu bewerten sei, ist noch lange nicht entschieden. Die einen lamentieren über die »Null-Bock-Generation«, die anderen rühmen die »Bewußtseinserweiterungen«. Im Zusammenhang mit der Führung von Unternehmen ist allerdings die moralische Wertung des Wandels nicht von entscheidender Bedeutung. Die Manager müssen lediglich lernen, die bestehenden Verhältnisse genau zu erkennen, gewissermaßen eine »Ist-Analyse« vorzunehmen, und ihre Methoden den Gegebenheiten anzupassen. Die Zeiten sind endgültig vorbei, in denen gesellschaftliche Verhaltensweisen aus den Bedürfnissen der Wirtschaft entspringen. Professor Kartte sollte nicht so sehr die Nostalgie der »Camel«-Mentalität beklagen als vielmehr die Nostalgie der Manager, die mit ihrem Trauern um die verlorene »gute alte Zeit«, um Zucht und Ordnung, Disziplin und Leistung lediglich ihre Unfähigkeit dokumentieren, sich selbst mit der Umwelt zu ändern.

Zeit für die Anpassung war ausreichend vorhanden. Spätestens seit die Studentenunruhen 1968 die alten Werte in Frage stellten, standen die Zeichen der neuen Ära deutlich lesbar an der Wand, oft sogar wörtlich, mit Farbspray aufgetragen. Nicht nur die Studenten, auch ihre Professoren, die Schriftsteller, bald Lehrer und Journalisten dachten laut darüber nach, welche neue Lebensphilosophie der äußeren Gesellschaft angemessen sei – einer Gesellschaft, die zu Hause vom Überfluß, in den von den Medien jedermann durchsichtig gemachten globalen Zusammenhängen aber von der immer tiefer werdenden Kluft zwischen Bitterarmen und fast unanständig Reichen gekennzeichnet war. Die überkommenen Autoritäten wurden in Frage gestellt. Begriffe wie Leistung, Führung, Elite, Ehrgeiz, schon durch die NS-Diktatur stark belastet, wurden endgültig negativ besetzt. Das Individuum und seine Selbstverwirklichung – Kritiker meinten: der krasse Egoismus – rückten in den Mittelpunkt des Denkens. Vorstellungen wie Staat und Nation bekamen eine beinahe anrüchige Deutung.

»Langhaarige« gegen »Grauhaarige«

Anstatt die neuen Thesen sorgfältig zu analysieren und dann eine funktionierende Synthese zwischen den Notwendigkeiten der Wirtschaft und den Ansprüchen der Gesellschaft zu finden, sprang die Industrie erst einmal unvorbereitet auf den rollenden Zug, folgte nach bewährtem Muster reagierend statt agierend den lautesten Vordenkern. Plötzlich wurde es modern, nur noch junge Leute frisch von der Universität, noch unverdorben durch praktische Erfahrung, in das Management zu holen. Die »Langhaarigen« ersetzten fast übergangslos die »Grauhaarigen«. Vom »Babymanagement« war die Rede.

Die Euphorie verpuffte allerdings sehr schnell und machte Frust auf beiden Seiten Platz – beim Establishment und bei den jungen Neuerern. Denn keine der beiden Gruppen war bereit, selbst die Anpassung zu vollziehen, die sie von der anderen erwartete. Zudem erwies sich, daß viele der neuen Theorien den Anforderungen der Praxis nicht gewachsen waren. Schließlich wurde auch der einst so kurze Weg zur Spitze immer langwieriger. Während noch vor zehn Jahren eine Nachwuchskraft in der Regel mit 32 Jahren Abteilungsleiter wurde, muß sie heute bis zum 38. Lebensjahr warten. Resignation setzte ein, die sich inzwischen in dem Phänomen der »Inneren Kündigung« manifestiert.

Die Diskrepanz zwischen den gesellschaftlichen Ansprüchen und der industriellen Wirklichkeit ist so groß, daß einige Wissenschaftler in ihr die Ursachen für Zivilisationskrankheiten sehen. Der Physiologie-Professor Dr. Hans Schäfer meint, die Gegenwart mit ihrem »Inferno der Technik« zermürbe den Menschen wie noch keine historische Periode zuvor. Er sieht den Ursprung selbst tödlicher Krankheiten in dem Auseinanderklaffen zwischen »biologischen Zielen«, also den unbewußt von Körper und Geist angestrebten Reflexen, und dem »kulturellen Verhalten«, also den gesellschaftlich aufgezwungenen Reaktionen. Für ihn ist »Kultur antibiologische Haltung«.

Im Blick auf die spezifische Position von Führungskräften der Wirtschaft kommt Hans Pestalozzi, vom Top-Manager des Schweiger *Migros*-Konzerns zum Kritiker seines Berufsstandes gewandelt, zu ganz ähnlichen Schlüssen. Er prangert die Doppelzüngigkeit an, mit der die Wirtschaft der Gesellschaft entgegentrete. Manager gerieten häufig in die schizophrene Lage, im Beruf genau das tun zu müssen, was sie für sich privat ablehnten.

»Denken wie in der Steinzeit«

Der Bamberger Psychologie-Professor Dietrich Dörner testete das Verhalten von 48 Akademikern, indem er sie die in einem Computer gespeicherten Vorgänge in einer industriellen Kleinstadt beeinflussen ließ. Er fand, daß seine Kommunalpolitiker auf Zeit ausnahmslos unfähig waren, die Komplexität der vielschichtigen Zusammenhänge und Abhängigkeiten in dem Gemeinwesen zu erfassen. Sie griffen energisch die äußerlich sichtbarsten Teil-Probleme an – und ruinierten mit ihrem eindimensionalen, linearen Denken regelmäßig die fiktive Stadt Lohausen an der Lohe. Dörner schloß daraus, die Menschen verhielten sich instinktiv auch heute noch wie Mitglieder einer Jägerhorde: »Das menschliche Denken läuft weitgehend immer noch so ab, wie es in der Steinzeit richtig und vernünftig war. Den Situationen, die heute zu bewältigen sind, wird es nicht mehr gerecht.«

Der Biochemiker und Umweltforscher Frederic Vester, der an der Münchner Bundeswehrhochschule über »Interdependenz von technischem und sozialem Wandel« lehrt, kommt zum gleichen Schluß: Das in Zeiten des Wachstums angemessene einspurige Denken werde dem »vernetzten System« komplexer Abhängigkeiten nicht mehr gerecht. Werde nicht umgehend »ein Denken in einer neuen Dimension« gelernt, dann breche »unsere Industriegesellschaft in wenigen Jahren zusammen«. Vester gründete deshalb die Studiengruppe für Biologie und Umwelt GmbH, die Schulungsprogramme zum Erlernen des von dem Wissenschaftler entwickelten »kybernetischen Denkens« erstellt.

Professor Dr. Reinhard Höhn, als Gründer und Leiter der Bad Harzburger Akademie für Führungskräfte so etwas wie der deutsche Guru des Personalmanagements, sieht die Widersprüche zwischen Gesellschaft und Wirtschaft vor allem aus der Sicht des Praktikers, also wohl selbst etwas eindimensional. Er beklagt »den entscheidenden Fehler des politischen Establishments, sich nicht mit aller Schärfe gegen die Diffamierung der Leistungsgesellschaft zur Wehr gesetzt zu haben«. Doch Höhn kritisiert auch »die kurzsichtige Haltung vieler Unternehmer, die sich scheuen, die anstehenden gesellschaftspolitischen Fragenkomplexe mit ihren Mitarbeitern zu besprechen«. Auf der Suche nach den Ursachen für die »negative Grundstellung« vieler Menschen entdeckt der Personalberater, daß sie fast nur bei der Nachkriegsgeneration zu finden sei, bei »Wohlstandskindern, die den Wohlstand als eine Selbstverständlichkeit hinnehmen«. Und er verweist auf die »unheilvolle, an Schulen und Universitäten besonders gepflegte Kritik an allem, was die gesellschaftliche Ordnung bietet, das berühmte ›Hinterfragen der realen Welt‹«.

Höhn geht den beliebten Ausweg, für die gesellschaftlichen Veränderungen Schuldige – die Erzieher und den zu schlappen Staat – zu suchen und als Heilmittel die Rückkehr zu den bewährten Zuständen der Vergangenheit zu empfehlen. Doch er hat sicher nicht unrecht, wenn er durch Pessimismus und Zynismus die Kreativität in der Wirtschaft, ja sogar die Überlebensfähigkeit der Unternehmen bedroht sieht. Er fordert, die Unternehmensführung müsse ohne Furcht vor tages- und parteipolitischen Fragen im Betrieb klar Stellung zu umstrittenen gesellschaftspolitischen Problemen beziehen.

Defizit an Einsichten

Nur wenige Unternehmen gehen diesen Weg konsequent und geben ihren Managern das dafür notwendige Wissen an die Hand. Der verstorbene Vorstandsvorsitzende von *Daimler-Benz,* Gerhard Prinz, hatte schon vor Jahren bei seinen Direktoren ein »Defizit an Einsichten in gesellschaftspolitische Zusammenhänge außerhalb des Konzerns« entdeckt. Seither müssen sich die höchsten Herren des Hauses *Daimler-Benz* regelmäßig zu »Direktoren-Kollegs« einfinden, auf denen externe Fachleute über gesellschaftliche Problemstellungen referieren, wie etwa Professoren und Philosophen aus aller Welt bei einem Ethik-Seminar über die moralischen Aspekte von Gen-Manipulationen. Selbst wenn einige der Direktoren nur widerstrebend an dieser »Fortbildung« teilnehmen, so werden sie dabei doch ständig mit Trends und Entwicklungen außerhalb ihres Fachbereiches konfrontiert.

Solche aktive und positive Auseinandersetzung mit dem gesellschaftlichen Umfeld ist allerdings immer noch die Ausnahme. Bei einem vom Harzburger Reinhard Höhn veranstalteten Kolloquium zum Thema »Innere Kündigung« hörte ich zwar zwei Dutzend Manager aus dem Ruhrgebiet lange über die innerbetrieblichen Ursachen für die heimliche Selbst-Pensionierung von Mitarbeitern disputieren. Gesellschaftspolitische Aspekte wurden jedoch nur am Rande und recht pauschal berührt. Und einig waren sich die Gesprächsteilnehmer über das beste Rezept gegen die schleichende Krankheit: Der Verweigerer habe entlassen zu werden. Elimination statt Auseinandersetzung.

»Der Gürtel sitzt nicht richtig«

Intensiver und weniger zweckgebunden befaßt sich auch die Wissenschaft mit dem Thema. Der Philosoph Professor Kurt Sontheimer etwa macht sich Gedanken über die »Unzufriedenheit im Überfluß«, das »wachsende Enttäuschungspotential der Wohlfahrtsgesellschaft«. Er sieht es als Erfahrungswert an, daß Zeiten des Mangels und der Entbehrung enttäuschungsfreier sind als solche des Überflusses, vor allem da sich dann die Hoffnungen auf ein besseres Leben nicht als eine feste Erwartung darstellen. Auch Sontheimer betrachtet die im stets zunehmenden Wohlstand der Nachkriegszeit aufgewachsene Generation als anfälliger für subjektive Unzufriedenheit, da sie die objektiv guten Zeiten mangels Vergleichsmöglichkeiten nicht als solche erkennt. Unser bisheriges Wirtschaftssystem produziere geradezu zwangsläufig Frustrationen: »Ob das Wachstum zunimmt oder abnimmt, Enttäuschung ist allemal die Folge. Im Falle der ungehemmten wirtschaftlichen Expansion verbindet sie sich mit einem verständlichen Affekt gegen eine rein materielle Daseinsorientierung, im Falle konjunktureller Schwächung mit einer Kritik an der Notwendigkeit, den Gürtel etwas enger zu schnallen. Entweder gilt der Gürtel als zu weit oder als zu eng; kaum daß jemand im wachstumsorientierten Wohlfahrtsstaat je den Eindruck hätte, er sitze richtig.«

Nach Sontheimer bewirkt die Massenproduktion schon deshalb Enttäuschung, weil ein angestrebter Erwerb im Moment seiner Erfüllung nicht mehr den erhofften privilegierten Charakter hat, sondern nur noch ein Besitz ist, den auch unzählige andere haben. Das gilt nicht nur für materielle Dinge wie Konsumgüter, sondern auch für Bildungsziele. Und es führt laut Sontheimer zum Nachlassen der Leistungsbereitschaft in der Arbeitswelt: »Der Anreiz, sich durch eigene Leistung zu profilieren, wird tendenziell geschwächt, weil das darin enthaltene Befriedigungspotential abnimmt.«

Sontheimer sieht die Gefahr, daß diese Entwicklung sich potenziert. Die Enttäuschten setzen sich als Ausweg aus ihrer Frustration unerreichbare, utopische Ziele, da sie alle materiellen und damit meßbaren Bedürfnisse ja ohne große Schwierigkeit befriedigen können. Das vorgezeichnete Scheitern der Utopien macht schließlich die »Frustration, den ›Frust‹, zum typischen Erscheinungsbild der rebellischen Generation« und wird »eine wesentliche Ursache für jene Hektik und Hysterie, die unser öffentliches Leben in der Bundesrepublik kennzeichnen«. Sontheimer sieht das »Wechselbad von demonstrativem öffentlichem Engagement mit bewußt provozierenden Mitteln und nachfolgendem Rückfall in Enttäuschung und Privatismus« als Gefahr für die »Gesundheit einer Demokratie«. Er erkennt die dringende Notwendigkeit, »Ziele so anzusetzen, daß Enttäuschung nicht die unausbleibliche Folge des Engagements sein muß«.

Sontheimer bezieht seine Überlegungen vor allem auf das politische Leben in der Bundesrepublik. Doch denkt man an Frederic Vesters »vernetztes System« der modernen Welt, dann treffen sie in gleichem Umfang auch auf die Wirtschaft zu. Dr. Ernst Günter Vetter, verantwortlicher Wirtschaftsjournalist der »Frankfurter Allgemeinen Zeitung«, stellt deshalb auch die Beziehungen zwischen »Wirtschaft und Moral« in den Mittelpunkt seiner Überlegungen. Auch er sieht eine Nachkriegsgeneration, die zwar in stetig steigendem materiellem Wohlstand aufgewachsen ist, aber nicht den Ankerpunkt einer »sich wiederentwickelnden Kultur« fand und daher Gefahr lief, »in Orientierungslosigkeit zu versinken«. Vetter fürchtet vor allem die Bedrohung der Gesellschaft durch die »seelische und ethische Entleerung eines freien, allein auf Maximierung des Wohlstandes gerichteten Wirtschaftssystems«. Diese Gefahr erstand nicht plötzlich über Nacht. Bereits vor 25 Jahren warnte Wilhelm Röpke in seinem Buch »Jenseits von Angebot und Nachfrage« vor der auch damals verbreiteten Wirtschaftsideologie: »Gibt es einen sichereren Weg, die Seele des Menschen völlig auszudörren, als die durch das Wirtschaftssystem geförderte Gewohnheit, unsere Gedanken ständig um das Geld und Geldwerte kreisen zu lassen?« Die Mahnung wurde damals nicht gehört. Im Gegenteil. Vetter weist heute auf einen Auswuchs dieser Denkweise hin: Nicht aus wohlerwogenen gesellschaftlichen Gründen, sondern um Wählerstimmen zu gewinnen, offerieren die Politiker aller Couleurs stets neue soziale Leistungen des Staates. Sie wecken damit nicht nur ein recht ungehemmtes Anspruchsdenken, sondern setzen sich auch fast widerstandslos dem Druck starker Lobby-Gruppen aus. Nicht die eigene Leistung bringt den Erfolg, sondern die Angst der Politiker vor dem Stimmenverlust.

Die Furcht der Menschen vor seelischer Gefährdung durch reines Gewinnstreben ist allerdings fast so alt wie die Menschheit selbst. Die Vertreibung der Geldwechsler aus dem Tempel durch Jesus ist ja nichts anderes als der Sieg der geistigen Moral über wirtschaftliche Raffgier. Und der »Erfinder« der kapitalistischen Marktwirtschaft, Adam Smith, stellte vor 200 Jahren seiner Vorstellung von der Verwirklichung des individuellen Wunsches nach Wohlstand in einer freien Wirtschaft unabdingbar und gleichberechtigt einen Kodex moralischer Verpflichtungen gegenüber dem Nächsten an die Seite. Diese Zusammenhänge zwischen Moral und Wirtschaft scheinen Gefahr zu laufen, in Vergessenheit zu geraten. In diesen Tagen würde kaum noch ein überzeugter Bourgeois das ebenfalls im Kern moralische und moralisierende Kommunistische Manifest von Karl Marx privat auf Bütten drucken lassen und an seine – ebenfalls bourgeoisen – Freunde verteilen, wie es der Berliner Kunstverleger Bruno Cassirer während der Inflationszeit tat. Es spricht aber doch wohl für die heutige Generation, daß sie unter dem Verlust der geistigen Werte, unter der »seelischen Leere« leidet und das Vakuum zu füllen versucht. Der konservative Ernst Günter Vetter rät nicht, einfach wieder die alten Rezepte aus dem Giftschrank zu holen. Er warnt nur davor, auf der Suche nach Lösungen, »den Weg mit der Wünschelrute Ideologie zu suchen«. Vielmehr müßten Politik und Wirtschaft Signale setzen, wo Anreize für gesellschafts- und umweltbewußtes Handeln zu finden seien.

Die Signale, die gegenwärtig von den Wirtschaftslenkern gegeben werden, sind nach Meinung des Ex-CDU-Abgeordneten und Umweltpolitikers Herbert Gruhl nicht nur falsch, sondern auch noch falsch etikettiert. Er behauptet, die Bundesregierung habe spätetens am 10. Mai 1967 den Boden der freien Marktwirtschaft verlassen und eine staatliche Planwirtschaft nach östlichem Vorbild eingeführt. Damals wurde von der Großen Koalition das »Gesetz zur Förderung der Stabilität und des Wachstums der Wirtschaft« verabschiedet, das den Staat und nicht Angebot und Nachfrage zum Regulator des Wachstums macht. Besonders erbost sich Gruhl darüber, daß sich die heutigen Wirtschaftspolitiker stets auf ihren Altvater Ludwig Erhard berufen, in Wirklichkeit aber dessen Erkenntnisse mißachten.

Erhard hatte schon früh darauf hingewiesen, daß Wachstum nicht das Ziel der Wirtschaftspolitik sein könne, hatte gar von der »Entthronung des realen Konsumenten durch fiktive Wachstumsziffern« gewarnt. Gruhl meint, die Marktwirtschaft sei durch eine fast fetischistische Wachstumswirtschaft ersetzt worden, und kommentiert: »Dreistellige Milliardenbeträge werden sinnlos vertan, nur um eine Theorie aufrechtzuerhalten.« Dadurch würden genau jene Bedingungen – das vorrangige Streben nach immer mehr materiellem Wohlstand – verfestigt, die laut Sontheimer zu den frustrierenden »Enttäuschungen« geführt haben.

Arbeit macht Frust

Gewiß läßt sich lange darüber rechten, ob die Wirtschaft heute mit einem ersatzlosen Zerfall aller moralischen Werte oder mit der bemühten Suche nach neuen gesellschaftlichen Grundlagen konfrontiert ist, ob die derzeitige Generation nur auf »Null Bock« geschaltet hat und aussteigt, oder ob sie ernsthaft neue Formen des Zusammenlebens von Gemeinschaft und Individuum erprobt. Daß sich aber an der Einstellung der Deutschen vor allem zu ihrer Arbeitswelt Grundlegendes geändert hat, ist inzwischen durch Umfragen und Zahlen belegt. Im Rahmen eines internationalen Projektes erforschte das Institut für Demoskopie in Allensbach diese Trends. Institutsleiterin Professor Dr. Elisabeth Noelle-Neumann faßte das Ergebnis zusammen: »Die Ansprüche an die Arbeit haben sich verändert, die Arbeitsfreude ist geringer geworden, die Arbeitsmoral ist gesunken, in Deutschland sogar in einem unfaßbaren Ausmaß. Zudem ist trotz aller Anstrengungen, die unter dem Stichwort ›Humanisierung am Arbeitsplatz‹ unternommen worden sind, das Freiheitsgefühl am Arbeitsplatz kleiner geworden.«

Allensbach hat diese Trends seit 1962 regelmäßig verfolgt und in dieser Zeit registriert, daß nur noch 46 statt vor 20 Jahren 58 Prozent der Befragten antworten, sie mögen Arbeit und Freizeit »gleich gern«. An dieser Antwort messen Demoskopen Arbeitsfreude und Lebensqualität. Die Zahl jener, die in den arbeitsfreien Stunden die schönste Zeit sehen, stieg von 33 auf 47 Prozent. »Sehr stolz« auf ihre Arbeit sind 84 Prozent der Amerikaner, 79 Prozent der Engländer, aber nur 15 Prozent der Deutschen. Unabhängig von ihrem Lohn das Beste in ihrem Beruf zu geben, sind 52 Prozent der Amerikaner bereit, aber nur 25 Prozent der Deutschen. 31

Prozent der Amerikaner, 25 Prozent der Japaner, aber nur noch 13 Prozent der Deutschen sind davon überzeugt, daß »Begabung, Können, Fortkommen« zum Aufstieg im Beruf notwendig seien. Bedenklich ist auch der Anstieg der Zahl jener Deutschen – von 43 Prozent 1977 auf 51 Prozent 1982 –, die nicht mehr daran glauben, daß »die Tüchtigen mehr verdienen«. Bezeichnenderweise beweist die Umfrage auch, daß fast alle, die mit ihrer Arbeit glücklich sind, auch mit ihrem Leben zufrieden sind – und umgekehrt sinkt die Lebensfreude mit der Arbeitsfreude. Besonders zufrieden mit ihrem Arbeitsplatz sind in Amerika 46 Prozent, in Deutschland nur 18. Deutlicher können die Zusammenhänge zwischen den Arbeitsbedingungen, die weitgehend vom Unternehmen und damit vom Manager kontrolliert werden, und der oft berufenen Lebensqualität kaum dokumentiert werden.

Die geschilderten Frustrationen plagen jene Mehrheit von Deutschen, die noch einen Arbeitsplatz besitzt. Daneben entsteht jedoch eine Minderheit, deren Sorgen daraus resultieren, daß sie keine Beschäftigung finden kann. Vor allem unter Jugendlichen, die keine Chance zu einer Berufsausbildung bekommen, folgt nun auf die »Null-Bock«- eine »No-future«-Generation. Obwohl in der Regel der materielle Wohlstand noch nicht gefährdet ist, bringen die Existenzangst der in Krisenbranchen Beschäftigten und die Resignation der langfristig Arbeitslosen neue Elemente in die gesellschaftlichen Rahmenbedingungen ein.

Fraglich ist, ob den zahlreichen Problemen noch damit begegnet werden kann, daß die industriellen Arbeitsplätze attraktiver gestaltet werden. Bereits 1977 läutete der amerikanische Soziologe Daniel Bell mit seinem gleichnamigen Buch die »nachindustrielle Gesellschaft« ein. Er weist in dem inzwischen zur Pflichtlektüre gewordenen Werk nach, daß bereits jetzt die industriellen Arbeiten in der Güterproduktion von den Dienstleistungen oder, wie er sich ausdrückt, die »Handarbeiter« von den »Kopfarbeitern« abgelöst sind. In den USA, wo Bell forschte, waren 1900 neun Millionen Menschen im Dienstleistungsbereich (Handel, Banken, Transport, Staatsdienst) beschäftigt, dagegen 19,6 Millionen in der Produktion (Landwirtschaft, Industrie, Bergbau). 1947 waren die beiden Gruppen etwa gleich stark. 1980 standen 31,5 Millionen

Produzierende bereits 68 Millionen Dienstleistenden gegenüber. Schon zu Ende dieses Jahrhunderts werden - nach Bell - nicht mehr die Arbeiter die stärkste Gruppe der Beschäftigten sein, sondern die Akademiker und Techniker. Ein ganz neues Bild der »Klassen« entsteht. Parallel dazu erwachsen auch neue Bedürfnisse. Nicht mehr materielle Güter werden vorrangig angestrebt (die ohnehin jeder besitzt), sondern Dienstleistungen - wie Bildung, Gesundheitswesen, Erholung, Kunst. Der französische Sozialkritiker André Gorz schließt daraus, daß die Gewerkschaften nicht mehr wie bisher um »quantitative Vorteile« kämpfen müssen, sondern »qualitative« Veränderungen anstreben werden, zum Beispiel mehr Kontrolle über die Produktion, mehr Möglichkeiten, die eigenen »schöpferischen Fähigkeiten einzusetzen«.

Illegale Befriedigung

Über Bells Thesen wird an den Universitäten noch kontrovers debattiert. Denn da Veränderungen der gesellschaftlichen Normen sehr oft nur atmosphärisch festzustellen sind, ist ihre Beurteilung in vielen Fällen eine Glaubensfrage. Allerdings haben 3,3 Millionen Bürger der Bundesrepublik bereits eine Antwort gegeben. Sie erwirtschaften jährlich etwa 120 Milliarden Mark, den Umsatz der 15 größten Konzerne im Lande, vor allem mit illegaler Schwarzarbeit. Ohne Steuern und Versicherungen machen sie sich vor allem im Dienstleistungsgewerbe und Handwerk breit. Nicht nur das ungekürzte Einkommen ist Triebfeder für den heimlichen Fleiß. Werner Remmers, Vorsitzender der CDU-Fraktion im niedersächsischen Landtag, sieht einen eher gesellschaftlichen Grund: »Bei der Schwarzarbeit finden viele eine ganzheitliche, gesellige und befriedigende Beschäftigung, in der sie sich besser verwirklichen können als an einem normalen Arbeitsplatz.« In der Schattenwirtschaft sind Hand- und Kopfarbeit nicht getrennt, der Arbeitsplatz ist übersichtlich, Einsatz und Leistung bringen unmittelbaren Erfolg, Entscheidung und Verantwortung liegen beim produzierenden Arbeiter selbst. Viele flüchten sich deshalb aus der Monotonie der Arbeitsteilung, der Herrschaft der Experten in eine Welt der selbstgeschaffenen Arbeitsbefriedigung.

Von diesen selbständigen Kleingewerbetreibenden kommt gewiß auch nicht die Klage, die das Allensbacher Institut bei seinen Umfragen zunehmend hören muß: Die Arbeitnehmer fühlen, daß ihre Beschäftigung nicht ihrer Ausbildung und ihren Fähigkeiten entspricht. Frau Noelle-Neumann schließt auf eine »starke Overeducation«, als einer »Quelle permanenter Unzufriedenheit mit der eigenen Tätigkeit«. Frauen und Männer in den Führungspositionen der Unternehmen kommen allerdings nur selten dazu, sich mit den Ursachen der Frustrationen ihrer Beschäftigten zu befassen. Dazu sind sie selbst viel zu sehr mit Arbeit überlastet.

11 Vollkasko-Mentalität

Aktivismus soll über Immobilität hinwegtäuschen

Hermann Josef Abs, der große Mann des deutschen Bankwesens in der Nachkriegszeit und sicher einer der angesehensten Top-Manager im Lande, verstand es selbst während seiner aktiven Zeit immer wieder, Kollegen und die Presse zu verblüffen. Oft wurde er bei öffentlichen Auftritten von Journalisten gebeten, Zeit für ein Interview zu opfern. Schienen ihm der Redakteur und sein Medium seriös, das Thema wichtig, dann stimmte er zu. Nach leidvollen Erfahrungen mit anderen Wirtschaftsführern – und Politikern – stellte der Journalist seine nächste Frage in der Regel schon viel zögernder: »Wann würde es Ihnen passen?« Die Antwort pflegte völlig aus dem Rahmen des Gewohnten zu fallen: »Wann immer Sie wollen. Rufen Sie mich nur ein paar Tage vorher an.« Konnte sich der Fragesteller von seiner Überraschung schnell erholen, dann hakte er gelegentlich nach: »Wie können Sie mit Ihren vielen wichtigen Positionen so frei über Ihre Zeit verfügen?« Darauf Abs: »Wenn ich ganz oben im Unternehmen sitze und nicht immer Zeit für wichtige Themen habe, dann fülle ich meinen Posten nicht richtig aus.« Einer, der es selbst erlebt haben will, erzählte mir diese Anekdote. Auch wenn sie nicht so geschehen sein sollte, dann ist sie doch sehr aufschlußreich für ein Symptom in unserer Wirtschaft.

Üblicherweise verläuft die Prozedur für einen Journalisten genau umgekehrt. Hat ein Manager einem Gespräch am Telefon grundsätzlich zugestimmt, dann wird der Journalist mit der Sekretärin verbunden. Für einige Zeit unterbricht nur das Rascheln beim Umblättern von Kalenderseiten das Schweigen. Schließlich kommt die höfliche Auskunft: »Ja, in sechs (oder sieben, oder acht) Wochen, am Dienstagmorgen von 9.45 Uhr bis 11.10 Uhr ist es möglich. Vorher geht es leider nicht.« Es scheint unabänderlich zur Imagepflege des Managers zu gehören, daß seine Zeit auf Wochen hinaus bis auf die letzte Minute verplant ist. Ein voller Terminkalender beweist die Wichtigkeit des Vielgefragten. Konferenzen, Dienstreisen, Tagungen, Besprechungen jagen einander. Wer nicht über Zeitmangel und Streß klagt, muß ein Versager sein. Aktivismus ersetzt weitgehend das eigene Denken, der tägliche Feuerwehrjob die strategische Planung.

In einer Untersuchung der Kienbaum-Mitarbeiter Dr. Wolfgang Schwetlick und Rainer Lessing über 70 im »Manager-Magazin« geschilderte Fälle von Mismanagement taucht als eine der grundsätzlichen Ursachen für das Versagen der Führung der Begriff auf: »Überlastung der Unternehmensleitung«. Die Unternehmensberater stellen fest: »In der Chefetage wird häufig die größte Verschwendung der Ressourcen betrieben. Die Unternehmensführung ist weitgehend im Tagesgeschäft und mit Detailentscheidungen gebunden. Sie vernachlässigt die eigentlichen Aufgaben der Unternehmensentwicklung.«

Ein Prozent für Strategie

300 deutsche Firmen, von der Unternehmensberatung A. T. Kearny befragt, gaben in ihren anonymen Antworten ähnliche Führungsfehler zu. Für die geringe Produktivität ihrer Betriebe machten sie verantwortlich: »unrationelle Verfahren und Arbeitsläufe, Doppelarbeit, problematische Strukturorganisationen«. Für die eigentliche Arbeit, das Führen und Planen, bleibt dadurch kaum noch Zeit. 70 Prozent der Teilnehmer an Seminaren des Instituts für praktisches Management (IPM), München Baldham, nannten als »Haupthindernis bei der Erfüllung der Aufgaben als Führungskraft«: »Unzureichende Delegation führt zu Überbelastung durch ›gehobene Sachbearbeitung‹.« Hinter all diesen Erkenntnissen und Klagen steht das gleiche Phänomen: Die Chefs auf allen Ebenen reden zwar viel von Arbeitsteilung und Delegation, doch sie kümmern sich viel zu sehr um alltägliche Routinefragen, für die ausreichend Sachbearbeiter zur Verfügung stehen würden. Die Folge: Die Terminkalender der Manager sind voll, und die Untergebenen sind frustriert, da »der Alte ja doch alles selbst macht«.

Statt die Gefährlichkeit ihres Aktivismus zu sehen, betrachten die Manager ihre Überlastung fast wie einen Orden. Bei der Unternehmer-Enquete der Hamburger Scientific Control Systems GmbH gaben 95 Prozent der befragten Führungskräfte an, daß sie wöchentlich mehr als 40 Stunden arbeiten. 29 Prozent bringen es auf 50 bis 54 Stunden, 19 Prozent auf 55 bis 59, 26 Prozent auf 60 bis 64 Stunden. 2,2 Prozent renommieren sogar mit mehr als 75 Stunden. 11 Prozent nehmen »immer« am Wochenende oder abends Arbeit mit nach Hause, 24 Prozent »meistens«, 29 Prozent »öfters« und 31 Prozent »gelegentlich«. 39 Prozent der Manager – die größte Gruppe – glauben, nicht mehr als 11 bis 15 Tage zusammenhängend Urlaub nehmen zu können. Den bedenklichsten Tatbestand haben die Unternehmensberater von A. T. Kearny ermittelt: In vielen Großbetrieben verwendet der Vorstand nicht einmal ein Prozent seiner Arbeitszeit auf strategische Fragen. Die aber stellen die eigentliche Aufgabe des Top-Managements dar. Die Unternehmensführer richten sich in den seltensten Fällen nach ihrer eigenen Weisheit: »Wichtige Dinge haben eigentlich immer Zeit. Eilige Dinge sind meist nicht wichtig, höchstens dringend.«

Der Verdacht drängt sich auf, daß der Aktivismus eine Flucht vor den wichtigen – und riskanten – Entscheidungen sein könnte. Was die Konzentration auf das Tagesgeschäft bei Vernachlässigung der Strategie bewirken kann, haben einige der überbeschäftigten, bienenfleißigen Top-Manager vorgeführt. Josef Neckermann kümmerte sich persönlich um jeden einzelnen Posten in seinem Katalog und übersah dabei, daß sein ganzer Konzern den veränderten Zeiten nicht mehr gewachsen war. Und Max Grundig war so sehr mit dem Tüfteln an einzelnen Modellen und dem Einsatz seiner Putzfrauen ausgelastet, daß er gar nicht bemerkte, wie ihn die japanische Konkurrenz aus dem Markt drängte.

Wirbel statt Wirkung

1977 gründeten zwölf Unternehmen der Energieversorgung die *Deutsche Gesellschaft für Wiederaufbereitung von Kernbrennstoffen mbH* (DWK), die Wiederaufbereitungsanlagen und Zwischenlager für gebrauchte Nuklear-Brennstäbe vorbereiten, bauen und vertreiben sollte. Bis Anfang 1984 hatte der Vorstandsvorsitzende Günther Scheuten lediglich ein halbfertiges Zwischenlager in Gorleben vorzuweisen. Gegen den Rat der Fachleute hatte er Mammutprojekte wie in Lüchow-Danneberg geplant, denen sein Unternehmen gar nicht gewachsen war. Durch hektische Betriebsamkeit hatte er zudem die Bevölkerung derart gegen seine Vorhaben aufgebracht, daß öffentliche Proteste alle Arbeiten blockierten. Durch teure und unüberlegte PR-Kampagnen machte er die Bewohner der betroffenen Regionen erst auf seine unausgegorenen Projekte aufmerksam. Lokale Honoratioren wurden zu kostspieligen Informationsreisen ins Ausland eingeladen, Sport- und Musikvereine mit Geld unterstützt. Doch wenn DWK-Fachleute der besorgten Bevölkerung Auskunft über Sicherheitsmaßnahmen in den geplanten Anlagen geben wollten, verstrickten sie sich regelmäßig in Widersprüche. So hatte die Vorbereitung der riesigen Entsorgungsanlage Lüchow-Danneberg bereits 269 Millionen Mark verschlungen, ehe die niedersächsische Landesregierung das ganze Projekt abblies. Der gelernte Jurist Scheuten hatte seinen wilden Aktivismus angekurbelt, ohne zuvor auch nur die geringste »Marktforschung« bei den Betroffenen betrieben zu haben. Ganz zu schweigen von einer zusammenhängenden Strategie für das Großprojekt. Bei einem Stammkapital von 100 Millionen Mark hat die DWK bis heute Verluste von 1,3 Milliarden Mark erwirtschaftet. Jetzt endlich soll auch dieses Unternehmen auf Drängen seiner Eigner gesundgeschrumpft werden. Zum Beispiel will man den jährlichen Lohnetat von 32,5 Millionen Mark (Durchschnitt pro Mitarbeiter einschließlich Pförtner und Fahrer: 75 000 Mark) reduzieren. Der Vertrag des 61jährigen Scheuten als Vorsitzender wurde jedoch Ende 1983 noch bis zur Pensionsgrenze verlängert.

Einen besonders krassen Fall von Aktivismus exerzierte Friedrich Jahn vor, Gründer der Restaurantkette *Wienerwald*. Ganz klein hatte der Ex-Kellner als Hendl-Brater angefangen, in einer heruntergewirtschafteten Kneipe hinter der Münchner Universität. Als er Erfolg hatte, kaufte er planlos weitere Lokale zusammen. Nach wenigen Jahren setzte er bereits in aller Welt Millionen um.

Doch immer noch streifte er jede Nacht durch ein Dutzend seiner Restaurants, leerte Aschenbecher, kontrollierte die Toiletten, verschwendete seine Zeit an Aufgaben, für die er gutbezahlte Angestellte hatte.

Schließlich hatte sich Jahn, eines der erfolgreichsten Kinder des Wirtschaftswunders, so heillos verzettelt, daß er selbst sein Imperium nicht mehr überblickte. Als zwei Dutzend Banken 1982 die *Wienerwald*-Schulden auf 260 Millionen Mark addierten und die Notbremse zogen, konnte kein Konkurs eingereicht werden. Niemand fand genau heraus, ob Jahn jetzt 150 oder 200 Firmen besaß, wie sie miteinander verflochten waren und wer wo Vergleichsantrag hätte stellen müssen. Jahn wurde ausgebootet, doch er zog sich in seine Restaurantketten in die USA zurück und wirbelt dort mit der gleichen unkoordinierten Hektik den ganzen Betrieb durcheinander.

Der New Yorker Personalberater Tilman van Dusseldorp, über den Jahn eigentlich 100 Führungskräfte anheuern wollte, schildert seine Erlebnisse mit dem Unternehmer als eine Groteske. Verhandelt wird nur in Nebensätzen bei Treffen in Restaurants irgendwo in Amerika, während Jahn gleichzeitig Kellner belehrt. Nach einer »Klo- und Salatbar-Inspektion in Südflorida« gab der Berater auf. Jahn war mit ihm durch seine Restaurants gejagt, aß, inspizierte und verhandelte gleichzeitig. Nebenbei präsentierte er »ein Dokument von der Länge eines halben Fußballplatzes: das Organigramm der Firma *Wienerwald.* Friedrich Jahn war bestürzt, offensichtlich nicht zum ersten Mal. Er konnte es nicht entwirren.« Der Berater resignierte: »Der wahnsinnige Gentleman aus Österreich auf dem Klo in Florida: Was macht er da, mit dem Organigramm von der Schwere der ›FAZ‹-Samstagausgabe in der einen Hand und der Klobürste in der anderen?«

Zwang zur Eigenreklame

Jahn ist sicher ein Extremfall. Doch es ist bezeichnend, daß er während seiner Erfolgszeiten gerade dafür bewundert wurde, daß er auch noch als reicher Mann sich um alle Kleinigkeiten in seinem Betrieb kümmerte. Damit hat sicher auch zu tun, daß ein Unternehmer mit Kellnerschürze im Restaurant jedermann ins Auge sticht, während ein Top-Manager bei der langfristigen strategischen Planung ein recht langweiliges Bild abgibt. Ein Hauptabteilungsleiter bei einem großen Konzern in Hamburg schildert die Folgerungen aus diesem Umstand: »Bei uns meint der einzelne, wenn er sehr karriereorientiert ist, sein Erfolg müsse sich in den ersten fünf Jahren seiner Tätigkeit abzeichnen. Danach ist seine Arbeit nicht mehr das Primäre für ihn. Dann stellt er sich dar. Dann kann er den größten Mist bauen, wenn er nur vorgesorgt hat, daß er selbst exkulpiert ist. Er muß sich aber so organisieren, daß er vom absehbaren Erfolg etwas mitkriegt. Er hat nicht die innere Souveränität, sich darauf zu verlassen, daß gute Arbeit auch anerkannt wird. Dieser Darstellungsbereich absorbiert unheimlich viel Kräfte.«

Die Eigenreklame wird unter anderem deshalb notwendig, weil Manager vor allem in den obersten Positionen in der Bundesrepublik meist nur befristete Verträge haben, in der Regel auf vier oder fünf Jahre. Der Unternehmensführer kann es sich nicht leisten, eine unauffällige Strukturveränderung vorzunehmen, die vielleicht einige Jahre lang den Ertrag des Unternehmens reduziert und sich erst in der fernen Zukunft positiv auswirkt. Er muß spätestens im zweiten oder dritten Jahr seines Vertrages nachweisen, daß er für seinen Posten taugt. Das kann er einerseits durch eine kurzfristig eindrucksvolle Bilanz erreichen. Ob daraus nach der Vertragsverlängerung ein Rückschlag entsteht, ist nicht so wichtig. Andererseits kann er sich durch deutlich sichtbare Aktivitäten profilieren, eben durch Aktivismus.

Der Darstellungszwang führt auch dazu, daß der Manager nach Möglichkeit nachweisen muß, daß er alles selbst kann. Einen Experten von außen zu holen, um bei Schwierigkeiten zu helfen, bedeutet bereits das Eingeständnis des eigenen Versagens. Gefragt ist der »Macher«, der alles in der Hand hat. Das Nachsehen haben die Unternehmensberater, die in der Bundesrepublik einen schwereren Stand haben als in irgendeinem anderen westlichen Industrieland. In den USA gilt es als selbstverständlich, daß ein Top-Manager im Interesse seines Unternehmens das beste Fachwissen dort kauft, wo er es bekommen kann. Doch in den Vereinigten Staaten versucht der Chef schließlich auch, ein *All Star Team* um sich zu scharen, und er ist stolz, einen Mann zu finden, der ihn zumindest in einzelnen Bereichen übertrifft.

In deutschen Unternehmen dagegen sind die Talente des Chefs die erlaubte Obergrenze der Fähigkeiten seiner Untergebenen. Die Unternehmensberater haben deshalb selbst in Krisenzeiten, wenn ihre Spezial-Kenntnisse eigentlich besonders gebraucht werden, keine Hochkonjunktur. Der Umsatz von Kienbaum ging im Krisenjahr 1982 sogar marginal von 60,9 auf 60,1 Millionen Mark zurück (wobei der Einbruch allerdings vor allem bei Aufträgen aus Entwicklungsländern kam). Die meisten Berater klagen darüber, daß sie erst gerufen werden, wenn es eigentlich schon zu spät ist, und daß ihr Rat dann nur sehr zögernd und oft nur in unwesentlichen Teilen angenommen wird. Ein Marktforscher nennt als Grund für den Widerstand deutscher Manager gegen Expertenrat: »Berater im Haus signalisieren Inkompetenz und bedeuten Autoritätsverlust. Das jedenfalls befürchten die Manager.«

Sicherheit und Prestige

Benutzt werden die Dienstleistungen der Industrie vor allem bei der Suche nach neuem Führungspersonal, wie die Stellenanzeigen in den großen Tageszeitungen jedes Wochenende dokumentieren. Wenn ein Manager als Sündenbock von seinem Unternehmen geopfert wurde, dann soll der Personalberater schnell besseren Ersatz schaffen. Das ist allerdings nicht immer einfach. Denn trotz Arbeitslosigkeit und guten Veränderungschancen sind offene Stellen in zukunftsträchtigen Berufen wie Marketing oder EDV nur schwer mit erfahrenen und qualifizierten Bewerbern zu füllen. Sobald junge Manager eine gewisse Hierarchiestufe erreicht haben, läßt ihre Mobilität schnell nach und wird durch Sicherheits- und Prestigedenken abgelöst. Das böse Wort von der »Vollkasko-Mentalität« wird immer häufiger gehört.

Die Bereitschaft, durch Veränderung weiterzukommen, ist am Anfang einer Karriere noch groß. Doch sobald die Ausbildung abgeschlossen ist, reduziert sich auch die Flexibilität. So hatten die für die SCS-Unternehmer-Enquete befragten Manager bei einem Durchschnittsalter von etwa 50 Jahren angegeben, daß sie zum weitaus größten Teil ihren Arbeitgeber dreimal oder seltener gewechselt hatten. 45 Prozent waren länger als 15 Jahre beim selben Unternehmen tätig.

Ein Bewerber hat heute noch Chancen, wenn er mit seltenem Wechseln innerhalb des gleichen Fachbereiches und möglichst auch der gleichen Branche sein Fortkommen gefördert hat. Ein Kandidat aber, der nicht nur die Firma, sondern auch sein Spezialgebiet öfter gewechselt hat, wird als »Job hopper« abqualifiziert. Dieselbe Veränderung im eigenen Betrieb – zum Beispiel vom Vertrieb in das Personalwesen – wird dagegen als »horizontale Rotation« und notwendiger Schritt auf dem Weg zum Management-Generalisten gerühmt.

Zwar hat die Mobilität in den letzten Jahren mit dem wirtschaftlichen Rückgang etwas zugenommen. Doch es ist immer noch schwierig, eine Führungskraft aus ihrem privaten und sozialen Umfeld in Norddeutschland herauszubrechen und nach Süddeutschland zu locken – oder umgekehrt. Man möchte schon gerne Karriere machen, aber doch bitte in der gewohnten Umgebung. Gelegentlich geht die Immobilität sogar so weit, daß Manager an bestimmten Schwellen die Bewegung von unten nach oben scheuen. Als 1983 eine deutsche Großbank ein neues Vorstandsmitglied suchte, lehnten vier Kandidaten aus dem Hause ab. Erst der fünfte ließ sich überreden. Das zusätzliche Einkommen lockt nicht stark genug. Die zusätzliche Verantwortung dagegen schreckt eher ab. Oder wie ein Manager unterhalb der Vorstandsebene formulierte: »Wenn ich nackt durch die Haupteinkaufsstraße laufe, dann berührt das mich, meine Freunde und vielleicht die Polizei. Wenn ein Vorstandsmitglied das tut, dann reden Hunderttausende darüber.«

Angst vor dem Ausland

Noch können in der Bundesrepublik die meisten, auch die höchsten Posten besetzt werden. Fast unüberwindliche Schwierigkeiten aber gibt es, genügend fähige Mitarbeiter für Einsätze im Ausland zu finden. Eine Versetzung nach Übersee wird sehr oft wie ein Strafkommando gesehen. Die Firmenleitungen sind daran sicher nicht unschuldig. Denn sie gehen immer wieder den Ausweg, unbeliebte oder unbequeme Untergebene Tausende von Kilometern weit abzuschieben. In solchen Betrieben klingelt natürlich bei jedem Mitarbeiter die Alarmglocke, wenn er als Kandidat für einen Auslandsposten ins Gerede kommt. Doch selbst wenn die Versetzung nicht mit dem Ruch der Strafe behaftet ist, drängt sich niemand danach. Einige Jahre im Ausland bedeuten, vom Strom der innerbetrieblichen Information weitgehend abgeschnitten zu sein. Der Manager fürchtet, bei Abwesenheit von der Zentrale seine eigene Stellung im Betrieb nicht mehr beeinflussen zu können und dadurch von der Karriereleiter zu fallen.

Zusätzliche Hindernisse resultieren aus der familiären Situation des Kandidaten: Kinder können eventuell nicht umgeschult werden, berufstätige Ehepartner müssen ihre Arbeit aufgeben. So blinken bei Personalchefs alle Warnlampen, wenn ein Management-Bewerber mit einer Lehrerin verheiratet ist. Die Erfahrung zeigt, daß in diesem Beruf die Mobilität besonders gering ist. Schließlich garantieren nur die größten Konzerne die Rücknahme eines Auslandsvertreters in die Zentrale. Anders als japanische Unternehmen sind sie aber nicht bereit, dem Rückkehrer eine automatische Beförderung zu versprechen. Die Furcht des Managers vor dem Ausland ist besonders bedenklich für eine Wirtschaft, die wie die deutsche zu 30 Prozent ihrer Umsätze vom Export abhängig ist. Die unbestrittene Forderung, Unternehmensführer müßten international denken und handeln, läßt sich auf diese Weise nie erfüllen. Das Management bleibt provinziell, wenn Leute mit Auslandserfahrung fehlen.

Die beklagte »Vollkasko-Mentalität« trägt sehr stark zum Beharrungsvermögen der Manager bei. Wie bei unternehmerischen Entscheidungen zeigt sich auch bei der Planung der persönlichen Zukunft eine ausgeprägte Scheu vor Risiken, ein überzogenes Sicherheitsbedürfnis. Personalberater stellen bei ihrer täglichen Arbeit fest, daß bei Bewerbungen die rein materiellen Gesichtspunkte, also Lohn oder Gehalt, nicht mehr im Vordergrund stehen. Management-Positionen sind wohl so gut bezahlt, daß eine Einkommens-Erhöhung nicht mehr eine entsprechende Steigerung des Lebensstandards bewirkt. Einen höheren Stellenwert haben bereits im Vertrag festgelegte Möglichkeiten, in vorgegebenen Zeiträumen in der Hierarchie aufzusteigen. Man verlangt Garantien für die Karriere und ist selten bereit, im Vertrauen auf das eigene Durchsetzungsvermögen ins kalte Wasser zu springen. Es ist das alte Dilemma von dem Spatzen in der Hand oder der Taube auf dem Dach. Der Firma Kienbaum fällt bei Stellensuchenden zunehmend eine »ungeheuer kritische Angebotsbewertung« auf: »Verträge werden so ausführlich gelesen wie noch nie.«

12 IG Management

»Entmannen« Mitbestimmung und Gewerkschaft das Management?

Edzard Reuter gehört als Vorstandsmitglied von *Daimler-Benz,* verantwortlich für Finanzen, ohne Zweifel zum Top-Management der Bundesrepublik. Als Sohn des früheren Berliner Bürgermeisters Ernst Reuter in einem überzeugt sozialdemokratischen Haus aufgewachsen und heute noch der politischen Richtung seines Vaters verbunden, hat er einen für Manager recht untypischen Hintergrund. Im Klischee könnte er als rotes Schaf in der schwarzen Herde gelten. Vielleicht befähigt ihn dieses Verwurzeltsein in zwei verschiedenen Lagern eher als seine Kollegen, beide Fronten nüchtern zu sehen und gar zwischen ihnen zu vermitteln.

Als sich die Tarifpartner – Unternehmer und Gewerkschaften – über die Frage der Arbeitszeitverkürzung wieder einmal zur starren Konfrontation hochschaukelten, mahnte Reuter die Parteien zur Einsicht: »Wir müssen mehr investieren, mehr sparen und weniger verbrauchen – eine Einsicht, die, für sich genommen, die tarifpolitischen Mechanismen an die Grenze ihrer Belastbarkeit bringen kann. Dennoch, nein, gerade deswegen, sind groteske Rituale um zwei zehntel Prozent mehr oder weniger Tarifabschluß haargenau die Flucht in lähmende Lebenslügen. Viel wäre gewonnen, wenn zweierlei anerkannt würde: von den Gewerkschaften, daß die Personalkostenbelastung der Unternehmen tendenziell nur in Verbindung mit Produktivitätsfortschritt angehoben werden kann; von den Unternehmensverbänden, daß die Behauptung, Arbeitslosigkeit könne in dieser Zeit noch immer ganz wesentlich über Lohnpolitik abgebaut werden, nicht nur wie Hohn klingt, sondern auch verantwortungslos ist.« Reuter forderte eine »neue Prioritätenverteilung von Arbeitszeit-, Einkommens- und Vermögenspolitik im Rahmen der Tarifverhandlungen« und warnte davor, »sich Illusionen über die Einschränkung der Mitbestimmung zu machen«. Der Manager meinte, die Herausforderungen der Zukunft könnten nur gelöst werden durch Kooperations-Bereitschaft im »Kräftedreieck Staat, Großunternehmen und Gewerkschaften« und fügte hinzu: »Erste Voraussetzung ist, alles zu unterlassen, was es der anderen Seite ohne Not schwermacht, sich ebenfalls zu öffnen.«

Solche Einsicht, die Arbeitgeber und Arbeitnehmer als wirkliche »Partner« im Wirtschaftsleben darstellt, ist allerdings auf beiden Seiten selten. Ebenfalls selten ist das andere Extrem, wie es zum Beispiel der Deutschland-Chef des Büromaschinen-Konzerns *Rank Xerox,* Hans-Adolph Barthelmeh, vorexerzierte. 1980 wurde er zum Vorstandsvorsitzenden gemacht, um den Betrieb aus den roten Zahlen zu bringen. Er versprach, dafür zu sorgen, daß die Mitarbeiter »wieder gern bei *Rank Xerox* arbeiten«. Drei Jahre später hatte er die Tätigkeit des Betriebsrates als »Kasperei« öffentlich abqualifiziert, die Firma in langwierige Prozesse vor Arbeitsgerichten verwickelt, den Abbau von fast 20 Prozent der Belegschaft erwogen – und die Verluste Jahr für Jahr gesteigert. Statt Kooperation hatte er die ständige Konfrontation mit den Arbeitnehmern gewählt. Inzwischen ist Barthelmeh von seinem Posten abgelöst worden.

Der harte Kurs von *Rank Xerox* liegt allerdings näher am Durchschnittsverhalten als die vom *Daimler-Benz*-Manager geforderte Zusammenarbeit. Fast ausnahmslos klagten bei Gesprächen überall in der Bundesrepublik Unternehmer und Manager, aber auch einige Unternehmensberater über die Einschränkungen, die ihrer Arbeit von den Gewerkschaften droht. Vor allem die Mitbestimmung scheint den meisten Managern eine Fessel, die sie gerne loswürden. Ein Unternehmensberater in Düsseldorf schildert die Einstellung vieler Führungskräfte: »Die Mitbestimmung erzieht dazu, daß die Manager sich nichts mehr zu sagen trauen. Die entmannt die Leute. Wenn jemand weiß, daß er alle fünf Jahre seine Vertragsverlängerung bekommen muß, dann will er sich nicht nur mit den Aktionären, sondern auch mit den Gewerkschaften gutstellen. Dadurch wächst bei uns ein Typ des Vorstandsmitgliedes heran, der einfach fade ist, der immer nachgibt, selbst wenn er es mit bestem Gewissen nicht tun dürfte.«

Sparen am »Sozialklimbim«

Die zweite Klage der Unternehmen betrifft den hohen Preis der sozialen Leistungen für Arbeitnehmer, der angeblich die Lohnkosten unvertretbar in die Höhe treibt – oder, polemischer ausgedrückt, den »teuren Sozialklimbim«. Bereits unter der sozial-liberalen Regierung in Bonn, deren sozialdemokratischer Teil den Gewerkschaften immer sehr nahe stand, wurden die Maschen des sozialen Netzes weiter geknüpft. Die leeren Kassen des Staates zwangen dazu. Nach der »Wende« zur christlich-liberalen Regierung kam Bonn den Wünschen der Unternehmer nach Abbau der Sozialleistungen beträchtlich weiter entgegen. 1982 wurden im Haushalt bereits 20 Milliarden Mark an öffentlichen Leistungen für sozial Schwache eingespart, 1983 noch einmal sechs Milliarden mehr. Haimo George, Vorsitzender des CDU/CSU-Arbeitskreises »Arbeit und Soziales« forderte gar, de facto das Tarifsystem außer Kraft zu setzen und den Kündigungsschutz sowie den Arbeitsschutz für Frauen, Jugendliche und Behinderte einzuschränken.

Die unternehmerfreundliche »Frankfurter Allgemeine Zeitung« versucht in einem Wirtschaftsleitartikel nachzuweisen, daß die bestehende »soziale Absicherung« die Wiedereinstellung von Arbeitskräften verhindere. In etwas verquerer Logik wird erklärt, die derzeitigen Gesetze hinderten vor allem kleine und mittlere Unternehmen, neue Arbeitnehmer einzustellen, da sie diese ja dann nicht mehr entlassen könnten.

Die Arbeitgeber sind tatsächlich mit den bislang getroffenen Maßnahmen noch nicht zufrieden. Der Verbandspräsident Ernst-Günter Platte kritisiert Bundeskanzler Kohls Sparpolitik als »Trippelschritte«, und der bayerische Repräsentant der Arbeitsgemeinschaft selbständiger Unternehmer, Hans Knürr, fordert eine Einschränkung der Tarifautonomie.

Bei der Diskussion um das soziale Netz wird – wie schon erwähnt – von den Arbeitgebern geflissentlich verschwiegen, daß sie selbst diesen »Sozialklimbim« in Tarifverträgen abgesegnet, daß sie in Boom-Zeiten sogar viele der heute geschmähten Zusatzleistungen aus eigener Initiative erfunden und eingeführt haben, um der Konkurrenz Arbeitnehmer wegzulocken. Und sie reden auch nicht davon, daß die Gewerkschaften vier Jahre lang bei Tarifverhandlungen auf eine Erhöhung des Reallohnes verzichtet haben, daß die Arbeitnehmer also jährlich weniger Kaufkraft zur Verfügung hatten oder daß viele Betriebsräte bereits in Einzelverhandlungen selbst traditionelle Ansprüche aus Sonderleistungen aufgegeben haben.

Nicht weniger militant gehen in den Zeiten der wirtschaftlichen Krise allerdings auch die Gewerkschaften den Weg in die Konfrontation. Die Frage der Wochenarbeitszeit-Verkürzung wurde zum Prinzip hochstilisiert, die Fronten verhärteten sich. Weder Arbeitgeber noch Arbeitnehmer glaubten wohl im Ernst, daß die 40-Stunden-Woche ein naturgegebener Grenzwert sei. Schon vor den Tarifabschlüssen in der Metallindustrie hatten schließlich einige Unternehmen in der Bundesrepublik das Tabu gebrochen und die Arbeitszeit reduziert. Der Jesuitenpater Oswald von Nell-Breuning, von allen Seiten respektierter Nestor der katholischen Soziallehre, hat sogar provozierend vorgerechnet, daß zwei Stunden Arbeit pro Tag ausreichen, die Bedürfnisse der Menschen zu befriedigen.

Die machtpolitische Seite

Der Streit um die Arbeitszeit hat nur sehr vordergründig mit Arbeitslosen, Renditen und wirtschaftlichem Aufschwung zu tun. In Wirklichkeit geht es hinter den Kulissen um die Macht in der Gesellschaft. Unternehmer und Gewerkschaften nutzen die Schwäche der Wirtschaft, um neue Positionen für künftige Auseinandersetzungen zu finden. Die öffentlichen Warnungen beider Seiten vor wirtschaftlichen Schäden zeigen, daß sie jeweils hoffen, der andere werde vor der letzten Konsequenz zurückschrecken und sich nicht den Vorwurf zuziehen wollen, die Krise vertieft zu haben. Otto Esser, Präsident des Arbeitgeberverbandes, beharrt: »Unsere Antwort an die Gewerkschaften kann ... sicherlich nicht in der Nachgiebigkeit bestehen. Aber ich hoffe, daß sich mein Wunsch nach Anerkennung ökonomischer Vernunft im Interesse der Wirtschaft und der in ihr tätigen Menschen durchsetzt« – Vernunft und Interesse natürlich in dem Sinne, in dem die Arbeitgeber sie interpretieren.

Noch deutlicher sagen Gewerkschaftsvertreter, was hinter dem Kampf um die Arbeitszeit steht. Lothar Zimmermann vom Vorstand des DGB: »Der Kampf um die 35-Stunden-Woche hat nicht nur eine arbeitsmarktpolitische, sondern auch eine machtpolitische Seite.« Manfred Balder, ein Delegierter beim Gewerkschaftstag der IG Druck und Papier, prophezeit, der Ausgang des Kampfes werde »für lange Zeit über das grundsätzliche Kräfteverhältnis zwischen Kapital und Arbeit in unserer Gesellschaft« entscheiden.

Die Manager – und von ihnen soll ja hier vor allem die Rede sein – sehen diesen Machtkampf genau so klar. Wie auf wirtschaftlichem Gebiet haben sie in der Vergangenheit im Vertrauen auf das Wirtschaftswunder auch arbeitspolitisch eigentlich nur kurzfristige Entscheidungen getroffen. Solange die Kassen voll waren, konnten sie es sich leisten, die Arbeitnehmer durch materielle Angebote ruhig zu halten. Und sie scheuten sich nicht davor, mit ihren sozialen Leistungen Reklame zu machen. Die Gewerkschaften waren ebenfalls zufrieden. Sie sahen sich bestenfalls als Ordnungskraft. Gelegentliche Auseinandersetzungen wirkten eher wie rituelle Schaukämpfe. In der Bundesrepublik herrschte die vielgerühmte »Sozialpartnerschaft«, um die uns unruhigere Nachbarn wie Großbritannien oder Italien beneideten.

Als das Geld knapper wurde, wollten die Vorstände, wieder ad hoc, zuerst an den Arbeitskosten sparen. Nicht ohne Grund bekamen die Arbeitnehmer den Eindruck, ihr sozialer Besitzstand werde von den Unternehmen als bewegliche Masse manipuliert. Dieser Eindruck verstärkte sich durch das instinktlose Verhalten einiger Unternehmensführer. Ein Arbeitnehmervertreter schildert ein Beispiel aus den heruntergewirtschafteten *Howaldtswerken-Deutsche Werft* (HDW) in Hamburg: »In der Zeit, in der 4000 Arbeitsplätze abgebaut wurden, diskutierte der Aufsichtsrat lange über die Bewilligung eines Firmenkredites für den privaten Wohnungsbau des Vorstandsvorsitzenden. Danach wurde beraten, daß die Leitenden und Führenden eine Tantieme zu Weihnachten bekommen sollen. Gleichzeitig würden sie bei uns unten am liebsten nur noch halbe Bleistifte ausgeben und vorschreiben, daß Toilettenpapier von beiden Seiten benutzt werden muß.«

Ärger an der Basis

Solche Erfahrungen und die plötzliche Bedrohung der Arbeitsplätze bewirken bei einem Teil der Arbeitnehmer eine zunehmende Militanz. Verständlicherweise wollen sie ihren Besitzstand verteidigen. Doch nicht nur die Arbeitgeber werden die Zielscheibe ihrer Angriffe. Die Fälle häufen sich, in denen die Basis in den Betrieben auch gegen ihre allzu ordnungspolitisch orientierten Gewerkschaften revoltiert. Bei der HDW in Hamburg und Bremen machten sich Enttäuschungen breit, als die Gewerkschaften spontane Werftbesetzungen nur verbal unterstützten. Zum Bruch kam es über die Betriebsratswahlen. Die Arbeiter wollten sich die Kandidatenliste nicht von der IG Metall vorschreiben lassen. Schließlich stellte die Belegschaft ihre eigene Liste der »Aktiven Metaller« auf und gewann – gegen die Gewerkschaft – 14 der 27 Betriebsratsmandate. Der gewählte Ratsvorsitzende Holger Mahler und fünf weitere Betriebsräte wurden von der IG Metall ausgeschlossen, wogegen sie beim Landgericht Frankfurt klagten. Genau das gleiche geschah bei *Daimler-Benz* in Stuttgart: Belegschaftsmitglieder mit dem grünen Bundestagsabgeordneten Willi Hoss jagten der IG Metall bei den Betriebsratswahlen 40 Prozent der Stimmen ab, wurden aus der Gewerkschaft ausgeschlossen und klagen jetzt dagegen. Bei der Verwaltungsstelle Hannoversch-Münden feuerten Delegierte der IG Chemie den vom Vorstand bestellten Geschäftsführer Schnell aus Protest gegen die Politik der Spitzenfunktionäre. Bauarbeiter aus Stuttgart rebellierten gegen den autoritären Stil des Vorstandes von IG Bau, Steine, Erden und fochten die Wahl des Bundesvorstandes vor Gericht an.

Andere Arbeitnehmer wieder wollen verängstigt jede Konfrontation mit den Arbeitgebern vermeiden, um ihre Anstellung nicht zu gefährden. So geraten die Gewerkschaften von zwei Seiten unter Druck. 1981/82 zum Beispiel verlor die IG Metall durch Arbeitslosigkeit und Protestaustritte 46000, im Jahr 1983 noch einmal 50000 Mitglieder. Wollen die Gewerkschaften ihren Einfluß bei den Arbeitnehmern erhalten, dann müssen sie wieder greifbare Erfolge vorweisen. Das Ende der Streiks bei Metallern und Druckern 1984 um die 35-Stunden-Woche zeigte das Dilemma deutlich: Viele der Streikenden murrten, das Ergebnis – 38,5 Stunden – habe den Aufwand des wochenlangen Ausstandes nicht gelohnt. Die Ängstlichen dagegen sahen ihre Überzeugung bestätigt, daß die ganze Auseinandersetzung unnötig, gefährlich und letztlich sinnlos gewesen sei.

Radikale und Gemäßigte

Diese Pressionen von allen Seiten machen zumindest einige der Industrie-Gewerkschaften wieder aggressiver. Plötzlich wird an den einstigen Gewerkschaftsideologen Viktor Agartz erinnert, der vor mehr als 20 Jahren jede Art von Partnerschaft zwischen Kapital und Arbeit ablehnte. Der Manager, als Vertreter des Kapitals in dieser Lesart der Hauptfeind, wartet nun auf eine Gelegenheit, diese Spannungen in der Gewerkschaft für seine Zwecke zu nutzen. Die Unternehmensführer sehen ebenso deutlich wie der DGB selbst, daß die Arbeitnehmervertreter in einer Klemme stecken. In der Zeit der Krise scheint die Macht der Gewerkschaft aus den verschiedensten Gründen zu schrumpfen: Der zu verteilende Kuchen wird nicht mehr größer. Die materiellen Erfolge der Gewerkschaften für ihre Mitglieder bleiben aus, wie vier Jahre mit sinkendem Reallohn zeigen.

Dazu kommt die Angst der Mitglieder vor dem Verlust des Arbeitsplatzes, die viele vorsichtig und ängstlich macht. Spürbar wird auch die von Bell in seiner »nachindustriellen Gesellschaft« prophezeite Entwicklung, daß die Gruppe der Industriearbeiter – das eigentliche Proletariat – immer schneller von Technikern, Akademikern und Dienstleistenden abgelöst wird, daß also die ursprüngliche Klientel der Gewerkschaften unaufhaltsam in eine Minderheiten-Position abgleitet.

Die Frage, wie diesen Entwicklungen zu begegnen sei, hat heute schon zu einer Spaltung des DGB und damit zu einer Schwächung seiner Schlagkraft geführt. Eine Fraktion der 17 Einzelgewerkschaften, angeführt von der Welt größter Branchenvertretung IG Metall und mit den Repräsentanten von Druck und Papier, Post, Handel, Banken und Versicherungen (HBV) sowie Holz und Kunststoff plädiert für einen kompromißlosen Konfrontationskurs, für die Rückkehr zum Klassenkampf gewissermaßen. Die Gemäßigten – darunter IG Chemie, Nahrung-Genuß-Gaststätten, Bau-Steine-Erden, Textil und Bergbau plädieren dagegen für eine Fortsetzung der »Sozialpartnerschaft«, die im Boom so lukrativ funktionierte. Die unterschiedlichen Grundhaltungen dokumentieren sich auch in den Einstellungen zur Arbeitszeit-Verkürzung: Die »Radikalen« bestehen auf der 35-Stunden-Woche, die »Gemäßigten« setzten eher auf die Frührente, die auch von Unternehmen und Regierung angeboten wird.

»Das System ist krank«

Der Verdacht drängt sich auf, daß die Arbeitgeberseite ein starkes Interesse daran hat, diese Kluft zu vertiefen und aus einer Schwäche der Gewerkschaften eigene Stärke zu ziehen. Auch das wäre wieder einmal eine sehr kurzfristige Politik, die jetzt gewiß temporäre Machtvorteile bringen, langfristig aber eine unzufriedene Arbeitnehmerschaft und die Wiedergeburt von Klassenkampfparolen, von anhaltenden sozialen Auseinandersetzungen bewirken könnte. Schon heute müssen die Theoretiker in der Gewerkschaft nicht mehr wie in der Vergangenheit als ideologisches Feigenblatt für die pragmatisch-materielle Politik ihres Verbandes dienen. Sie werden wieder gehört. Der schon erwähnte Ulrich Briefs vom Wirtschafts- und sozialwissenschaftlichen Institut (WSI) des Deutschen Gewerkschaftsbundes in Düsseldorf, trug mir engagiert seine Vorstellungen von der Gegenwart und der Zukunft vor, die gewiß nicht allzu sehr von den Gedanken seines Arbeitgebers, des DGB, abweichen.

Aus Briefs' Sicht ist das ganze System von Kapital und Arbeit krank und überholt. Die Manager als selbst Ausgebeutete können daran nichts ändern. Nicht die Führungskraft, das System muß ausgewechselt werden. Das Grundübel, so Briefs, stammt unter anderem aus der Tatsache, daß unsere Wirtschaft nach den Prinzipien der preußischen Armee organisiert ist. Das System von Befehl und Gehorsam aber wird dem heute gewachsenen mündigen Arbeitnehmer, der im Dienst mitdenkt, nicht mehr gerecht. Der Manager kann von seiner Funktion her, die eindimensional kaufmännisch auf den Gewinn ausgerichtet ist, an den gesellschaftlichen Bedingungen der Industrie wenig ändern. Trotz aller Bemühungen der Unternehmensführungen konnten sie nicht verhindern, daß die gesamte Wirtschaft in die Krise abgerutscht ist. Die ökonomische Umwelt erzeugte das Chaos, die Widersprüchlichkeiten, die unvorhersehbaren Abläufe, die zu gewaltigen Überkapazitäten, zur Produktion am Markt vorbei und schließlich zur Arbeitslosigkeit führten. Da nicht die Bedürfnisse der Mehrheit der Menschen, sondern die Gewinnansprüche des Kapitals im Mittelpunkt aller Planungen stehen, riß die Kluft zwischen den beiden zu ihrer heutigen gefährlichen Breite auf. Da das Management weder willens noch in der Lage ist, die soziale Umwelt zu verändern, muß es die Folgen seiner Probleme bei den Schwächsten abladen: bei der Belegschaft. Zwar können Großkonzerne einen Teil ihrer Schwierigkeiten auf kleine oder mittlere Zuliefererbetriebe oder auf die Gemeinden abwälzen. Doch als die »Endlösung« gilt lediglich das Gesundschrumpfen: durch Abbaumaßnahmen, Konzentration, Teilstillegungen, Streichen von Sozialleistungen und anderes – meist auf Kosten der Mitarbeiter. Mehr als zwei Millionen Arbeitslose widerlegen diese These zumindest nicht.

Endziel Selbstbestimmung

Als Alternative sieht Briefs, daß sich das Führungssystem der Wirtschaft von der reinen Fremdbestimmung über die Mitbestimmung zur Selbstbestimmung entwickelt. Die Mitbestimmung ist also nur ein Übergangsstadium. Sie gibt den Arbeitnehmern zwar noch keinen Einfluß auf ökonomische Bedingungen, auf Produktions- und Investitionspolitik. Aber der Betriebsrat gibt den Mitgliedern wenigstens als eine Art Gegenmacht zum Management eine Stimme in Angelegenheiten des Betriebes, die nicht mehr überhört werden kann. Als Ziel allerdings sieht Briefs, daß die Arbeitnehmer – die ja schließlich auch die Mehrheit der Konsumenten darstellen und dadurch die Nachfrage regulieren – in Fragen der Arbeitsplanung, Produktionsplanung, der Produktionsgestaltung und der Investitionsplanung mitentscheiden. Schon heute, so stellt der Gewerkschafter fest, funktionieren die Unternehmen ohnehin nur, weil die Arbeitnehmer die theoretisch ausgetüftelten Anweisungen des Managements durch Selbstorganisation erst praktikabel machen. Auch hier greift das schlagende Beispiel, daß »Dienst nach Vorschrift« jeden Betrieb zum Erliegen bringt.

Die Arbeitnehmer schaffen sich, oft gegen die Anweisungen von oben, Freiräume, innerhalb derer sie die Arbeit so organisieren, daß ein vermarktbares Ergebnis dabei herauskommt. Die selbstbewußt gewordenen Arbeitnehmer leiten daraus einen Anspruch auf Mitbestimmung am Arbeitsplatz her. Sie fordern zum Beispiel das Arbeitsverweigerungsrecht einzelner Beschäftigter, ein ausgedehntes Informationsrecht, ein Reklamationsrecht.

Um all diese Rechte in einem neuen, wirklich mitbestimmenden System verankern zu können, sieht Briefs die Notwendigkeit einer Entflechtung, Zerschlagung der Großbetriebe. Unternehmen müßten auf eine Größe reduziert werden, die für alle Mitarbeiter noch überschaubar sei. Nur dann könnten alle am Gedeihen des Betriebes Interessierten ihr gemeinsames Wissen – von der theoretischen Planung bis zum praktischen Arbeitsablauf – zusammenbringen und die optimale Organisation finden, eben eine Selbstverwaltung. Das bedeutet keineswegs die Rückkehr zum alternativen Handwerker. Selbst sehr große und komplexe Produktionseinheiten könnten heute mit verhältnismäßig kleinen Belegschaften gefahren werden. Wegfallen würde nur die zentrale Planung eng verfilzter Firmengruppen, die Gewinne und Verluste unübersichtlich hin- und herschiebt und gewaltige Verwaltungskosten verursache.

Die gewünschten Strukturveränderungen hätten den von Briefs

keineswegs bedauerten Nebeneffekt, daß das Managementsystem in seiner heutigen Form obsolet würde. Die Führung müßte in den Händen gewählter und der Belegschaft verantwortlicher Manager liegen, eine wahre Demokratisierung am Arbeitsplatz. Briefs sieht in einer solchen Entwicklung sogar einen sehr menschlichen Vorteil für die Führungskräfte: »Was bedeutet es für einen Manager, 25 Jahre lang ständig einen Ellbogenkampf zu führen, einen persönlichen Freund plötzlich absägen zu müssen, wenn nur einer von beiden in die nächsthöhere Position gelangen kann? Manager werden menschenscheu, weil sie in ihrem Job ständig über Menschen entscheiden oder hinweggehen müssen. Solche notwendigen persönlichen Deformationsprozesse stellen einen sehr problematischen Aspekt des heutigen Managements dar.«

Es ist sicher einfach, solche Überlegungen als Rückfälle in den Klassenkampf abzutun. Doch niemand wird bestreiten können, daß sich die technische, ökonomische und soziale Umwelt in den vergangenen Jahrzehnten entscheidend gewandelt hat. Mit ihr haben sich die Menschen und ihre Ansprüche geändert. So haben sich auch die Arbeitnehmer emanzipiert, sind selbstbewußter geworden und verstehen ihre Ansprüche selbst am Arbeitsplatz oft eloquenter zu vertreten als ihre Vorgesetzten. Was immer man von der Machbarkeit der Vorschläge von Briefs halten mag, sie beweisen, daß ihr Autor in wenigstens einem Punkt mehr wie ein Manager denkt als die Manager selbst. Was Briefs durchspielt, ist eine – technisch vorbildliche – Langfrist-Strategie. Bereits eingetretene und erwartete Veränderungen am (Arbeits-)Markt werden analysiert und in Rechnung gestellt, klare Ziele in der Zukunft gesetzt und eine Auswahl flexibler Wege dorthin aufgezeigt. Die Unternehmer, die ja im gleichen Markt bestehen wollen, sollten sich mit solchen Thesen ernsthaft befassen, gegebenenfalls eine Antithese aufstellen und gemeinsam mit der Gewerkschaft eine Synthese anstreben. Profitieren würden davon alle Seiten.

Diese Methode hat auch in der Vergangenheit schon funktioniert. Die heute von den Managern so oft geschmähte Mitbestimmung ist schließlich nicht ein Ergebnis kurzfristiger Machtverschiebungen nach 1945, nicht ein von der Industrie bitter bekämpfter Sieg militanter Gewerkschaften, wie heute oft vorgegeben wird. Fast im Gegenteil. August Bebel lehnte namens der Sozialdemokratie noch Anfang dieses Jahrhunderts jede Art von Mitbestimmung als »Feigenblatt des Kapitalismus« ab. Erst die Schwierigkeiten während des Ersten Weltkrieges nötigten den Staat, 1916 ein »Hilfsdienstgesetz« zu erlassen, das auch obligatorisch Betriebsvertretungen für Arbeiter und Angestellte in allen größeren Unternehmen (außer der Landwirtschaft) vorschrieb. Dieses Gesetz wurde von Unternehmern und Gewerkschaften gleichermaßen unterstützt. Und nach 1918 beschlossen die Spitzenverbände von Arbeitgebern und Arbeitnehmern in einer »Zentralen Arbeitsgemeinschaft« diese Mitbestimmung beizubehalten, vor allem um gemeinsam den Einfluß der Staatsbürokratie zurückzudrängen.

Gemeinsame Lösungen

Auch heute schlagen die Gewerkschaften gegenüber den Managern nicht nur unversöhnliche Töne an. Immer wieder betonen sie zum Beispiel, daß die Wirtschaftskrise auch die Arbeitsplätze von Führungskräften bedroht. Im Durchschnitt hat ein Vorgesetzter 20 Mitarbeiter unter sich. Das bedeutet, daß der Verlust von zwei Millionen Arbeitsplätzen auch 100000 Management-Positionen überflüssig macht. Mit solchen Argumenten möchten die Gewerkschaften die Manager, die sie als »Leitende Angestellte« einstufen, zum Eintritt in Berufsorganisationen bewegen. Unausgesprochen besteht das Wunschbild von einer »IG Management«.

Horst Föhr, Rechtsanwalt und Justitiar der IG Bergbau und Energie, plädiert für das gewerkschaftliche Organisieren der Führungskräfte. Er meint, daß ein gewerkschaftsverbundener Manager zu einem »offeneren, kooperativeren und humaneren Führungsstil« neigen würde. Die personellen und sozialen Aspekte der Unternehmenspolitik würden dadurch gleichberechtigt neben technische und betriebswirtschaftliche Überlegungen treten. Da Führer und Geführte auf der Basis der gleichen Gewerkschaft schon frühzeitig in Diskussionen über heikle Themen eintreten und auch offener Informationen austauschen würden, käme es gar nicht mehr zu kontroversen Entscheidungen. Föhr: »Es dürfte vielfach klarer und offener sein, Konflikte in reiner gegnerischer Stellung auszutragen, für die von den Entscheidungen Abhängigen gleichwohl günstiger, wenn gemeinsam vertretbare Lösungen gefunden werden, auch um den Preis der Vermeidung einer offenen Austragung von Konflikten.«

All dies sind sicher diskussionswürdige Vorschläge, die auch von der Arbeitgeberseite ernst genommen werden sollten. Ein beträchtliches Handicap dabei ist allerdings, daß die Gewerkschaften in ihrer eigenen Organisation solchen Idealvorstellungen nicht sehr nahe kommen. Ganz ähnlich wie in kapitalistischen Unternehmen gibt es auch bei ihnen Spannungen zwischen autoritären Funktionären (Managern), Angestellten in den gewerkschaftlichen Betrieben und dem organisierten Fußvolk. Die Gewerkschaften haben als Arbeitgeber bei ihren Beschäftigten kaum einen besseren Ruf als jeder Industriebetrieb.

Sehr schwach klingt trotzdem das oft von den Arbeitgebern zu hörende Argument: »Die Gewerkschaften sind in sozialen Fragen auch nicht besser als wir.« Das ist ein zu kleiner gemeinsamer Nenner. Bei aller verbalen Konfrontation sind aber die Türen noch nicht zugeschlagen. Nicht nur einzelne Vertreter der Gewerkschaften – und einiger IGs – sprechen noch von der Sozialpartnerschaft. Bei der bereits erwähnten Umfrage der Unternehmensberatung Egon Zehnder International (Deutschland) befinden 70 Prozent der befragten Manager über die Mitbestimmung: »Mit dem Status quo läßt sich leben.« Die Hälfte der Führungskräfte hält gar die deutschen Mitbestimmungsgesetze für exportwürdig. Auch auf dieser Seite der Barrikade herrscht eine auffallende Diskrepanz zwischen den verbalen Kraftmeiereien in der Öffentlichkeit und der ehrlichen Meinung, wenn sie anonym geäußert werden kann. Ein gewisses Ausmaß an Verständnis für das soziale Umfeld scheint auch bei Managern vorhanden zu sein.

13 Krawatte fürs Klima

Kein Sinn für soziale Verpflichtungen

Einst war Henkell Trocken der Prestige-Sekt der Deutschen. Er beherrschte unangefochten mit 60 Prozent Marktanteil den Umsatz der Traditionsmarken in der Bundesrepublik. In den Rest teilten sich vier andere Sekt-Sorten. 1980 hatte sich *Henkells* Anteil auf 30 Prozent halbiert, der Umsatz stagnierte und das Betriebsergebnis tendierte gegen Null. Das traditionsreiche Familienunternehmen hatte mit Hilfe angestellter Manager den renommierten Markennamen beschädigt. Zuerst, in den Zeiten unbegrenzt scheinenden Wachstums, hatte die 1832 gegründete Firma versucht, mit allen Mitteln den Umsatz zu steigern. Ab 1964 überschwemmte der Vertriebschef Lothar Klettenheimer, der zuvor Coca-Cola verkauft hatte, den Markt mit Schaumweinen aus dem Hause *Henkell & Co.* Die Nobelmarke Henkell Trocken wurde zu Discount-Preisen verschleudert. Eine Etage tiefer wurde die hastig akquirierte Sorte Carstens SC verkauft. Und schließlich wurden noch jährlich 32 Millionen Flaschen der Billigmarke Rüttgers Club abgesetzt. Mitbesitzer Otto Henkell sprach stolz von einer »Demokratisierung des Sektkonsums«. Erst Jahre später, als die Schäden nicht mehr zu verbergen waren, gestand der Chef ein, dies sei »eine Unternehmensführung voller Fehler« gewesen. Das einst renommierte Haus *Henkell* hatte sich beinahe den Ruf eines Ramschladens eingehandelt, ohne daß der gesteigerte Umsatz langfristig entsprechend höhere Gewinne abwarf. Otto Henkell gab den Firmenvorstand an seinen Vetter und Teilhaber Adolf von Ribbentrop ab, und dieser heuerte mit Otto-Ernst Prast und Peter Zernisch neue Berater und Manager an. Das Ruder wurde herumgeworfen. Statt von der »Demokratisierung des Sektkonsums« war nun plötzlich von der »Erneuerung der Sektkultur« die Rede. Das Spitzenprodukt des Hauses sollte nicht mehr von Jeans-Trägern, sondern im Smoking getrunken werden. Eine neue Flaschenfarbe, teure Etiketten und ein

Naturkorken wurden von den Erfindern zur »wahrhaft kultivierten Ausstattung« hochstilisiert. Marketing-Fachmann Zernisch hielt sich an seine Devise: »Ich halte den merkantilen Menschen für eine Mißgeburt.« Er paßte den Preis für den alten Henkell Trocken in neuen Flaschen seinen Vorstellungen von Kultur an, lag damit um gut vier Mark über den Renommiermarken der Konkurrenz und kassierte dafür die Halbierung seines Marktanteiles im Lebensmittelhandel. Für Prast und Zernisch sind daran die kulturlosen Konsumenten schuld, die erst umerzogen werden müssen: »Das kann zehn bis zwanzig Jahre dauern.« Verdrängt wird die Tatsache, daß *Henkell* selbst den Markt (und seinen eigenen Namen) durch die Billigmarke Rüttgers Club verdorben hatte, die fast wie Limonade angeboten worden war.

Noch beträchtlich schneller und gründlicher ruinierte der Schweizer Ernst Lüthy sein eigenes Werk, indem er den angesehenen Markennamen bis fast zur Unkenntlichkeit verwässerte. 1964 hatte der Handwerker begonnen, solide Ledermöbel zu bauen. Mit Hilfe seines rührigen Vertriebs- und Marketing-Chefs Urs Felber wurde der Name *deSede* schnell zu einem Prestigeobjekt und trotz gesalzener Preise zu einem Marktrenner. Felber sorgte dafür, daß nur exklusive Möbelhäuser die Produkte anboten: Äußerst sorgfältige Pflege des Markennamens garantierte den Erfolg. Doch 1979 trennte sich der eigensinnige Lüthy von seinem Verkäufer und übernahm selbst den Vertrieb. Um den Umsatz noch schneller zu steigern, führte er vier neue Markennamen ein, die nun seinen *deSede*-Produkten Konkurrenz machten. Als daraufhin die Umsätze zurückgingen, gab Lüthy auch die exklusive Verkaufspolitik auf, so daß sich im wichtigsten Markt Bundesrepublik bald immer mehr Händler gegenseitig die Kunden abjagten. Das Markenprofil von *deSede* zerfiel, der Hauch von Prestige verwehte, die Preise gerieten unter Druck. Der Umsatz stürzte von einst 100 auf 50 Millionen Franken, die Firma schrieb rote Zahlen. Der Hauptgläubiger *Schweizerische Bankgesellschaft* drängte schließlich Ernst Lüthy aus seiner eigenen Firma und versucht nun, mit neuen Managern das alte Image wieder herzustellen.

Henkell und *deSede* sind nur zwei von vielen Beispielen, wie der unreflektierte Drang nach steigenden Umsätzen Markennamen und damit Unternehmen ruiniert. Neckermann gehört dazu, der seinem Versandhaus den Ruf eines »billigen Jakob« eintrug und es schließlich unter die Gewinngrenze manipulierte. AEG verlor seine Position als unbestrittenes Vorbild für Innovation und Qualität. Arbeitnehmer sind heute nicht mehr stolz darauf, »Kruppianer« zu sein.

»Corporate identity«

Der Konzern AEG hatte selbst das erfunden und bewußt entwikkelt, was heute als »Unternehmenskultur« oder »Unternehmensphilosophie« eine anerkannte Grundlage für wirtschaftlichen Erfolg ist. Um die Jahrhundertwende bereits hatte der Designer Peter Behrens für den Elektrokonzern ein Markenzeichen entworfen, das zum Begriff gemacht wurde. Das Symbol allein allerdings brachte nicht den Erfolg. Mit ihm identifizierten Konsumenten und Mitarbeiter ein Unternehmen, das sich durch Leistungen einen unantastbaren Ruf geschaffen hatte. Der Stolz auf ihr Werk und seine Produkte trieb die AEG-Mitarbeiter an, aus eigenem Interesse auf höchste Qualität ihrer Arbeit zu achten. Der Konsument wieder honorierte diese Einstellung mit fast blindem Vertrauen in die Erzeugnisse des Unternehmens. Heute vertreibt AEG Waren unter einer so verwirrenden Vielfalt von Markennamen, daß dem Abnehmer die Identifizierung des Anbieters nicht mehr möglich ist.

In den Wachstumsjahren nach dem Zweiten Weltkrieg vernachlässigte die Mehrzahl der Unternehmen die Pflege solcher Werte sträflich. Die Geschäfte liefen ausgezeichnet. Die Kasse stimmte. Der Zahlenfetischismus der Manager ließ keinen Platz für unkalkulierbare Komponenten wie »Kultur« oder »Philosophie«. Es wurde fast anrüchig, solche atmosphärischen, emotionalen Begriffe in die angeblich so nüchterne Welt der Wirtschaft einzubeziehen.

Die Grundideen von AEG waren allerdings nicht vergessen. Sie wurden in den USA aufgegriffen und mit beträchtlichem Erfolg weiterentwickelt. Man muß nur einmal prüfen, wie viele amerikanische Marken- und Firmennamen einem Bundesdeutschen spontan einfallen, selbst wenn er mit ihren Produkten nie in Berührung kam: IBM, *Kodak, Procter & Gamble,* 3M und andere. Es ist kein Zufall, daß ausgerechnet diese Konzerne von Fachleuten weltweit zu den am besten geführten Unternehmen gezählt werden.

Nach Deutschland kamen die Vorstellungen von Unternehmenskultur in den 70er Jahren zurück, reimportiert von den inzwischen sehr gefragten Werbeleuten und Unternehmensberatern aus New York. Was einst von patriarchalischen Unternehmern unbewußt eingeführt worden war und in den »Betriebsfamilien« ohne großen theoretischen Unterbau wuchs, hieß nun allerdings eindrucksvoll *corporate identity.* Es wucherte zu komplizierten Ideologien aus und wird inzwischen von seinen Propheten – meist PR-Spezialisten – als Allheilmittel für sämtliche unternehmerischen Probleme angepriesen. Im Originalton klingt das bei dem Berliner Berater Klaus Kneip so: »Corporate identity oder Unternehmensidentität ist die zentrale Kommunikationsstrategie des Unternehmens und damit auch dessen zentrale Führungsstrategie, die – mittels Kommunikationsarbeit als integrierte Sozialtechnik des Unternehmens – nach innen und außen maximale Interaktionssynergie anstrebt und damit eine Ökonomie der vorhandenen Kräfte bewirkt.« Beim alten Gottlieb Daimler, dessen Unternehmensphilosophie immer noch die *Daimler-Benz AG* zu einer positiven Ausnahme in der Bundesrepublik macht, klang das viel einfacher: »Das Beste oder nichts.« Bis heute haben die nachfolgenden Manager keinen Anlaß gesehen, diese Philosophie zu erweitern.

Briefkopf statt Kultur

Wie in vielen anderen Bereichen stehen die Manager bei ihrer Suche nach einem Ausweg aus der Krise auch auf dem Gebiet der *corporate identity* vor dem Problem, daß sich selbst die Experten nicht über die Definition des Begriffes einigen können. Die einen sehen »Unternehmenskultur« als rein internes Instrument zur Verbesserung des Betriebsklimas und der Motivation der Mitarbeiter, andere als verlängerten Arm der Werbung, die dritten als Mischung aus beidem. Die bombastische Fassade bröckelt aber schnell ab, wenn es um praktische Beratung geht. Die umfassende *corporate identity* reduzierte sich sehr schnell auf das viel enger definierte *corporate design,* auf die Imagewerbung mit rein äußerlichen Methoden. Anspruchsvolle Programme entpuppen sich in der Praxis als konzernweit vereinheitlichte Formulare, Briefköpfe und Visitenkarten, eine Hausfarbe, gelegentlich ein modernisiertes Firmensymbol.

Das bleiben kosmetische Maßnahmen, wenn nicht gleichzeitig Anstrengungen unternommen werden, dem Unternehmen klare, auch nicht-wirtschaftliche Ziele zu setzen, mit denen sich die Mitarbeiter identifizieren können und die in der Öffentlichkeit ein glaubwürdiges positives Bild ergeben. Daran mangelt es allerdings noch sehr stark. Mehr als 200 große deutsche Unternehmen haben inzwischen zwar eine Art Philosophie niedergeschrieben, meist »Führungsrichtlinien« genannt. Darin stehen so schöne Ansichten wie »Freude am selbständigen Mitdenken und Handeln haben« *(Krauss-Maffei),* »durch Anregung und Motivieren die im Mitarbeiter liegenden Kräfte aktivieren« *(Klein, Schanzlin & Becker),* »in Menschen und Situationen die positiven Möglichkeiten erfassen und fördern« *(AEG-Telefunken),* »daß sich jeder Mitarbeiter mit seiner Abteilung wie mit der Gesellschaft identifiziert« *(Massey-Ferguson),* »seine menschliche Haltung zu vervollkommnen« *(Böhringer Mannheim).* Karl Heinrich Rüßmann, der diese Beispiele für das »Manager-Magazin« sammelte, fährt fort: »Im Kontrast zu solchen Bekenntnissen stehen die Ausführungsbestimmungen für die praktische Arbeit. Dort begrenzen die Firmen den Handlungsspielraum ihrer Führungskräfte oft auf ein Minimum. Paragraphen über Rechte und Pflichten füllen viele Seiten der Führungsrichtlinien.« Der kreative Spielraum für den Mitarbeiter ist vom Top-Management sehr stark eingeengt.

Verantwortlich dafür ist sicher auch der grundlegende Fehler vieler Unternehmen, in ihre Planungen den Menschen als ein kalkulierbares, mit vorhersehbaren Reflexen reagierendes Wesen einzusetzen, gewissermaßen als Pawlowschen Mitarbeiter. Damit läßt sich natürlich leichter manipulieren als mit komplexen, schillernden Einzelpersönlichkeiten, auf deren ökonomische Funktionen auch soziale Verhaltensweisen starken Einfluß nehmen. Nur in den öffentlichen Verlautbarungen der Unternehmen heißt es eindrucksvoll, für sie stehe »der Mensch im Mittelpunkt«. In der Praxis aber reduziert sich dieser Anspruch, den Mitarbeiter voll zu integrieren und dadurch zu motivieren, oft auf die Ausgabe von einheitlichen Firmenkrawatten. Allein der Schlips-Hersteller *Alpi* gewinnt jedes Jahr 60 bis 70 neue Kunden hinzu, die das schmale Seidenband mit dem Firmenemblem (zum Preis von 20 bis 25 Mark pro Stück) kaufen. Bei *Continental Gummi-Werke AG* tragen inzwischen alle Führungskräfte die Firmenkrawatte, vor allem bei öffentlichen Auftritten. Und die *Deutsche Bank* gab allen 45 000 Mitarbeitern ein Emblem für den Hals – den Männern auf Schlipsen, den Frauen auf Tüchern. Die Keksfabrik *H. Bahlsen KG* rühmt das »Wir-Gefühl«, das durch die Krawatte öffentlich demonstriert werde.

So wichtig es ist, der Öffentlichkeit ein einheitliches, leicht identifizierbares Bild von einem Unternehmen zu bieten, so wenig dürfen die Bemühungen auf diesem Gebiet bei kosmetischen Operationen stehenbleiben. Zu oft aber wird von den Managern verdrängt, daß das Image ihrer Firma in der medienfreudigen Gegenwart nicht mehr von ihren eigenen Aussagen bestimmt wird. Die chemische Industrie kann zum Beispiel durch Anzeigenserien über ihr hohes Umweltbewußtsein nicht ohne weiteres vergessen machen, daß gleichzeitig Zeitungen und Fernsehen berichten, die meisten der im Mittelmeer gefangenen Fische und Schalentiere seien wegen Verseuchung durch Chemikalien für den menschlichen Genuß nicht mehr geeignet.

Das »soziale Wesen«

Häufig vergessen die Manager, daß ihr Unternehmen ein »soziales Wesen« ist, wie es der amerikanische Autor William G. Ouchi nennt. Ihr Betrieb kann nur in einer gesunden Umwelt gedeihen. Carl H. Hahn, Vorstandsvorsitzender der *Volkswagenwerk AG*, bejaht natürlich auch die soziale Verpflichtung seines Werkes. Doch er schränkt ein: »Ich kenne kein Unternehmen in Deutschland, das seine private Konjunkturpolitik betreiben oder ausschließlich soziale Gesichtspunkte zur Richtschnur seines Handelns machen könnte. Das kann kein Unternehmen ... durchstehen. Zuerst müssen einmal Werte erarbeitet werden.« *Daimler*-Finanzchef Eduard Reuter dagegen stellt wirtschaftliche und soziale Aufgaben gleichberechtigt nebeneinander: »Rationeller und sparsamer Umgang mit Energie, präventiver anstelle von nachträglichem Umweltschutz, ökologisch-ökonomische Kreislaufsysteme anstelle von Verschwendungswirtschaft – alles Aufgaben, die im Kräftedreieck Staat, Großunternehmen, Gewerkschaften jeweils spezifische, sich ergänzende Beiträge abverlangen. Wer wirtschaftlich-sozialen Konsens auf die zweifellos wünschenswerte Rückkehr zu einer neuen konzertierten Aktion einengt, hat die Zeichen der Zeit nicht begriffen. Jede derartige Veranstaltung könnte gegenwärtig ohnehin leicht als Kamineckendiplomatie dahinkümmern.«

Gesellschaftsorientiertes Marketing

Die gesellschaftliche Verantwortung wird von den Managern allzuoft dem »Sozialklimbim« zugerechnet und mit der Begründung vernachlässigt, für vage Gefühle sei im nüchternen Geschäftsleben kein Raum. Sie übersehen dabei, daß ihr Unternehmen nur mit und von der Gesellschaft leben kann. Dort sitzen schließlich die Kunden. Wenn ein Betrieb schon nicht gesellschaftliche Entwicklungen bewußt beeinflussen will, dann muß er sie wenigstens sehr genau beobachten und in seine strategische Planung einbeziehen. Hans Raffée und Klaus-Peter Wiedemann vom Institut für Marketing an der Universität München stellen fest: »Ein gesellschaftsorientiertes Marketing ist ein wichtiger Impulsgeber für eine effiziente Unternehmensführung.« Vor allem die Produktionspolitik muß sich nach den Wertvorstellungen der Bürger richten, wenn sie nicht im luftleeren Raum hängenbleiben will. Eine Umfrage der Hamburger Illustrierten »stern« macht deutlich, was den Menschen in der Bundesrepublik heute wichtig ist. Nur die Schaffung neuer Arbeitsplätze bedeutet ihnen mehr als die Erhaltung von Umwelt und Natur. 89 Prozent halten es für »sehr oder ziemlich« wichtig, umweltfreundliche Produkte zu fördern. Knapp dahinter folgt die Nutzung alternativer Energiequellen, die Bekämpfung der Rohstoffverschwendung, der Bau menschenfreundlicher Städte. Diese Wertvorstellungen können den Unternehmen die künftigen Märkte aufzeigen.

Die Münchner Marketing-Forscher Raffée und Wiedemann gehen noch einen Schritt weiter. Sie meinen, ein nur marktwirtschaftliches Ausnutzen der neuen Bedürfnisse der Menschen reiche nicht mehr aus. Die Bürger erwarteten von Unternehmen, daß sie aktiv bei der Verwirklichung gesellschaftlicher Vorstellungen mithelfen: »Neben Beiträgen zur Entlastung der Arbeitsmärkte sowie zum Umweltschutz wird ein Engagement bei der Verwirklichung humanitärer und kultureller Ziele erwartet.« Die Münchner schlagen den Unternehmen vor, »Sozioprogramme« zu entwickeln, wie Stiftungen, Hilfe für sozial Benachteiligte und ähnliches. Wenn solche Programme in Marketing-Konzepte einbezogen würden, dann werde das Unternehmen im Wettbewerb Profil gewinnen und könnte in der veränderten Umwelt auch langfristig bestehen.

»An sozialem Gewissen ist sehr wenig vorhanden«

Diese Überlegungen werden von Managern jedoch nur selten ernst genommen. In der Regel sind sie nicht bereit oder nicht fähig, bei der strategischen Planung weit über das Fabriktor hinauszublicken. Darin waren sich alle meine Gesprächspartner verblüffend einig.

Ein Manager: »Auf schönen Konferenzen wird natürlich immer laut von der Verpflichtung gegenüber dem Gesamtwohl geredet. Aber jeder meint dann, daß entweder der Staat oder die anderen etwas tun sollen. Die Manager versuchen wohl mikro-ökonomisch – also im eigenen Werk – mit dem Nullwachstum fertig zu werden. Das geschieht in der Regel sehr egoistisch und auf Kosten anderer, so daß dadurch die Lage makro-ökonomisch – also für die gesamte

Volkswirtschaft – immer schlechter wird. An sozialem Gewissen ist bei meinen Kollegen sehr, sehr wenig vorhanden.«

Ein Berater: »Eindeutig die Mehrheit der deutschen Unternehmen denkt noch ausschließlich auf ihr Werk bezogen und vernachlässigt ihre soziale Verpflichtung. Sie übersieht, daß ein Unternehmen nur gesund sein kann in einer gesunden Umwelt. Die Manager wissen viel zu wenig über dieses Thema.«

Ein Gewerkschafter: »Es ist ein Grundfehler des kapitalistischen Prinzips, daß keine volkswirtschaftliche Gesamtrechnung gemacht wird, sondern daß jeder vor sich hin arbeitet und versucht, auf Kosten der anderen Gewinne zu machen. Der einzelne Manager kann diese Probleme nicht erkennen, da er in seiner ganzen Ausbildung darauf getrimmt ist, nur seine Firma zu vertreten.«

Der katholische Gesellschaftswissenschaftler Pater Basilius Dr. Heinrich Streithofen meint dazu: »Das ordnungspolitische Denken leidet an Strukturmängeln oder Strukturschwächen. Vor allem das marktpolitische Denken und die Gesamtwohlverantwortung bei den führenden Eliten fehlen. Mir sind in den letzten Jahren Manager von Großunternehmen begegnet, die genausogut ein Kombinat in der UdSSR leiten könnten, weil sie alles auf den Staat abwälzen. Und die Mentalität mancher Manager in Großunternehmen der Bundesrepublik ist mit der Mentalität russischer Manager austauschbar. Die könnten ein Kombinat leiten, hätten ihre Datscha, ihr Flugzeug und wären zufrieden.«

Der soziale Zusammenbruch einer Stadt

Dabei sollte es für Manager heute nicht mehr schwierig sein zu erkennen, welchen Multiplikatoreffekt ihre Entscheidungen in der Gesellschaft haben. Im August 1982 zum Beispiel mußte Heinz Kneißler, Geschäftsführer der *Carl Neff GmbH* im badischen Bretten, seinen 1950 Mitarbeitern mitteilen, das Unternehmen werde Konkurs anmelden. Die Herdfabrik war von ihrer Mutterfirma AEG mit in die Krise gerissen worden. Brettens Oberbürgermeister Alfred Leicht kommentierte: »Das ist die reinste Katastrophe.

Wir werden Notstandsgebiet.« *Neff* stellte fast ein Viertel der 8300 Arbeitsplätze im Ort. Die Schließung des Werkes würde die Arbeitslosigkeit von 4,4 auf mehr als 20 Prozent hochtreiben. Doch auch *Neffs* Zulieferer mußten schrumpfen: Eine Druckerei entließ sofort fünf Beschäftigte, ein kleines Glaswerk rechnete mit dem Verlust von etwa 35 Arbeitsplätzen, eine Kunststoff-Fabrik kündigte dem Betriebsrat Entlassungen an. Die einzigen beiden Großbetriebe in der Nähe von Bretten mit zusammen 4900 Arbeitsplätzen produzierten Teile für *Neff* und andere AEG-Firmen und waren ebenfalls gefährdet. Ein ganzer bislang gesunder Ort war durch die jahrelangen Managementfehler bei AEG an den Rand des sozialen Zusammenbruchs gerückt worden.

Ein solches Negativ-Beispiel zeigt wohl am klarsten, wie groß die gesellschaftliche Verantwortung eines Unternehmens ist. Krankt ein Betrieb, dann leidet auch seine gesamte Umgebung. Doch auch der Umkehrschluß sollte den Managern einleuchten: Zum Wohl der Firma muß die Umwelt weitgehend in Ordnung sein. Gesellschaftliche Entwicklungen sind deshalb für die Unternehmensführung von vitalem, vor allem auch wirtschaftlichem Interesse. Die Manager sehen das allerdings meist anders. Bei der bereits erwähnten Umfrage des Bamberger Betriebswirtschafts-Professors Eduard Gabele stellten die Führungskräfte das Wohl der eigenen Firma eindeutig über das Allgemeinwohl. Drei Thesen stimmten sie mehrheitlich zu: Der Manager braucht sich nicht um das Allgemeinwohl seiner Mitarbeiter zu kümmern; das Unternehmen müsse Beziehungen vordringlich zu Institutionen und Personengruppen halten, die der Firma konkrete Vorteile bringen; im Überlebenskampf dürfe das Unternehmen die Interessen anderer übersehen. Ebenso eindeutig lehnten sie drei gesellschaftliche Forderungen ab: Unternehmen sollten keine kulturellen Institutionen unterstützen, nicht zur Lösung internationaler Probleme beitragen und nicht den wirtschaftlichen Aufbau anderer Länder fördern. Pater Basilius Streithofen hat wohl recht, wenn er sagt: »Die gesellschaftlich verantwortlichen Eliten in unserem Staat meinen immer noch, wir säßen auf einer Insel.« Die entscheidende Frage ist, ob eine verständigere Generation in diese Elitepositionen nachrückt und dort die Fehler korrigieren kann.

14 Kungeln an der Spitze

Die Nachfolgeregelung krankt an der Eitelkeit der Chefs

Das Szenario ist nicht ungewöhnlich: Der alte Chef krallt sich über seine Zeit hinaus an die Herrschaft über »sein« Unternehmen. Zwei oder mehr potentielle Nachfolger scharren in den Startlöchern und rangeln mit Haken und Ösen eine Hierarchieetage tiefer um die beste Ausgangsposition für die eines Tages fällige Übernahme. Eine weitere Etage tiefer wissen die übrigen Manager nicht mehr – oder noch nicht –, auf welches Pferd sie setzen sollen, und ziehen sich vorsichtig in eine Wartestellung zurück. Mangels klarer Führung gerät das Unternehmen in Schieflage. Der Umsatz leidet. Die Krise steht ins Haus.

Das Szenario ist auch nicht theoretisch. Den Figuren in dem Drama können Namen gegeben werden: Der renommierte Haushaltsgeräte-Hersteller Gottlob Bauknecht leitete noch mit mehr als 80 Jahren sein Unternehmen wie der absolute Patriarch eines schwäbischen Handwerker-Betriebes, obwohl der Konzern in den 70er Jahren mit 13000 Beschäftigten einen Umsatz von 1,7 Milliarden Mark machte. Seine beiden Söhne Günter und Gert nannte der Firmengründer zwar öffentlich »nicht satisfaktionsfähig«, überließ ihnen aber trotzdem bei seinem Tod 1976 die Alleinherrschaft in der *G. Bauknecht GmbH.*

Die Nachfolger wirtschafteten wie der Vater. Autoritärer Führungsstil, organisatorisches Chaos und Geheimhalten wichtiger Informationen selbst vor den eigenen angestellten Managern sorgten dafür, daß nur die Besitzer einen gewissen Überblick über das kompliziert verschachtelte Imperium hatten. So wurde nie eine konsolidierte Konzern-Bilanz, keine Weltbilanz, keine Auflistung der Gesellschafterverhältnisse erstellt. Dagegen kümmerten sich die Brüder intensiv um alle Kleinigkeiten in ihren Betrieben – um unwichtige Personalentscheidungen, um den Verkauf von Altmetall, sogar um Hotelbuchungen. Selbst angestellte Manager im zweiten Glied überblickten nie, was in ihrem Unternehmen vorging. Zwangsläufig konnten diese Fachleute auch nicht wirkungsvoll an wichtigen Entscheidungen teilnehmen und beschränkten sich deshalb resigniert auf das Tagesgeschäft.

Sogar die Insider, die Leitenden Angestellten, standen daher völlig unvorbereitet vor der Katastrophe, als die *G. Bauknecht GmbH* im Oktober 1982 Konkurs anmelden mußte. Die Brüder hatten, ausschließlich mit Krediten von mehr als 40 Banken, unrentable Fabriken im Ausland aufgekauft und dadurch ihren Konzern ausgeblutet. Hätte Vater Bauknecht rechtzeitig einen fähigen Manager zu seinem Nachfolger bestimmt oder wären die Söhne wenigstens bereit gewesen, eine Gruppe von Fachleuten voll in die Unternehmensführung zu integrieren, dann könnte die Firma Bauknecht wohl heute noch prosperieren.

Die Wachablösung vor allem an der obersten Spitze von Unternehmen geht nur in Ausnahmefällen reibungslos über die Bühne – wie bei *Bosch* von Hans L. Merkle auf Marcus Bierich oder bei der *Bayer AG* von Herbert Grünewald auf Hermann-Josef Stenger. Viel häufiger erschüttern die Diadochen-Kämpfe und Intrigen um das höchste Amt das ganze Unternehmen – und nicht selten ist es der oberste Chef selbst, der nur verbal zum Rücktritt bereit ist, in Wirklichkeit aber mit allen Mitteln die Macht halten möchte.

Streit in der Familie

Besonders offen treten die Schwierigkeiten zutage, wenn Veränderungen an der Spitze eines Familienunternehmens notwendig werden. Eigner können ihren Eitelkeiten, ihrem Autoritätsglauben, ihrer Unfähigkeit zur Selbstkritik viel ungehemmter nachgeben als angestellte Top-Manager in anonymen Aktiengesellschaften. Vor allem wenn es darum geht, in einer personellen oder wirtschaftlichen Krise einen Fremdmanager von außen anzuheuern, behindern die Eigner den Erfolg öfter als sie ihn fördern. Das zumindest ermittelten die Frankfurter Personalberater Mülder und Partner durch eine Umfrage bei betroffenen Firmenbesitzern und angestellten Managern. Reibungslos funktioniert der Übergang in der Geschäftsführung eigentlich nur, wenn äußere Umstände wie Krankheit, Tod oder Ehescheidung eine Lücke von einer Generation reißen, die durch Außenstehende aufgefüllt werden soll. Die Suche nach einem Fremdmanager wird aber meistens notwendig, weil die Nachkommen in der Familie desinteressiert oder unqualifiziert sind (33 Prozent), weil die Besitzer aus eigenen Kräften eine wirtschaftliche Krise nicht bewältigen können (30 Prozent) oder weil sich die Erben aus Neid oder Mißgunst gegenseitig blockieren (12 Prozent). Glaubt die Familie die Komplikationen behoben zu haben, dann muß sich der Fremdmanager in der Regel nach einem neuen Job umsehen.

Selbst Einsicht in die Notwendigkeit eines Wechsels führt nicht immer zu Konsequenzen. Der Inhaber einer Unternehmensgruppe mit 1500 Beschäftigten gestand den Fragestellern von Mülder und Partner, seine Firma habe »eine Größenordnung erreicht, die es eigentlich nicht mehr erlaubt, allein auf die Familie abzustellen«. Trotzdem weigert er sich, einen Fachmann zu engagieren. Ein anderer schwärmt vom Nutzen einer »klaren Trennung von Eigentum und Management« – bleibt aber Alleingeschäftsführer seiner Holding GmbH und zugleich Mitglied des Verwaltungsrates. Wird aber ein Fremdmanager als zweiter Mann des Besitzers eingestellt, so muß er sich voll und ganz seinem Chef unterordnen, wenn er seine Position halten will. Er muß unmögliche Konditionen erfüllen: gleichzeitig eigene Initiative entwickeln und die Überlegenheit des Unternehmers anerkennen, Rückgrat zeigen und nicht widersprechen. Ein Manager, der diese Erfahrung gemacht hat, schildert den idealen Kandidaten: »Je größer seine Position ist, desto kleiner und unauffälliger muß seine Gestalt sein.«

Bei den anonymen Gesellschaften, die ausschließlich mit angestellten Managern arbeiten, wird dieselbe Situation nur etwas besser getarnt. Der Vorstandsvorsitzende oder gelegentlich auch einflußreiche Mitglieder des Aufsichtsrates übernehmen Rolle und Verhaltensweisen des Besitzers. Nicht ohne Grund nennen sich Top-Manager gerne »Unternehmer«. Meine Gesprächspartner in der Bundesrepublik (mit der verständlichen Ausnahme von Geschäftsführern selbst) waren sich einig, daß die meisten ganz nach oben Gestiegenen zutiefst überzeugt sind, sie seien qua Position automatisch die Besten in ihrem Unternehmen.

Zahlreiche Umfragen bestätigen diese Haltung. In 60 bis 70 Prozent aller Firmen ist der Führungsstil autoritär, und zwar um so stärker, je höher die Stellung des Führenden in der Hierarchie angesiedelt ist.

Vorbild Pavian

Der amerikanische Psychiater Adolphe D. Jonas schildert die Gefahren, die in der dünnen Luft der obersten Etagen von großen Unternehmen lauern: »In dem Maße, in dem der Manager mehr Macht gewinnt und mehr Verantwortung übernimmt, gerät er zunehmend in Isolierung. Er wird Gefangener seines Büros, während seine Mitarbeiter, die ihm dienen und ihn beschützen, seine Wächter werden. Die Gefahr dieses Beschütztseins und dieser Isolation besteht nicht nur darin, daß der Führende viele Facetten der äußeren Wirklichkeit nicht mehr wahrnimmt, sondern noch mehr darin, daß er daran gehindert wird, einige Aspekte seines Ichs zu erkennen. So kann ein Manager eine Position erreichen, in der fast alle seine menschlichen Kontakte Personen betreffen, deren Hauptanliegen es ist, ihm zu gefallen und ihn zu beeindrucken.« Ähnliche Erfahrungen berichtet auch ein deutscher Unternehmensberater, der immer wieder erlebt, daß Top-Manager beinahe menschenscheu werden. Adolphe D. Jonas entdeckt sogar verblüffende Parallelen zwischen dem Management und sozial hochentwickelten Tiergruppen: »Der Drang nach rangmäßig gewählten Territorien, Selektion der besten Weibchen und des besten Futters, das Festhalten an einem Ritus der Unterwerfung untergeordneter Männchen – das alles wiederholt sich in erstaunlicher Weise bei den Führenden der Gesellschaft menschlicher Primaten« – zum Beispiel durch die »Orden und Ehrenzeichen, die Einrichtung im Chefzimmer mit großem Schreibtisch, dickem Teppich, hohen Gummibäumen in großen Töpfen«. Die Paviane im zwölften Stock?

Es ist nur allzu menschlich, daß solche Umstände leicht zum Glauben an die eigene Unfehlbarkeit verführen. Wer bringt schon die Kraft auf, dem ständigen Lob der Umgebung nüchterne Selbstkritik entgegenzusetzen. Und nur wenige Unternehmen haben in ihre Betriebsverfassung Sicherungen gegen diesen Kurzschluß der menschlichen Natur eingebaut. Die Folge ist, daß an der Spitze vieler Firmen Frauen oder Männer sitzen, an deren allumfassender Kompetenz niemand zweifelt, auch nicht sie selbst. Zwangsläufig entsteht daraus eine Selbstüberschätzung und Eitelkeit, die schon manches Unternehmen in ernsthafte Schwierigkeiten gebracht hat.

Ein besonders krasses Beispiel dafür lieferte 1979 der Finanzchef des VW-Konzerns, Friedrich Thomee. Die Wolfsburger hatten nach dem ersten Ölschock beschlossen, ihre gewaltigen Kapitalreserven von fast sechs Milliarden Mark in zukunftssichere Diversifikation zu investieren. Fusionspläne mit dem Maschinenbaukonzern *Gutehoffnungshütte,* der *Metallgesellschaft* und der *Nixdorf Computer AG* wurden mit überstürzter Eile angegangen und scheiterten an der Hektik der Autobauer. Thomee hatte schließlich über einen Bekannten, den Münchner Bankier August von Finck junior, erfahren, daß die Büromaschinenfirma *Triumph-Adler AG* (TA) zum Verkauf angeboten sei. Von Finck und später vom TA-Chef Gerd E. Weers ließ sich Thomee überzeugen, die Nürnberger Firma sei mit modernsten elektronischen Produkten gut im Markt vertreten sowie finanziell und technologisch kerngesund.

Geblendet von der Möglichkeit, mit einem letzten Coup am Ende seiner langen Karriere VW im Computer-Zeitalter zu etablieren, erwarb der damals 61jährige Thomee in streng geheimgehaltenen Verhandlungen 55 Prozent Anteile der TA vom amerikanischen Besitzer, dem Konzern *Litton* – zum Preis von 350 Millionen Mark. Nach Unterzeichnung der Verträge rühmte Thomee seinen Erwerb als »eine Perle der deutschen Datenverarbeitung«. Erst dann ließ der VW-Konzern, der im eigenen Haus nicht genügend Know-how zur Beurteilung der Elektronik-Branche hatte, seine neue Tochter genau durchleuchten. Das Ergebnis war niederschmetternd: *Triumph-Adler* war zwar mit schlichten elektromechanischen Schreibmaschinen gerade noch konkurrenzfähig. Von zukunftsweisendem Know-how in der Computer-Branche konnte jedoch keine Rede sein. VW hatte für eine kranke Firma beträchtlich zuviel gezahlt. Von Thomee in seinem Eifer eingegangene Verpflichtungen zwangen die Autobauer, in den kommenden Jahren noch weitere TA-Anteile zu kaufen. Bis 1981 hatte VW mit Kaufpreis und jährlichen Verlusten bereits etwa eine Milliarde in die Akquisition gesteckt und dafür nur einen Sanierungsfall erworben.

Fast die gleiche Summe – nämlich 898 Millionen Mark – setzte der Gesellschafter der Privatbank *Schröder, Münchmeyer, Hengst & Co* (SMH-Bank), Ferdinand Graf von Galen, in den Sand, indem er – wie erwähnt – jahrelang die *Internationale Baumaschinen-Holding* (IBH) des Abenteurers Horst-Dieter Esch mit Krediten finanzierte, oft hart an der Grenze der Legalität.

Hierarchie der Greise

Erschreckend in beiden Fällen – Thomee und Galen – ist die Tatsache, daß einzelne Manager Milliarden-Summen an Projekte verschwenden können, die selbst einer oberflächlichen fachlichen Prüfung nicht standhalten würden. Das kann nur damit erklärt werden, daß Zweifel an den Entscheidungen der Obersten nicht üblich sind. Sie kommen selbst dann nicht auf, wenn der Chef weit über das Rentenalter hinaus an seinem Sessel klebt. Und falls sie vorhanden sind, führen sie selten zu Konsequenzen. So ergibt sich oft das Bild, daß die Geschicke eines Unternehmens – und seiner Arbeitnehmer – von einem Mann abhängen, der in der ungeordneten Nachkriegszeit im ungehemmten Wachstum seine Erfolge hatte und heute den viel komplexeren Problemen des veränderten Marktes mit markigen Worten und dem Warten auf die Wiederkehr der guten alten Zeit begegnet. Scheidet er dann schließlich doch aus dem aktiven Dienst aus, so läßt er sich oft den Vorsitz im Aufsichtsrat seiner eigenen Firma aushändigen und greift von dort aus mit seiner alten Hausmacht immer noch in das Tagesgeschehen ein. Es wäre utopisch zu erwarten, daß er nun als Aufseher plötzlich all die Fehler entdecken und ausmerzen könnte, die er oft noch selbst vorprogrammiert hat.

Ähnliche Probleme scheinen in der japanischen Industrie inzwischen erkannt worden zu sein, obwohl dort noch stärker als bei uns eine Hierarchie der Greise die Wirtschaft dominiert. Immer häufiger geben im Land der aufgehenden Sonne die alten Patriarchen aus eigenem Antrieb Positionen und Macht ab, weil sie nach eigenem Eingeständnis den schnellen Veränderungen der modernen Zeiten nicht mehr folgen können. Präsident Masao Funashi vom Elektrokonzern *Furukawa Electric* resignierte, »weil ich von Technik nichts verstehe«. Ähnliche Begründungen für ihren Rücktritt gaben die Chefs von *Nippon Kogaku,* Takateru Koakimoto, und vom Textilfaserhersteller *Terjin,* Tomo Tokusue.

Wunderheiler aus St. Moritz

In der Bundesrepublik läuft das Krisenmanagement noch anders ab. Zeigen sich Anzeichen von Schwäche in einem Unternehmen, so werden erst einmal jene Abteilungen gesäubert, in denen die Symtome auftreten. Klappt der Absatz nicht mehr, dann sind die Marketing- und Vertriebsmanager in Gefahr. Passen die Produkte nicht mehr zum Markt, dann müssen sich die Verantwortlichen in Entwicklung und Produktion vorsehen. Hektisch werden am Arbeitsmarkt neue Leute gesucht, die oft nur verfügbar sind, weil sie in ihrem vorherigen Betrieb ähnlichen Denkschemata zum Opfer fielen. Erst wenn die Rotation in den unteren Etagen keine Erfolge zeigt – was die Regel ist – und der Abschwung sich noch beschleunigt, dann stehen auch die obersten Posten zur Disposition. Meist ist es dann schon zu spät. Statt nun aber äußerst sorgfältig die Fehler der Vergangenheit zu analysieren und auf dieser Grundlage eine Persönlichkeit mit genau festgelegten Talenten zu suchen, wird von den Verantwortlichen in ihrem Bekanntenkreis blauäugig ein Wunderheiler ausgeguckt.

So wurde der Arzt für den kranken Riesen AEG gefunden. Als ein Vorstandsvorsitzender für den gewaltigen Konzern gesucht wurde, empfahl der Chef des Konkurrenten *Bosch,* Hans Merkle, den Stuttgarter Unternehmer Heinz Dürr. Den zeichneten zwei

Erfolge aus: Er führte – wie schon erwähnt – den mittelständischen Familienbetrieb gewinnbringend, und er war als ausgleichender Partner bei Tarifverhandlungen gut mit der Industrie-Gewerkschaft Metall zurechtgekommen. *Dresdner-Bank*-Chef Hans Friderichs, Hauptgläubiger der AEG und selbst mehr Politiker als Manager, redete mit dem Kandidaten einen Tag lang im *Palace-Hotel* des Schweizer Nobel-Skiorts Sankt Moritz (warum eigentlich nicht im billigeren Stuttgart?) und stellte Dürr als Sanierer an.

Auf Bergwanderungen in der Umgebung des gleichen Sankt Moritz wurde auch der Manager Klaus Götte angeheuert, um als Nachfolger des glücklosen Manfred Lennings den Maschinenbaukonzern *Gutehoffnungshütte* wieder in die schwarzen Zahlen zu bringen. Götte hatte zwar seine Erfahrungen vor allem bei Banken und Versicherungen gesammelt und den Ruf eines typischen »Jobhoppers«, der sich seinem Unternehmen nicht sehr verbunden fühlt. Seine Karriere-Sprünge hatte er stets mit einem Wechsel des Arbeitgebers verbunden. Für den Job bei GHH empfahlen ihn aber andere Talente: Er ist befreundet mit Paul Lichtenberg, dem Vertreter der *Commerzbank* im Aufsichtsrat von GHH und mit Wolfgang Schieren, dem Chef der *Allianz-Versicherungen.* Gegen den Willen dieser beiden Hauptaktionäre aber kann kein Vorstandsvorsitzender für die GHH gekürt werden.

Sucht eine Firma einen Facharbeiter oder einen Angestellten, so spielt sie souverän auf der Klaviatur der Bestenauslese. Der Bewerber muß Zeugnisse vorlegen, Eignungstests bestehen, in psychologisch ausgetüftelten Interviews selbst intime Fragen beantworten und Referenzen beibringen. Wird aber die Person gesucht, die für das gesamte Unternehmen, für Vermögenswerte von Milliarden Mark und für die Beschäftigung von Zigtausenden die Verantwortung übernehmen soll, dann wird auf Spaziergängen im Engadin gekungelt. Dann scheint der ganze teure Apparat mit Personalchefs, Psychologen, Assessment-Center nicht mehr notwendig zu sein. Die Intuition weniger Verantwortlicher scheint auszureichen, selbst wenn genau die gleiche Intuition schon den gescheiterten Vorgänger gefunden hat.

Teure Fehler

Fachleute sind sich einig, daß heute eine breite Palette von wirkungsvollen Eignungstests für alle Hierarchiestufen zur Verfügung steht. Ist erst einmal eine genaue Stellenbeschreibung erstellt, dann kann aus einer Gruppe von Kandidaten der Geeignete mit einer hohen Trefferquote ausgesiebt werden. Auf den unteren Ebenen des Managements funktioniert diese sachliche Methode auch. Wenn ein Skeptiker behauptet, das ganze Arsenal werde nur angewendet, um einen Universitätsabsolventen in den passendsten ersten Job zu lenken, dann ist das gewiß übertrieben. Auch Bewerber für das Mittelmanagement werden noch durch diese Mühle gedreht, und sei es nur von den Personalberatern, die sie vermitteln. Denn schließlich ist es nicht billig, eine Führungskraft von außen zu rekrutieren. Mit Honorar des Personalberaters, Anzeigen, Einarbeitungs- und Anlaufzeit kostet ein neuer Manager den Betrieb im ersten Jahr zwischen 250 000 und 500 000 Mark. Erweist sich seine Wahl als falsch, dann stellt diese Summe eine beachtliche Fehlinvestition dar. Trotzdem geschieht es häufig, daß die so teuer erworbene Ware »Manager« nicht gerade pfleglich behandelt wird.

Während der Einarbeitungszeit werden oft so grobe Fehler gemacht, daß der Neue entweder nicht seine volle Effizienz einsetzen kann oder resigniert und wieder auf Stellensuche geht. Im Schnitt verläßt jede dritte neue Führungskraft nach einem Jahr das Unternehmen. Die wenigsten Firmen können ihren Anfängern schriftliche Hilfen wie verbindliche Organisations- oder Stellenbeschreibungen in die Hand geben. Zudem werden sie in den ersten Monaten bewußt »geschont«. Sie fühlen sich folglich unter Wert genutzt und demotiviert. Die hohe Verantwortung, der Anspruch an ihre Kreativität und Initiative, die in fast allen Bewerbungsgesprächen betont werden, sind in der praktischen Arbeit oft nicht mehr gefragt. Ebensowenig verwirklichen sich die in Aussicht gestellten Aufstiegschancen. Statt dessen muß sich der Neue aus eigener Kraft in dem auch von Kollegenseite nicht immer freundlichen Umfeld eine Arbeitsnische schaffen, die nicht unbedingt seinen Erwartungen entspricht. Ein großer Teil seiner Energie geht in innerbetrieblichen Reibungen verloren, anstatt in Leistungen umgesetzt werden zu können. Nach Erfahrungen der Kienbaum-Unternehmensberatung führt diese Frustration innerhalb von sechs bis neun Monaten zur Kündigung, wenn nicht von Vorgesetzten Anstrengungen unternommen werden, das Klima zu verbessern.

Trend zum Mittelmaß

Je höher die Position angesiedelt ist, desto schwieriger wird die Lage des potentiellen Aufsteigers. In diesen Regionen werden bei Bewerbungen und Beförderungen immer stärker berufliche Fähigkeiten durch persönliche Beziehungen ersetzt. Der brillante Unruhestifter mit neuen Ideen hat es hier viel schwerer als der geschmeidige Anpasser mit der bereitwilligen Bewunderung des Chefs. Dazu kommt an der Spitze – auf der ersten und zweiten Management-Ebene – die obenerwähnte Überzeugung, daß der Vorgesetzte automatisch auch der Bessere sei. Das verhindert zwangsläufig, daß der zweite Mann fähiger ist. Stellvertreter und Nachfolger werden deshalb – unbewußt – so ausgewählt, daß sie immer ein wenig unter dem Niveau des Chefs stehen. So werden die Führungsqualitäten langsam, aber sicher auf Mittelmaß heruntergebracht.

Ein Unternehmensmakler im Ruhrgebiet, der Deutschlands große und kleine Betriebe und ihre Top-Manager intim kennt, entwickelte eine faszinierende Theorie, warum dieser allmähliche Abstieg nicht schon längst in die Katastrophe geführt hat: »Die Wirtschaftswunder in Deutschland sind immer nur zustande gekommen, weil eine Generation von Unternehmern ihre natürlichen Nachfolger nicht selbst aussuchen konnte. Bis in die 90er Jahre des vorigen Jahrhunderts haben wir vorwiegend Adlige in der Industrie gehabt. Dann kam der große Krach, und dann spielten sich ganz andere Leute in den Vordergrund, die den Boom von 1905 bis 1914 schufen. Dann brach wieder alles zusammen. 1924 kam ein liberales Bürgertum hoch, das als Selfmademen Erfolg hatte. Als die alt wurden, 1935, 1936, kamen Speers junge Leute. Die wurden 1945 eingesperrt. Danach arbeiteten sich Flüchtlinge,

Rückwanderer, Ausgebombte hoch, Leute, die bei Null anfingen. Die suchen jetzt ihre Nachfolger selbst, fast zum ersten Mal in unserer Geschichte. Diese Nachfolger müssen sein: erstens kreuzbrav; zweitens: wenn die Alten blaue Anzüge tragen, dürfen die Jungen auch nur blaue Anzüge tragen. Drittens müssen sie ein schlechtes Familienleben führen wie die Alten. Diese Kinder der Reichen sind schon von frühester Jugend an verwöhnt und können sich nicht durchsetzen.«

Der Makler scheint durch seinen Umgang mit der Führungselite der Wirtschaft (zu der er selbst wohl auch zählt) recht desillusioniert und zynisch geworden zu sein. Aber auch der amerikanische Nationalökonom John Kenneth Galbraith stellt fest, »daß konzernimmanente Verblödung zu den Kennzeichen des modernen Unternehmens gehört und sich selbst perpetuiert. Mittelmäßigkeit pflanzt sich ebenso fort wie Brillanz.«

DIE CHANCEN

Aufsicht, Ausbildung und Führung können die Krise überwinden

15 Verletzte Aufsichtspflicht

Verbesserte Kontrolle kann Fehler verhindern

Der Skandal hatte viele Jahre angedauert, und immer wieder waren deutliche Zeichen davon in der Öffentlichkeit diskutiert worden. Unzufriedene Mieter, Journalisten und Konkurrenten aus dem Baugewerbe klagten mit erschreckender Regelmäßigkeit über rüde und oft unseriöse Methoden des gewerkschaftseigenen Baukonzerns *Neue Heimat.* Dessen Chef Albert Vietor, seiner Macht und seines Gehabes wegen »King Albert« genannt, ging auf die Kritik nur ein, indem er die Kritiker beleidigte oder überheblich alles leugnete. Vietor konnte sich diesen Ton leisten. Denn erstens ist es in Wirtschaft und Politik der Bundesrepublik ein festgefügter Brauch, jenen als »Nestbeschmutzer« zu beschimpfen, der auf den Dreck im Nest hinweist - nicht den, der den Schmutz verursacht hat. Und zweitens hatte Vietor in seiner selbstherrlichen Art die Unternehmensgruppe *Neue Heimat Städtebau und Gemeinnützige* zu Europas größtem Baukonzern gemacht. »King Albert« hatte den Beweis erbracht, daß die Gewerkschaften eigentlich die besseren Unternehmer seien, und er war deshalb beinahe sakrosankt.

Erst als das Nachrichtenmagazin »Spiegel« Anfang 1982 enthüllte, daß Vietor und seine Kollegen im Vorstand der *Neuen Heimat* sich jahrelang über Strohmänner schamlos an ihren Kunden bereichert hatten, stürzte »King Albert« von seinem Thron. Als der DGB nach dem Eklat die Scherben aufräumte, wurde deutlich, daß Vietor und seine Kollegen nicht nur als Gewerkschafter, sondern auch in ihrem Beruf als Manager kläglich versagt hatten. Bei nüchterner Prüfung wiesen die Bücher der *Neuen Heimat* aus, daß der Konzern hinter seiner glanzvollen Fassade gewaltige Verluste angehäuft hatte. In dem Jahr nach dem Skandal mußte der DGB fast eine Milliarde Mark aufbringen, um sein leckes Unternehmens-Flaggschiff flottzuhalten. Vietors Mismanagement strapaziert noch heute die Gewerkschaftskassen.

Vietor und sein Vorstand konnten nicht gerettet werden. Sie wurden in Schimpf und Schande davongejagt, ab in die Villa im Tessin. Wenigstens darin unterscheiden sich die Gewerkschaften von den Unternehmern: In der Industrie werden ähnliche Skandale in der Regel mit satten finanziellen Abfindungen für den Mis-Manager zugedeckt. Doch wie bei jedem »normalen« Firmenzusammenbruch blieb auch bei der *Neuen Heimat* ein wichtiger Aspekt des Skandals im dunkeln: Warum hatten die Kontrolleure Vietors nicht frühzeitig die Zeichen des Zerfalls erkannt? Zwölf Jahre lang war der DGB-Vorsitzende Heinz-Oskar Vetter Vorsitzender des Aufsichtsrates der *Neuen Heimat.* Ihm zur Seite saßen im Kontroll-Gremium die Chefs der stärksten Einzel-Gewerkschaften. Zwölf Jahre lang hörten sie die Klagen der Kunden über »King Alberts« Reich. Doch sie hielten es nie für notwendig, nachzuforschen oder gar einzugreifen. Erst die Medien erfüllten von außen her jene Aufsichtspflicht, die eigentlich Aufgabe von Vetter und Genossen gewesen wäre.

Das Versagen des Aufsichtsrates fiel bei der *Neuen Heimat* vielleicht nur deshalb so besonders auf, weil nach Bekanntwerden des Skandals Hunderttausende von Gewerkschaftsmitgliedern die Aufgabe der Kontrolleure mitübernahmen und durch ihre Proteste verhinderten, daß der Ärger intern bereinigt wurde. Als die *Gutehoffnungshütte* auf einer Hauptversammlung eingestehen mußte, daß sie durch Fehlinvestitionen im Ausland und falsche Akquisitionen im Inland gut 150 Millionen Mark aus ihrem Kapital verschludert hatte, forderten Vertreter der Kleinaktionäre ebenfalls den Rücktritt des Vorstandes und rügten den Aufsichtsrat, der deutliche Alarmzeichen nicht gesehen hatte. Doch diese Kritik ging in den trockenen Berichten auf den Wirtschaftsseiten der Zeitungen als kuriose Randerscheinung unter. Der Aufsichtsrat erteilte dem Vorstand und damit sich selbst Entlastung. Konsequenzen wurden nicht gezogen. So geschieht es immer wieder. Der Aufsichtsrat reagiert erst, wenn die roten Zahlen beim besten Willen nicht mehr zu übersehen sind. Dann sind nicht mehr Korrekturen, sondern höchstens noch Reparaturen möglich.

Die Industrie braucht aber in Zukunft Kontrollgremien, die im ständigen Dialog mit den Geschäftsführungen rechtzeitig Fehlerquellen entdecken und entschärfen. Dazu müssen weder die Gesetze noch die Instrumentarien geändert werden. In der Bundesrepublik sind die Voraussetzungen für eine effektive Kontrolle durchaus gegeben. Die entsprechenden Werkzeuge müssen nur den richtigen Leuten in die Hände gegeben werden.

»Dumm und frech«

Die Aufgaben in der Führung von Unternehmen (vor allem Aktiengesellschaften) sind vom Gesetz mit der erklärten Absicht festgeschrieben worden, daß Exekutive und Kontrolle in getrennten Händen liegen müssen und dadurch Interessenkollisionen vermieden werden. Paragraph 76 Absatz 1 des 1937 erlassenen, 1965 nur geringfügig geänderten Aktiengesetzes legt fest, daß der Vorstand in eigener Verantwortung die Geschäfte führt. Paragraph 111 überträgt dem Aufsichtsrat als Vertreter der Besitzer – sprich Aktionäre – die Pflicht, die Maßnahmen der Geschäftsführung zu überwachen, und zugleich das Recht, in einer Satzung festzulegen, daß gewisse Geschäfte – wie große Investitionen, Strukturveränderungen und ähnliches – nur mit seiner Genehmigung getätigt werden können. Paragraph 84 gibt dem Aufsichtsrat ein Instrument zur Steuerung und Strafe in die Hand: Nur er darf die Mitglieder des Vorstandes berufen und deren Verantwortungsbereiche festlegen, und er kann die Geschäftsführung jederzeit entlassen, wenn wichtige Gründe vorliegen. Als ein solcher Grund reicht bereits, daß der Aufsichtsrat kein Vertrauen mehr zum Vorstand hat.

Der Bankier Carl Fürstenberg, zu Bismarcks Zeiten Präsident der *Berliner Handelsgesellschaft* und durch seine bösartig treffenden Bemerkungen zur Legende geworden, äußerte sich auch über die Anteilseigner und ihre Ansprüche: »Aktionäre sind dumm und frech. Dumm, weil sie fremden Menschen ihr Geld geben. Frech, weil sie dafür auch noch Gewinn erwarten.« Das hinderte den gleichen Fürstenberg allerdings nicht, als Aktionärsvertreter im Aufsichtsrat der damals noch jungen AEG Ende des vergangenen Jahrhunderts mit seinen Ratschlägen das Unternehmen auf seinen erfolgreichen Kurs zu steuern. Er scheute sich nie, von seiner Kontrollposition aus Einfluß zu nehmen, rechtzeitig zu warnen, Kurskorrekturen anzuregen.

Der heutige Niedergang derselben AEG beweist, wie wenig ernst die Nachfolger eines Fürstenberg ihre Aufgabe nehmen. Bereits vor zwanzig Jahren begann die hektische Expansion des Konzerns. Dahinter stand nicht gründlich durchdachte Strategie, sondern sehr oft nur der persönliche Ehrgeiz von Top-Managern, die um fast jeden Preis den größten Konkurrenten *Siemens* einholen wollten. Statt aber pflichtgemäß die Geschäfte der AEG nüchtern zu überprüfen, ließ sich der Aufsichtsrat von den euphorischen Wachstumszahlen des Vorstandes blenden und billigte sämtliche Investitionen und Akquisitionen. Niemand bremste den Vorstand, der die maßlose Expansion mit immer neuen und immer größeren Krediten finanzierte. Auch die Kontrolleure erlagen jener Wirtschaftswunder-Mentalität, die sich darauf verließ, daß die Management-Fehler des einen Jahres durch das Wachstum des nächsten Jahres korrigiert würden. Erst Jürgen Ponto, Vorstandssprecher der *Dresdner Bank,* erkannte die Notwendigkeit einer Sanierung, als er 1975 Aufsichtsratsvorsitzender der AEG wurde. Er leistete dem Konzern mit einer notwendigen Kapitalerhöhung erste Nothilfe. Doch bevor er sich um die strukturellen Fehlentwicklungen im Konzern ernsthaft kümmern konnte, wurde Ponto 1977 ermordet. Sein Nachfolger bei der *Dresdner Bank* und im Aufsichtsrat der AEG, der Ex-Politiker Hans Friderichs, verfiel wieder in die alten Fehler, mußte schließlich Vergleich beantragen und in Bonn um Staatshilfe antichambrieren. Der Aufsichtsrat hatte zweifach versagt: Erst hatte er jahrelang die Strukturschwächen der AEG nicht erkannt, dann die Sanierung in den Sand gesetzt.

Vitamin B

Die Unfähigkeit eines Aufsichtsrates bei seiner zweiten wichtigen Aufgabe, der personellen Besetzung der Geschäftsleitung, demonstrierten die Kontrolleure des Maschinenbau-Unternehmens *Gute-*

hoffnungshütte (GHH) und dessen Tochter MAN. Als der Konzern vor allem durch Management-Fehler bei MAN in Schieflage geriet, begannen – wie zuvor geschildert – die Interessengruppen im Aufsichtsrat ein Gerangel um Personen, das viel mehr von privaten Antipathien als von sachlichen Zwängen bestimmt war.

Man wird einwenden, daß in der dünnen Führungselite alle sich gegenseitig so gut kennen, daß fachliche Prüfungen nicht mehr notwendig sind. In dieser Elite war jedoch auch bekannt, daß zum Beispiel der Finanzvorstand von MAN, Gerd Wollburg, durch die Dauerfehde mit seinem Vorstandsvorsitzenden fällige Entscheidungen im Unternehmen blockiert hatte. Trotzdem wurden demselben Wollburg zwei Top-Jobs angeboten: Vorstandssprecher bei der *Commerzbank* und Chef bei der angeschlagenen AEG. Er lehnte die schwierigen Aufgaben allerdings selbst ab. Karrieren in der Wirtschaft scheinen sich oberhalb einer gewissen Ebene sehr stark von dem in der Industrie oft zitierten »Vitamin B« zu nähren. B steht für Beziehungen.

Auf der ganzen Linie versagte der Aufsichtsrat der *Internationalen Baumaschinen Holding* (IBH) des Abenteurers Horst-Dieter Esch. Gewiß überprüften die Kontrolleure regelmäßig Geschäfte und Finanzen der IBH, wie das Gesetz es vorschreibt. Doch den sicher kompetenten Aufsichtsräten fiel nie auf, daß Esch – bewußt oder unbewußt – ein wackliges Kartenhaus gebaut hatte. Als das ganze Imperium zusammenbrach und auch die angesehene Privatbank *Schröder, Münchmeyer, Hengst & Co* (SMH) mit in die Katastrophe riß, waren sie ebenso überrascht wie die übrige Wirtschaft. Am ehesten kann das wohl noch dem IBH-Aufsichtsrat Walther Leisler Kiep nachgesehen werden. Der CDU-Politiker war während der kritischen Zeit mit dem Wahlkampf voll ausgelastet.

»Zunehmende Professionalisierung«

Professor Dr. Knut Bleicher, Ordinarius für Betriebswirtschaftslehre an der Justus-Liebig-Universität Gießen, stellt fest, daß sich die Manager – also die Exekutive der Wirtschaft – auf die »steigende Komplexität und Dynamik der Unternehmen« mit neuen Führungsinstrumentarien, neuen Organisationsformen und zunehmender Professionalisierung ihres Berufsstandes einzustellen versuchen. Der Wissenschaftler fährt fort: »Dieser Entwicklung steht jedoch keine vergleichbare Qualifizierung unserer Aufsichtsräte gegenüber. Die Kenntnis des Kontrollobjektes ›Unternehmen‹ durch den Aufsichtsrat dürfte im Zuge seiner zunehmenden Komplizierung kaum gestiegen sein. Eine Entwicklung neuerer, qualifizierter Kontrolltechniken, die mit der Veränderung des Kontrollobjektes Schritt halten könnte und in etwa mit der Weiterentwicklung der Führungstechniken der Geschäftsführung zu vergleichen wären, hat gleichfalls nicht stattgefunden.« Mit anderen Worten: Die Aufsichtsräte sind ihrer gesetzlichen Aufgabe nicht mehr gewachsen. Die Kritik des Professors zeigt zugleich den Weg aus dem Problem – auch die Kontrolleure müssen professioneller werden.

Eine Kontrolle der Geschäftsführung von Aktiengesellschaften wurde in Deutschland bereits 1843 gesetzlich vorgeschrieben, damals allerdings noch vom Staat wahrgenommen. 1861 gab der Staat dieses Recht an private Aufsichtsräte ab, 1884 wurde schließlich die personelle Verflechtung von Geschäftsführung und Aufsichtsrat verboten. Die Mitglieder der Kontrollorgane behielten zwar noch Weisungsbefugnisse bei der inneren Verwaltung der Unternehmen, wurden aber auch scharfen zivil- und strafrechtlichen Haftungsbestimmungen unterworfen. Erst das 1937 erlassene Aktiengesetz beschränkte das Weisungsrecht auf zustimmungspflichtige Geschäfte und personelle Fragen, vollendete also weitgehend die Trennung zwischen Kontrolle und Exekutive. Grundlegende Änderungen an diesen Regeln gab es nur noch 1976, als das Mitbestimmungsgesetz den Arbeitnehmer-Vertretern Zugang zu den Aufsichtsräten verschaffte.

Im Prinzip ist die Kontrolle der Aktiengesellschaften durch ein unabhängiges Gremium sicher richtig. Schließlich wirtschaften diese Unternehmen – zumindest in der Theorie – mit dem Kapital von vielen kleinen Anlegern, die weder zeitlich noch fachlich überblicken können, was mit ihrem Geld geschieht. Ihre Interessen sollen deshalb gewählte Spezialisten wahren. Für diese Aufgabe sind die Aufsichtsräte vom Gesetz mit ausreichenden Kompetenzen ausgestattet.

Kollision von Interessen

Doch die Verhältnisse, die sind nicht so. Die größten Aktionäre der Unternehmen sind häufig andere Firmen, die sich eingekauft haben. Die Rechte der kleinen Anleger werden von den Großbanken wahrgenommen, die zudem auch noch eigene Aktienpakete besitzen. In den Aufsichtsräten sitzen deshalb – neben den Arbeitnehmer-Vertretern – vor allem Repräsentanten anderer Firmen und Bankiers, also in der Regel Leute, die vordringlich die Interessen ihrer eigenen Unternehmen im Auge haben. Sehr oft sind die aktiven Geschäftsführer eines Konzerns zugleich als Kontrolleure im Aufsichtsrat eines Geschäftsfreundes. So war zum Beispiel Hans Lutz Merkle, als er noch die *Bosch*-Gruppe leitete, zugleich im Aufsichtsrat von *Volkswagen,* dem größten *Bosch*-Kunden. Kann man sich vorstellen, daß Merkle als Kontrolleur VW zu einer etwa notwendigen Produktionsminderung rät und damit den Absatz seiner Zündanlagen reduziert? Oder hätte ein Bankvertreter im Aufsichtsrat der AEG den Elektrokonzern rechtzeitig davor warnen sollen, übermäßig viele Kredite aufzunehmen, Kredite, von denen seine Bank lebt? In den Aufsichtsräten entstehen täglich Interessenkollisionen, vor allem da auch viele Mitglieder von der gesetzlichen Möglichkeit Gebrauch machen, bis zu zehn Mandate in verschiedenen Kontrollgremien innezuhaben.

So sitzen Repräsentanten der gleichen Bank mit schöner Regelmäßigkeit in den Aufsichtsräten selbst erbitterter Konkurrenten. Das Ergebnis ist, daß sich die personell miteinander verfilzten Aufsichtsräte nach dem Prinzip richten: »Laß du meinen Vorstand wursteln, dann laß ich deinen Vorstand kramen.« Eine zusätzliche Komplikation entsteht dadurch, daß ein Vorstandsvorsitzender in der Regel den Aufsichtsratsvorsitz seines eigenen Unternehmens übernimmt, wenn er sich aus der aktiven Arbeit zurückzieht. So zum Beispiel der erwähnte Hans Merkle, der inzwischen das Kontrollgremium von *Bosch* leitet. Oder der mehrfach zitierte Paul Lichtenberg, der einst Vorstandssprecher der *Commerzbank* war und heute deren Aufsichtsrat vorsitzt. Solche Umsteiger nehmen natürlich ihre Hausmacht, ihren Einfluß und ihre internen Kenntnisse mit in die neue Position und bleiben mehr Exekutive als Kontrolle. Geradezu übermenschlich wäre es, von ihnen zu verlangen, beim Auftreten von Schwierigkeiten auch ganz nüchtern Fehler in der Vergangenheit, ihrer eigenen Vergangenheit, aufzudecken. Rücksichtsvoll wird das Versagen dem gerade amtierenden Vorstand in die Schuhe geschoben, und die schon vor Jahren entstandenen falschen Strukturen bleiben tabu und in Kraft.

Sachverstand und Zivilcourage

Selbst wenn ein Aufsichtsrat seine Arbeit ernst nehmen wollte, wäre ihm das kaum möglich. Das Gremium, das einen großen Konzern kontrollieren soll, trifft sich in der Regel vier Mal im Jahr für je einen Nachmittag. In dieser Zeit müssen die Mitglieder ihre Entscheidungen treffen. Als Grundlagen haben sie Informationen, die ihnen das Management der zu überwachenden Firma zusammengestellt hat. Diese Auskünfte sind nicht nur durch die Interessen des Vorstandes gefiltert – wenn auch oft unbewußt. Sie bestehen auch aus Zahlen über bereits abgewickelte Geschäfte, an denen ohnehin nichts mehr zu ändern ist. Zudem kommen sie von einem Vorstand, der vom Aufsichtsrat ausgewählt und eingesetzt wurde, also einen Vertrauensvorschuß hat. So verkümmert die Institution Aufsichtsrat zu einer geschlossenen Gesellschaft, in der sich immer wieder die gleichen, meist recht alten Herren in unterschiedlichen Gruppierungen treffen, Bilanzen genehmigen, Vorstände entlasten und erst aufschrecken, wenn Managementfehler in einem Unternehmen bereits irreparable Schäden angerichtet haben.

Selbst bei den spektakulärsten Konkursfällen der letzten Zeit wurde nie bekannt, daß der Aufsichtsrat seine Verantwortung für die von ihm mitgetragenen Entschlüsse übernommen habe und zurückgetreten sei. Sehr schnell ist die vernichtende Kritik über das aktive Management gefällt. Doch nur sehr selten wird erwähnt, daß ja irgendwann einmal irgend jemand diese schlechten – oder nur falschen – Manager eingestellt, also eine verhängnisvoll verkehrte Entscheidung getroffen hat. Während rundum die Späne fliegen, bleiben die Aufsichtsräte dezent im Hintergrund – und im Amt. Die Grundidee der unabhängigen Kontrolle versackt in einer verfilzten Honoratioren-Elite, die ihre Bedeutung viel wichtiger nimmt als ihre Verantwortung und die streng darauf achtet, daß sie unter sich bleibt.

Heinz C. Schade, ehemaliger Geschäftsführer der *Neff*-Werke und selbst einst Mitglied in mehreren Aufsichtsräten, fordert deshalb: »Es ist Zeit, daß mehr Sachverstand in die Aufsichtsräte kommt. Nicht Verbindungen und Beziehungen, sondern die erwiesene Tätigkeit und die noch bestehende Leistungsfähigkeit sollten über die Mandatserteilung entscheiden.« Er fügt hinzu: »Zivilcourage sollte als Charakterzug stärker gefragt sein als bisher üblich.« Schade steht nicht allein mit seinem Ruf nach grundlegenden Änderungen in der Zusammensetzung der Aufsichtsräte. So wird immer häufiger auf das amerikanische Modell verwiesen. Dort gibt es die Zweiteilung von Kontrolle und Geschäftsführung nicht. Oberstes Gremium einer Aktiengesellschaft ist der *Board of Directors*, in dem die Top-Manager und »externe Direktoren« (von außerhalb der Firma angeheuerte Kontrolleure) in ständigem Dialog zusammenarbeiten. Unterstützt werden sie von Ausschüssen, die teils gesetzlich vorgeschrieben, teils freiwillig eingerichtet werden und die sich mit den verschiedensten Bereichen der Geschäftsführung beschäftigen. Die strenge Aufsicht durch die Organe der Börsen, an denen die Unternehmen notiert sind, verhindert die Beherrschung des Boards durch einen starken Manager. Und die recht kostspielige Haftung auch externer Board-Mitglieder zwingt die Direktoren, ihre Aufgabe sehr ernst zu nehmen. Das Ergebnis ist ein ständiger Gedankenaustausch zwischen Exekutive und Kontrolle, der den externen Direktoren eine entscheidende Beraterfunktion zuteilt.

In der Bundesrepublik wird kaum jemand der Beseitigung der Zweiteilung das Wort reden. Doch gewünscht wird, daß sich Vorstand und Aufsichtsrat weniger als Gegenpole und mehr als Partner sehen. Als Voraussetzung für die Mitarbeit in einem Aufsichtsrat reichen, darin sind sich alle Beobachter einig, heute nicht mehr ein hohes Alter und gute Beziehungen aus. Die Idealvorstellung ist, daß jeder Abteilung in der Geschäftsführung – Marketing, Vertrieb, Produktion, Personal, Finanzen – im Aufsichtsrat ein kompetenter Fachmann gegenübersteht, der gute theoretische Kenntnisse, fundierte praktische Erfahrung (möglichst in der Branche des Unternehmens) und Führungstalent hat. Zur Unterstützung der Kontrolleure werden hauptamtliche Mitarbeiter gebraucht, die im Betrieb Informationen nach den Bedürfnissen des Aufsichtsrates und nicht des Vorstandes sammeln. Natürlich könnte das Mitglied in einem solchen Rat nicht mehr soviel Mandate anhäufen, daß es schließlich den Überblick verliert.

Am Ende einer solchen Entwicklung stünde ein Aufsichtsrat, der nicht nur Bilanzen lesen, sondern auch die nicht quantifizierbaren Qualitäten seines Unternehmens jederzeit einschätzen kann: Ansehen der Firma am Markt, Innovationsfähigkeit und Reaktionsschnelligkeit der Führung, Leistungsvermögen der Mitarbeiter, Motivierung der Beschäftigten. Ein solcher Rat könnte auch das personelle Management-Potential des Unternehmens beurteilen, fördern und einsetzen, um eine langfristig leistungsfähige Führungspyramide aufzubauen. Und er könnte Fehler erkennen und korrigieren, bevor sie Schaden anrichten. Dieser ideale Aufsichtsrat wäre nicht mehr der geduldete Kontrolleur, sondern der gesuchte Gesprächspartner der Geschäftsführung. Gesetzesänderungen wären zum Erreichen dieses Idealzustandes nicht notwendig. Die bestehenden Paragraphen müßten lediglich mit mehr Leben erfüllt werden.

Der neue Trend

Bis dahin ist es allerdings ein weiter Weg. Noch wird über die notwendigen Veränderungen in den Aufsichtsräten meist hinter vorgehaltener Hand gesprochen. Denn es geht ja um die Erbhöfe der einflußreichsten Leute in der deutschen Wirtschaft. Daß vor allem die großen Geldgeber aber heute den bestehenden Kontrollgremien nicht mehr zutrauen, die Verwendung ihres Kapitals wirkungsvoll zu überwachen, zeigt eine andere Entwicklung. Seit wenigen Jahren gibt es in der Bundesrepublik Männer, die recht gut davon leben, daß sie als hauptberufliche Aufsichtsräte an krisengeschüttelte Unternehmen berufen werden. (Die eher bescheidenen Rats-Tantiemen bessern sie durch lukrative Beraterverträge mit den gleichen Firmen auf.) Vor allem drei ehemalige Top-Manager großer Firmen machten sich in dem neuen Gewerbe bereits einen Namen: Günter Vogelsang verließ 1972 mit 52 Jahren im Streit die Firma *Krupp*, Manfred Emcke schied 1975, erst 42jährig, als Vorstandsvorsitzender bei *Reemtsma* aus, und Klaus Kuhn, damals 56, gab 1982 seinen Posten als Finanzchef bei *Thyssen* auf. Keiner der drei nahm eines der vielen Angebote als Chef eines neuen Unternehmens an. Als Einzelkämpfer, ohne Stäbe oder Apparate, dienen sie ihr Know-how und ihre Erfahrung an. Zum Teil mit beachtlichem Erfolg.

Kuhn, erst seit zwei Jahren in seinem neuen Beruf, hat es bislang nur zu einem Engagement bei der AEG gebracht. Emcke dagegen arbeitete und arbeitet noch in den Aufsichtsräten der *Werkzeugmaschinenfabrik Deckel AG*, der *Continental Gummi-Werke AG*, der Baumaschinenfabrik *Orenstein & Koppel*, der *Bremer Werft Vulkan*, des Hamburger Kaffeerösters *Tchibo* und des Schiffahrtskonzerns *Hapag-Lloyd*. Vogelsang, unumstrittener Senior der Berufsaufsichtsräte, hat als Freiberufler sogar den Vorsitz in den Kontrollgremien mehrerer Unternehmen bekommen. Er leitet die Aufsichtsratssitzungen beim Mischkonzern *Veba*, bei der Werft *Blom + Voss* und der Versicherungsgruppe *Gerling*. Mitglied ist er in den Aufsichtsräten der *Deutschen Bank*, von *Daimler-Benz*, *Thyssen*, *Arbed Saarstahl*, *Hapag-Lloyd*, des Elektronik- und Waffenkonzerns *Diehl* und der *Ruhrkohle AG*. Zudem hat Vogelsang auch schon Beraterauftrage für das Finanzministerium und die Stahlindustrie erfüllt, während Emcke den Bremer Senat und das Bonner Verteidigungsministerium beriet. Alle drei Berufsaufsichtsräte betonen immer wieder ihre völlige Unabhängigkeit von allen Interessen- oder Wirtschaftsgruppen. Doch sie haben auch eines gemeinsam: besonders enge, persönliche Beziehungen zur *Deutschen Bank,* Deutschlands größtem Geldinstitut. Vogelsang sitzt sogar im fünfköpfigen Kreditausschuß der Bank, der über die Vergabe von Großkrediten entscheidet.

Diese Berufsaufsichtsräte sind gewiß noch nicht die Ideallösung. Aber sie zeigen einen neuen Trend. Da erst sehr wenige der professionellen Kontrolleure auf dem Markt sind, häufen sie zahlreiche Ämter, fast wie ihre konventionellen Kollegen. Doch im Gegensatz zu den herkömmlichen Aufsichtsräten stehen die Profis nicht mehr auf beiden Seiten des Zaunes. Da sie nicht zugleich bei anderen Firmen in der Exekutive – also als aktive Manager – tätig sind, vermeiden sie die gefährlichen Interessenkollisionen. Sie können sich ausschließlich auf ihre Aufgabe als Kontrolleure konzentrieren.

Zudem bleiben diese neuen Räte nicht deshalb in ihren Positionen, weil sie die Interessen eines anderen Unternehmens repräsentieren. Sie müssen sich durch Leistung behaupten und deshalb die ihnen aufgetragene Kontrolle um einiges ernster nehmen als ihre unantastbaren Kollegen. Man kann eine einfache Rechnung aufmachen: Der Vorstandsvorsitzende eines Großunternehmens muß mindestens 80 Prozent seiner Arbeitskraft auf die Leitung seines Konzerns verwenden. 20 Prozent bleiben für zehn Aufsichtsratsmandate. Ein Berufsaufsichtsrat kann 100 Prozent seiner Energie auf zehn Mandate verteilen.

Selbst wenn diese ersten Vorläufer eines neuen Trends eines Tages zu wirklich kompetenten Kontroll-Gremien führen, dann ist erst die eine Hälfte der Probleme unserer Industrie gelöst. Auch die Kontrollierten, also die Manager, müssen für ihre Aufgaben besser gerüstet sein.

16 Professor Zufall

Der Management-Nachwuchs braucht ein klares Bildungsangebot

Sechzig Jahre nachdem Henri Fayol die Charaktereigenschaften der Manager auflistete, hat die stürmische industrielle Entwicklung zwar die Zahl der Manager-Stellen vervielfacht, doch die Anforderungen an den Führungskräfte-Nachwuchs sind im Prinzip die gleichen geblieben. Fayols Ruf nach einer systematischen Ausbildung aber wurde nicht gehört.

So schwierig es ist, die Begriffe Manager und Management genau zu definieren, so unklar ist auch der Weg, der in diesen Beruf führt. Die Vorstellungen über eine sinnvolle Manager-Ausbildung sind so verworren und verwirrend wie die Theorien über und Konzepte für das richtige Managen. Ein junger Mensch, den es in Führungsaufgaben drängt, muß sich seinen Pfad selbst durch den Dschungel von Möglichkeiten ertasten. Wegweiser, die er gelegentlich finden mag, zeigen in die unterschiedlichsten Richtungen.

Im In- und Ausland läßt sich fast alles finden, was zur Ausbildung eines Nachwuchsmanagers notwendig ist. Immer deutlicher zeigt sich allerdings die Notwendigkeit, in dieses Angebots-Chaos endlich Ordnung zu bringen. Die jüngsten Diskussionen über Sinn und Unsinn von Eliteschulen und privaten Universitäten zeigen, daß diese Lücke wenigstens erkannt wird. Natürlich ist es unmöglich, hier ein Ausbildungssystem für Manager zu entwerfen. Doch der Hinweis auf die Fehler im bestehenden Angebot kann gewisse Anregungen geben.

Ein Personalberater in Hamburg mit langjähriger Erfahrung stellt, etwas resigniert, fest: »Eine Management-Karriere kann man nicht planen. Man kann sich nur hinsetzen und versuchen, mit dem entsprechenden Kopf, den entsprechenden Ambitionen und einem Grundwissen es besser zu machen als andere. Man muß sich darauf verlassen, daß ein guter Mann eben auffällt. Das gelingt dem Typ, der sagt, ich will Erfolg haben, ich will an die Spitze kommen.« Der gleiche Berater gibt allerdings auch Tips, die als Starthilfe dienen können, einige »logische Empfehlungen für Leute, die irgendwann im Vorstand landen wollen«. Danach ist es nützlich, eine Banklehre abzuschließen und ein Studium der Betriebswirtschaft zu absolvieren. Zusätzlich muß sich der Kandidat auch ein gewisses Grundwissen aus dem Bereich der Technik aneignen. Über den Sinn einer solchen Basisausbildung besteht ein recht breiter Konsens. Zwar wird von allen, die bereits auf den Sprossen der Karriereleiter stehen, stets auf jene Selfmademen verwiesen, die ohne jede akademische Bildung in die höchsten Positionen der Wirtschaft aufgestiegen sind. Doch das sind heute nur noch nostalgische Erinnerungen an die hemdsärmelige Pionierzeit nach dem Krieg, Träume von dem schon immer seltenen Aufstieg vom Tellerwäscher zum Millionär. Der Weg in die Direktionsbüros ist heute eine Ochsentour, die in aller Regel in einer Universität beginnt.

Die Qual der Wahl

Hier setzen allerdings die Schwierigkeiten bereits ein. Denn nicht alle Hochschulen sind als Sprungbrett in eine Industrie-Karriere gleich geeignet. Ingo Darius, Personalchef der Hamburger *Hermes Kreditversicherungs-AG* und für die Einstellung von Management-Nachwuchs verantwortlich, stellt klar: »Bei Bewerbern mit Universitätsexamen aus Berlin oder Bremen sind wir äußerst vorsichtig.« Beide Hochschulen stehen immer noch in dem Ruch, vor allem revolutionäre Systemkritik zu lehren.

Da jedes Jahr mehr Jungakademiker in einen stagnierenden Personalmarkt drängen, wird neben den Examensnoten vor allem der Studienort von ausschlaggebender Bedeutung. Joerg Staufenbiel, der sich auf die Beratung und Vermittlung von Hochschulabsolventen spezialisiert, kennt die Prioritätenliste der Personalchefs. Ganz oben stehen die Universitäten, die sich auf Teilgebiete der Wirtschaftswissenschaften konzentrieren. Im Bereich Handel ist Nürnberg die beste Adresse, im Personalwesen Mannheim, in der

Steuerwirtschaft Köln. Gute Kostenrechner kommen aus Saarbrükken, Bankfachleute aus Bochum. Auch die eher universellen Hochschulen München und Hamburg sowie, mit Einschränkungen, Frankfurt haben einen guten Namen. Techniker sollten sich um Aachen, Hannover, Braunschweig, Berlin (TH) und München bemühen. Staufenbiel: »Für die Absolventen von weniger namhaften Lehrinstituten gilt, daß sie eine Note besser sein müssen als ihre Kommilitonen von den angesehenen Universitäten.«

Schafft es ein Abiturient, einen Studienplatz an der Hochschule seiner Wahl zu ergattern, dann erwirbt er damit bestenfalls die Eintrittskarte für eine Manager-Karriere. Das Rüstzeug, das ihm die Universität für seinen Berufsweg mitgibt, ist eher bescheiden. Denn im Lehrstoff fehlen Bereiche, die für die Leitung eines Unternehmens von entscheidender Bedeutung sind. Ein Professor an der Universität Hamburg, der selbst auch als Unternehmensberater tätig ist, kritisiert: »Die Ausbildung an unseren Hochschulen ist viel zu systematisch, viel zu theoretisch angelegt.« Die Betriebswirtschaftler zum Beispiel lernen gründlich, wie man Kostenrechnungen erstellt und Buchhaltung führt, dazu noch etwas Historie und einige theoretische Modelle. Sie erfahren aber nicht, wie man neue Unternehmen aufbaut, wie man Risiken eingeht und absichert. Vor allem aber lernen sie nicht, wie man Menschen führt.

Fachliche Schlagseite

Das Institut für Organisation der Universität München verwertete die Antworten von 2490 Managern zu einem Forschungsbericht über »Führungskräfte der Wirtschaft«. Darin urteilen die Manager über ihren Nachwuchs, dieser werde den gestiegenen Anforderungen der Zukunft nicht gerecht. Fachlich seien die Jung-Manager ihren Aufgaben zwar ohne weiteres gewachsen. Doch die »Fähigkeit, Menschen zu führen«, steht in der Liste ihrer Eigenschaften erst an drittletzter Stelle, gefolgt noch von den Schlußlichtern »Identifikation mit den ökonomischen Zielen des Unternehmens« und »Bereitschaft, berufliche Ziele über private zu stellen«. Nach dieser

Untersuchung kommt der Nachwuchs mit einer »fachlichen Schlagseite« und einem »Defizit an Führungswissen« von den Hochschulen. Er hat nicht gelernt, wie man koordiniert, kooperiert, informiert, beaufsichtigt, ein- und anweist, motiviert, kritisiert und die Leistungen von Mitarbeitern beurteilt. Auch das Betriebswissenschaftliche Institut der Eidgenössischen Technischen Hochschule in Zürich (ETH) ermittelte bei Absolventen seiner Anstalt, daß diese Ingenieure für einmal erreichte Führungspositionen in der Wirtschaft nicht gerüstet sind. ETH-Techniker, die in das obere Management aufgerückt sind, klagen über einen großen Nachholbedarf an Kenntnissen in Personalführung, Unternehmensstrategie, Vorgehens- und Entscheidungsvermögen und selbst Ausdrucksvermögen.

Die Ausbildung des akademischen Nachwuchses leidet unter denselben Mangelerscheinungen der Hochschulen wie die technologische Forschung: Allzusehr sind unsere Universitäten Elfenbeintürme der reinen Lehre geblieben, in denen der Begriff »Praxis« fast als unanständig gilt. Hans D. Barbier meint gar am 15. Januar 1984 in der »Süddeutschen Zeitung«, daß »heute unter dem irreführenden Rubrum ›Ökonomie‹ Haarsträubendes an Politologenlyrik angeboten wird und in sogenannten Wissenschaftszentren Professoren herumlaufen, die vor zwanzig Jahren nicht mal in Doktorandenseminare aufgenommen worden wären«. Barbier formuliert etwas überspitzt und schränkt seine Kritik selbst dahingehend ein, daß das »öffentlich-rechtliche Angebot an wirtschaftlicher Ausbildung« nur »partiell schlecht« sei. Doch er trifft mit seiner Analyse ein Kernproblem: Den Ausbildern an den Universitäten, Professoren und Dozenten, fehlt in der Regel die Erfahrung in der Praxis und sehr oft das Interesse daran, solche Erfahrungen zu sammeln.

Von 17 Professoren, die an Hamburgs Universität Betriebswirtschaft lehren, kennen gerade zwei die Industrie von innen. Alle übrigen sind reine Theoretiker. Einer der beiden Praktiker schildert den Werdegang seiner Kollegen: »Die kommen von der Schule direkt an die Uni. Nach dem Studium sind sie fünf Jahre Assistent, dann habilitieren sie nochmals fünf Jahre lang. Dann sind sie 35, 40 Jahre alt und bekommen die Berufung auf einen Lehrstuhl für

Betriebswirtschaft. Und bis dahin haben sie noch nie einen Industriebetrieb gründlich von innen kennengelernt. Das ist einfach furchtbar.«

Sind die Ausbilder erst einmal ordentliche Professoren, dann gibt es für sie keinen Anlaß mehr, je ihren lebenslang beamtensicheren, prestigebehafteten Posten wieder aufzugeben. Sie bleiben Theoretiker bis zum Ende ihres Berufslebens. Und entsprechend bilden sie ihre Studenten aus, denen zudem immer mehr von ihrem einst geforderten Pflicht-Praktikum erlassen wurde. Das Ergebnis schildert ein Personalchef: »Ich habe gerade einen jungen Betriebswirtschaftler eingestellt. Der weiß nicht einmal, wie ein Geschäftsbrief äußerlich aussehen sollte. Und er ist nicht bereit, das zu lernen, da es unter seiner Würde als Doktor ist. Den muß ich wieder entlassen.«

Angefüllt mit theoretischem Fachwissen, doch ohne viel Ahnung von den praktischen Qualifikationen eines künftigen Managers drängen die jungen Akademiker auf einen Stellenmarkt, der immer enger wird. Während vor Jahren nur fünf bis sieben Prozent der Jugendlichen mit dem Abitur die Hochschulreife erwarben, sind es inzwischen in Baden-Württemberg bereits 20, in Hessen gar 32 Prozent. Ein großer Konzern wie die *Daimler-Benz AG* stellt im Jahr nur etwa 200 Hochschulabsolventen ein. 1990 wird die Wirtschaft ungefähr 40 000 neue Stellen anbieten, für die akademische Qualifikationen gefragt sind. Von den Universitäten aber werden 190 000 Absolventen kommen. Nach den Berechnungen von Heinz Damm, Personalchef für Leitende Führungskräfte bei *Daimler-Benz,* haben bestenfalls 7,5 Prozent der heutigen Studenten je eine Chance, in das Management aufzusteigen.

Generalisten an die Front

Bei dieser starken Konkurrenz kann sich nur jener durchsetzen, der mehr als das reine Fachwissen mitbringt. Das wird um so wichtiger, als sich zumindest theoretisch die Einsicht durchsetzt, daß bei jedem Schritt nach oben in der Hierarchie spezielle Sachkenntnisse in einem Teilbereich immer unwichtiger werden. Moderne Unternehmen brauchen an ihrer Spitze Generalisten, nicht Spezialisten. Denn auch in Betrieben und Konzernen gilt die Erkenntnis von Aristoteles, daß das Ganze mehr ist als die Summe seiner Teile. Die Geschäftsführung muß also über das gebündelte Fachwissen des Unternehmens hinausdenken. Professor Dr. Aloys Gälweiler, Leiter des Zentralbereiches Unternehmensplanung bei *Brown, Boveri & Cie* in Mannheim, definiert den für das moderne Management erforderlichen Generalisten als einen »Spezialisten der Koordination«. Er müsse in der Lage sein, den Spezialisten aus allen Bereichen des Unternehmens – Produktion, Technik, Entwicklung, Verkauf, Finanzen, Personal – die für das Gelingen des Ganzen wichtigen Fragen zu stellen und aus den Antworten die übergreifende Strategie für das Unternehmen festzulegen. Für die Umsetzung der Gesamtkonzeption in Einzelaktionen muß er dann wieder die Spezialisten motivieren und kontrollieren können.

Der Generalist braucht also umfassendes, branchenspezifisches Fachwissen, um die verschiedenen Spezialisten verstehen zu können. Zugleich muß er fähig sein, zu integrieren, zu koordinieren und zu überzeugen sowie stets etwas weiter in die Zukunft denken als seine Untergebenen. Der Schweizer Diplompsychologe und Unternehmensberater Dr. Peter Müri meint, daß der heutige Manager von dem Wunschbild des Generalisten noch weit entfernt ist. Nach Müris Erfahrungen hüten die Spezialisten eifersüchtig ihr Fachwissen und stellen sicher, daß Laien die Gültigkeit ihrer Aussagen nicht überprüfen können. Interdisziplinäres Denken betrachtet der Fachmann als Aufgeben der Wissenschaftlichkeit. Und den Generalisten verachtet er als Amateur. Müri: »Fatalerweise neigt der Generalist dazu, den Vorwurf des Dilettantismus ernst zu nehmen. Flugs sichert er sich durch teure Expertenurteile ab, in der Meinung, dem Vorwurf der Subjektivität damit entgehen zu können.« Anstatt die Spezialisten anzuleiten, läßt sich der Generalist von den Fachleuten einschüchtern. Eine Ursache dafür ist sicher, daß die meisten Top-Manager selbst aufgestiegene Spezialisten sind und sich autodidaktisch einige wenig koordinierte Generalisten-Fähigkeiten angeeignet haben, ohne je aus ihren Spezialistenschuhen herauszukommen. Müri beklagt: »Die heute bestehenden Unternehmensführungen vermitteln lediglich ein Puzzle von ausgewähltem Spezialistenwissen.«

»St. Gallener nehme ich blind«

Strebt ein Student zielbewußt eine Karriere als Manager an, so findet er zumindest an den bundesdeutschen Universitäten und Instituten kein adäquates Ausbildungsangebot. Er muß deshalb eine der renommierten Management-Universitäten im Ausland besuchen. Besonders respektiert werden in Deutschland die amerikanischen Fach-Hochschulen wie Stanford- und Harvard University, Massachusetts Institute of Technology (MIT) und andere. Die Erfolge dieser Schulen kommen nicht von ungefähr. Sie unterscheiden sich von den deutschen Universitäten dadurch, daß fast alle ihre Lehrkräfte ausgedehnte praktische Industrie-Erfahrung haben und daß auch die Studenten vor ihrer Aufnahme eine berufliche Ausbildung vorweisen müssen. Das Studium, in der Regel vier Jahre, konzentriert sich denn auch sehr stark auf praxisbezogene Problemlösungen. Die Kosten für einen nur selten durch Stipendien finanzierten Kurs liegen allerdings zwischen 55000 und 95000 Mark.

Ein vergleichbares Renommee hat im deutschsprachigen Raum eigentlich nur die Hochschule für Wirtschafts- und Sozialwissenschaften im schweizerischen Sankt Gallen (HSG). Dieter Claus, Personalchef des Düsseldorfer Chemiekonzerns *Henkel,* versichert: »St. Gallener Absolventen nehme ich fast blind.« In dem Schweizer Institut müssen die Studenten in acht Semestern ein sehr arbeitsintensives (30 Wochenstunden Vorlesungen und Seminare sowie sehr viel Hausarbeiten) Programm absolvieren und mindestens eine Fremdsprache perfekt erlernen. Auch in St. Gallen wird anders als an den deutschen Universitäten vor allem anhand von realen Fallstudien aus dem Unternehmensalltag gelehrt. Rektor Alois Riklin nennt als Ausbildungsziel: »HSG-Absolventen sollten die Fähigkeit erwerben, sich in ein noch unbekanntes Fachgebiet einzuarbeiten, Probleme zu erkennen, präzis zu formulieren und sie mit brauchbaren Methoden zu lösen. Dabei müssen sie sich ihrer Verantwortung gegenüber der Gesellschaft bewußt sein.« St. Gallen hat eine weitere Gemeinsamkeit mit den amerikanischen Hochschulen: Die Lehrkräfte haben ausnahmslos große praktische Erfahrung. Da die staatlichen Zuschüsse für die Lehranstalt sehr gering sind, müssen Professoren und Assistenten bis zu 80 Prozent ihres Etats mit Unternehmensberatung und Projektbearbeitung verdienen. In diese praktische Arbeit werden die Studenten intensiv einbezogen. Nachteil der HSG: Nicht mehr als 25 Prozent der 2000 Studenten dürfen Ausländer sein. Pro Semester können also höchstens 62 Nicht-Schweizer aufgenommen werden.

Beschränkt on the job

Die geschilderten Schwierigkeiten, ein fertiges Angebot zur formalen Ausbildung als Manager zu finden, beschränken die Möglichkeiten des Nachwuchses weitgehend auf das *on the job*-Training, auf die Maßnahmen, die ihnen ihr Betrieb zur Erweiterung und Vertiefung ihres Wissens bietet. Dabei ist es berechtigt, in diesem Zusammenhang das Verb »beschränken« zu verwenden. Wie an anderer Stelle erwähnt, waren bei einer Untersuchung der Unternehmensberatung Egon Zehnder International (Deutschland) GmbH 70 Prozent der Manager unzufrieden mit der Qualifikation der nachwachsenden Führungsgeneration und nur 14 Prozent der Jung-Manager zufrieden mit der Nachwuchsförderung.

Wie für viele andere Bereiche des Managements gilt auch für die Führungsausbildung, daß es gewiß nicht an wohldurchdachten, wirkungsvollen Konzepten fehlt. Und einige der gutgeführten Unternehmen kümmern sich intensiv um das Heranziehen ihres eigenen Nachwuchses, der den komplexen Zukunftsaufgaben in Betrieb und Umwelt gewachsen ist. Ein Konzern wie *Daimler-Benz* zum Beispiel bobachtet – wie bereits erwähnt – seine Mitarbeiter auf allen Ebenen vom Zeitpunkt ihres Eintritts in das Werk an.

Die Personalchefs der einzelnen Werke, die Bildungsleiter und der Gesamt-Personalchef haben an allen hierarchischen Instanzen vorbei direkten Zugang zu allen Personalakten. So werden auch Talente aufgespürt, die ein eifersüchtiger Vorgesetzter vielleicht lieber kleinhalten möchte. In besonderen Assessment-Centers werden dann in regelmäßigen Abständen die Kandidaten von mehreren Beobachtern aus allen Teilen des Konzerns geprüft. Besteht ein Anwärter alle Tests, dann wird er konsequent horizontal durch das Unternehmen versetzt. Ohne Gehaltserhöhung und ohne schöne neue Titel muß er sich in Abteilungen bewähren, die mit seinem ursprünglichen Fachwissen nichts zu tun haben. Zudem wird er gelegentlich mit der Leitung von kurzfristigen, kleineren Projekten betraut, um so seine Bereitschaft zur Verantwortung zu prüfen.

Erst wenn seine Vielseitigkeit, seine Flexibilität, seine Führungsfähigkeit und seine Kooperationsbereitschaft erwiesen sind und er gelernt hat, bei allen Entscheidungen die Interessen des ganzen Konzerns im Auge zu behalten, wird er Kandidat für Managementpositionen, in der Regel erst als Abteilungsleiter. Auch diese Absicht, ihn zu befördern, wird mit ihm diskutiert, aber ebenso die Tatsache, daß er Mitbewerber hat. Bis zu diesem Zeitpunkt hat sich herausgestellt, ob der Betreffende außer den üblichen Führungstalenten auch die Eigenschaft hat, die neuerdings für Manager immer wichtiger wird: die Fähigkeit des Durchstehens von Durststrecken, von Belastungsphasen, die Akzeptanz von Schwierigkeiten bei besonderen Herausforderungen ohne sofortiges Erfolgserlebnis.

Personalchef Heinz Damm, der sich selbst »Entwicklungshelfer für Führungsnachwuchs« nennt, stellt zu diesen Prozeduren fest: »Das kostet ein Wahnsinnsgeld. Aber die betriebswirtschaftliche Regel, mit dem geringsten Einsatz den größtmöglichen Erfolg zu erzielen, ist leider Blödsinn. Ich kann nur durch großen Einsatz großen Erfolg haben.« Damm sieht als einen Erfolg dieser seit 20 Jahren betriebenen intensiven Personalarbeit an, daß alle Vorstandsmitglieder von *Daimler-Benz* aus dem Konzern aufgestiegen sind. Das Top-Management kennt also sein Werk intim auf allen Ebenen, zum Teil seit Jahrzehnten.

Psychisch auf Null

Eine so gründlich durchorganisierte Förderung des Nachwuchses aus dem eigenen Kräftereservoir ist aber die Ausnahme unter den deutschen Unternehmen. Die Beraterfirma Jürgen B. Mülder und Partner erforschte, daß 40 Prozent der Unternehmen mit Vorliebe Führungsnachwuchs von außen rekrutieren. 30 Prozent suchen ihren Nachwuchs im eigenen Betrieb und auf dem freien Markt. Nur 30 Prozent befördern grundsätzlich ihre eigenen Leute. Zudem tendieren viele Betriebe mit eigenen Förderungsprogrammen dazu, in Krisenzeiten zuerst am Bildungsetat zu sparen. Das sind vom rein kaufmännischen Standpunkt Investitionen, die keinen kalkulierbaren Gewinn bringen. Zwar rühmte Professor Rolf Rodenstock, bis 1984 Präsident des Bundesverbandes der Deutschen Industrie (BDI), im Jahr 1980, die deutsche Wirtschaft habe seit 1970 rund 30 Milliarden Mark für berufliche Weiterbildung aufgewendet. Doch von diesen Geldern gehen weit weniger als fünf Prozent in die Schulung der Führungskräfte. Bei kleineren und mittleren Betrieben nähert sich die Zahl an Null an. Stark relativiert wird die Höhe der Bildungsausgaben, wenn man damit vergleicht, daß dieselbe deutsche Wirtschaft Jahr für Jahr 20 bis 30 Milliarden Mark für Konferenzen ausgibt.

Doch selbst in Unternehmen, die sich der innerbetrieblichen Nachwuchsförderung verschrieben haben, bleibt es sehr oft bei der guten Absicht. Bereits bei der Auswahl potentieller Kandidaten beginnen die Schwierigkeiten. In der Regel wird sie den direkten Vorgesetzten überlassen. Die aber haben meist andere Interessen als der Gesamtbetrieb. Einerseits handeln sie, wie ein Personalchef es nennt: »nach dem Prinzip: Die Sonne scheint zuerst auf mich selbst.« Sie werden also nicht dazu beitragen, daß ein junger Aufsteiger sie eines Tages überholt. Ein anderer Personalfachmann erfährt immer wieder: »So dusselig ein Chef auch sein mag, er versteht es meist mit erstaunlicher Finesse, einen guten zweiten Mann auf den psychischen Nullpunkt zu bringen.« Andererseits möchte ein Vorgesetzter einen gut arbeitenden Mitarbeiter möglichst in seinem Team behalten. Es fällt ihm schwer, gerade seine besten Leute wegzuloben und dann wieder neue einarbeiten zu müssen.

Schafft ein ehrgeiziger Kandidat es dennoch, auf sich aufmerksam zu machen, dann muß er sich sehr oft mit einem bescheidenen Bildungsangebot zufriedengeben. Innerbetriebliche Führungsförderung kann nur erfolgreich sein, wenn die Ausbildenden selbst sehr umfassendes Führungswissen haben. Doch wie soll ein Management, das fast ausschließlich aus Spezialisten besteht, den Nachwuchs zu Generalisten erziehen? Wie kann die vorwiegend autoritäre Führung der Unternehmen den jungen Leuten allgemein anerkannte Tugenden wie Kooperation, Kommunikation, Delegation beibringen? Selbst noch einmal gründlich moderne Führungsmethoden zu lernen, wird vom etablierten Management mit dem Hinweis auf die fehlende Zeit in der Regel abgelehnt. Doch im Hintergrund steht die Furcht, bei dieser Ausbildung könnte der bislang geübte Führungsstil allzusehr in Frage gestellt werden.

17 Baupläne für die Arche Noah

Vorbilder für den neuen Typ von Manager und sein Unternehmen

Die schnellen und grundlegenden Veränderungen im wirtschaftlichen und sozialen Umfeld der ganzen Welt fordern ebenso schnelle und grundlegende Veränderungen bei den Methoden, mit denen Unternehmen den neuen Herausforderungen begegnen. Eine Binsenwahrheit, über die wohl niemand mehr zu streiten wagt. Manager, Unternehmer, Politiker, Gewerkschafter und Wissenschaftler lassen kaum eine Gelegenheit aus, in diese Kerbe zu schlagen. Ich versuchte auf den vorausgegangenen Seiten aufzuzeigen, daß in der Bundesrepublik allerdings sehr oft noch eine breite und für die Unternehmen häufig lebensgefährliche Lücke zwischen dem verbalen Anspruch und der praktizierten Wirklichkeit klafft. Allzuoft sind die schönen Ansprachen über unsere wirtschaftliche Vitalität unfreiwillige Grabreden für ganze Industriezweige. Während Manager und Politiker den Aufschwung herbeizureden versuchen und Ruhe zur ersten Bürgerpflicht deklarieren, damit bald wieder unter den altgewohnten Wachstumszuständen mit den bewährten Methoden weitergewirtschaftet werden kann, überleben ganze Branchen, die einst die tragenden Säulen der deutschen Industrie waren – Stahl, Werften, Kohlebergbau zum Beispiel – nur noch am Tropf der staatlichen Subventionen.

Wie so oft in den vergangenen Jahrzehnten kann das Vorbild wieder einmal beim Wirtschafts-Weltmeister Japan gefunden werden. Seit der Serie von Ölkrisen in den 70er Jahren betreiben Japans Regierung und Industrie in aller Stille und mit aller Energie das, was die Bürokraten zurückhaltend »Politik der positiven Anpassung« nennen. Im Prinzip handelt es sich um eine einfache Prozedur: Staat und Wirtschaft versuchen gemeinsam, sich ohne große Verluste oder Brüche aus jenen Branchen zurückzuziehen, die einst Japans Stärke begründeten, heute aber vor allem wegen der Konkurrenz aus jungen Industrienationen wie etwa Südkorea nicht mehr lukrativ sind. Dazu gehören Stahlwerke und Aluminiumhütten, Schiffswerften und Chemiefabriken ebenso wie die Hersteller von Textilfasern, Papier und Zement. Zwanzig Industriezweige wurden vom einflußreichen Ministerium für Internationalen Handel und Industrie (MITI) offiziell als »notleidend« eingestuft. Steigende Kosten für Energie und Rohstoffe, stockende Nachfrage an internationalen Märkten und die Konkurrenz aus den Schwellenländern drückten den Absatz dieser Branchen so tief, daß zum Beispiel in der Stahlindustrie nur noch 60 Prozent der vorhandenen Kapazitäten ausgelastet sind. Einst gesunde Unternehmen beginnen rote Zahlen zu schreiben. Innerhalb weniger Jahre gingen 400 000 Arbeitsplätze verloren.

Anders als in der Bundesrepublik schlug niemand vor, die kranke Industrie durch Subventionen künstlich am Leben zu halten, bis ein Wunder in der Zukunft die Rettung bringen könnte. Nüchtern schätzten die Japaner die Möglichkeiten am Markt ein und begannen, die Überkapazitäten abzubauen und gleichzeitig Alternativen in zukunftsträchtigen Branchen zu schaffen.

Sanierter Schiffsbau

Der Schiffsbau, einst der Stolz des Landes, wurde zu einem Musterfall für diese äußerst effiziente Vorwärtsstrategie. 1979 war die bei Japans Werften georderte Tonnage an neuen Schiffen um 72 Prozent niedriger als noch vier Jahre zuvor. Die Kapazität der Unternehmen war gerade noch zu einem Drittel ausgelastet. Monatelang diskutierten daraufhin alle Beteiligen – Politiker, Beamte, Manager aus den verschiedensten Branchen, Banker, Gewerkschafter, Wissenschaftler und sogar Fachjournalisten – über einen Weg aus der Krise und legten schließlich einen verbindlichen Sanierungsplan vor. 35 Prozent der Kapazitäten wurden abgebaut. Die überlebenden Werften müssen seither 1,3 Prozent von jedem neuen Auftrag in einen Hilfsfond einzahlen, aus dem den kleinen und mittleren Betrieben die Stillegung, die Modernisierung oder die Umstellung auf neue Produkte finanziert wird.

Die Sanierung kostete 170 000 Arbeitsplätze. Das japanische System der lebenslangen Beschäftigung in Großkonzernen sorgte dafür, daß die meisten freigesetzten Arbeitskräfte umgeschult und in anderen Betrieben der eigenen Firma untergebracht wurden. Heute bauen Japans Werften neben konventionellen Schiffen mit Vorrang komplexe Zukunftsprodukte: Flüssiggas-Tanker, Ölbohrinseln, schwimmende Fabriken, aber auch solche Experimente wie den Öltanker »Shin Aitoku Maru«, der mit modernsten Segeln ausgestattet ist und dadurch seinen Treibstoffverbrauch halbiert. Das Ergebnis der Sanierung ist zweifellos spektakulär. Japans Werften, vor kurzem noch in einem Zustand wie unsere deutschen Schiffsbaubetriebe, konstruieren heute wieder die Hälfte aller neuen Schiffe in der Welt. Und sie erwirtschaften wieder Gewinne.

Das Prinzip der japanischen Methode sollte eigentlich einleuchten. Anstatt einzelne angeschlagene Unternehmen auf Kosten des Steuerzahlers und notfalls auch der Konkurrenz mit dem falschen Produkt am Markt zu erhalten, bemühen sich die Asiaten, die Lasten der Sanierung auf die ganze Branche zu verteilen und zugleich den gesamten Industriezweig überlebensfähig zu machen. Das widerspricht nicht der Erfahrung, daß im Land der aufgehenden Sonne der Wettkampf zwischen den einzelnen Firmen in der Regel um einiges härter ist als in der Bundesrepublik. Bei Regierung und Wirtschaft herrscht allerdings Konsens darüber, daß erst gemeinsam eine solide Grundlage dafür geschaffen werden muß. Die Japaner scheinen zu verstehen, daß sie erst zusammen einen möglichst großen Kuchen backen müssen, ehe sie sich um dessen Verteilung streiten können.

Chip vom Soßenkocher

In dieses Bild paßt auch, daß Industrie und Staat ihre beachtlichen Kräfte konzentrieren, um schnell und erfolgreich modernste Technologien einzuführen. Auch dabei schüttet der Staat nicht mit der Gießkanne Beihilfen über die Unternehmen aus. Die Regierung konzentriert sich darauf, die zu Hause oder im Ausland entwickelten neuen Techniken möglichst schnell und möglichst weit in der gesamten Industrie zu verbreiten und die Umsetzung von theoretischen Erkenntnissen in praktische, marktfähige Produkte zu fördern. Die zuständigen Ministerien schufen gemischte staatlich-private Gesellschaften, die zum Beispiel Computer- und Robotertechnologie konsequent auch mittleren und kleinen Unternehmen zugänglich machen.

Auch diese Politik der Anpassung zeigt bereits beachtliche Erfolge. So haben sich die großen Stahlkonzerne energisch in ganz neuen Arbeitsgebieten, wie etwa Maschinenbau oder Herstellung synthetischer Materialien, engagiert. Vor allem aber stürzt sich fast die gesamte Industrie auf die modernsten Technologien wie Elektronik und Biogenetik. So baut heute ein Schuhgroßhändler als Subunternehmer komplizierte Elektronikteile für einen Großkonzern. Ein Hersteller von Soja-Soßen konzentriert sich auf Kleinserien sehr spezialisierter Chips. Die Touristen-Insel Kyushu hat heute bereits den Beinamen »Silicon Island«, seit sich auf ihr eine komplexe Infrastruktur von Elektronikfirmen und Zulieferern aller Größen entwickelt hat.

Die »positive Anpassung« der japanischen Industrie an die veränderten technischen und ökonomischen Bedingungen wird erst ermöglicht durch die Qualität ihres Managements. Unternehmensführer stehen nicht unter dem Zwang, schnelle Gewinne zu erwirtschaften. Sie dürfen und sollen ihre Investitionen sehr langfristig kalkulieren. Das führt dazu, daß die Manager, befreit vom Druck der jährlichen Bilanz, flexibel und risikofreudig auf die Wechselfälle des Weltmarktes reagieren können. Daß sie trotzdem ihre Verantwortung sehr ernst nehmen, zeigt sich unter anderem darin, daß sie in Krisenzeiten ohne Klagen sogar Gehaltskürzungen hinnehmen. Der Vorstandsvorsitzende des Großkonzerns *Mitsubishi,* Kurokawa, akzeptierte 1983 wie selbstverständlich eine Verringerung seiner Bezüge um 20 Prozent.

Während bei uns noch über die Krise gejammert und über den Ausweg gestritten wird, ist beim Konkurrenten Japan die Anpassung an die Realitäten bereits weit fortgeschritten. Hans L. Merkle, der oberste Chef von *Bosch,* stellt dazu nüchtern fest: »Trotz aller internationalen Erfolge hat auch Japan Probleme. Die Art allerdings, wie Japan diese Probleme zu lösen versucht, zeigt, daß man sie anders angeht, als uns das geläufig ist.« Der verstorbene Vorstandsvorsitzende von *Daimler-Benz,* Gerhard Prinz, mahnte deshalb noch kurz vor seinem Tod seine Manager-Kollegen: »Wir kommen wohl nicht an der Feststellung vorbei, daß sich die Frage der internationalen Wettbewerbsfähigkeit der deutschen Industrie und Wirtschaft auf die Frage nach der Wettbewerbsfähigkeit im Verhältnis zur japanischen Industrie zuspitzt.« Prinz antwortete selbst auf diese Frage, »daß unsere Wettbewerbsfähigkeit im Weltmaßstab in den letzten zehn Jahren erheblich nachgelassen hat«.

»Flexibel und dynamisch«

Will die deutsche Industrie in diesem Wettlauf um die wirtschaftliche Überlebensfähigkeit wieder den Anschluß gewinnen, dann muß sie wohl sehr bald den Stafettenstab in neue Hände übergeben. Wir brauchen einen neuen Typ von Unternehmen und einen neuen Typ von Manager, um in der Arena bestehen zu können. Bei aller berechtigten Kritik darf aber nicht übersehen werden, daß sich die bestehenden Unternehmen und die amtierenden Manager zu diesem neuen Typ umformen können. Schließlich ist die Bundesrepublik kein Entwicklungsland, das seine Industrialisierung bei Null beginnt. Den Verantwortlichen unserer Wirtschaft muß aber vorgeworfen werden, daß sie zu einem Zeitpunkt, als sie zweifellos im weltweiten Wettlauf an der Spitze mithielten, eine Wende nicht erkannten, im Vertrauen auf ihren Vorsprung stehenblieben und stolz auf die bewältigte Strecke zurückblickten. Zu spät erkannten sie, daß andere – Japan, die USA – in der neuen Richtung an ihnen vorbeizogen. Es hilft nichts, jetzt nur »foul« zu rufen und zu warten, bis das Rennen wieder in der alten Spur weitergeht. Auch die Deutschen müssen sich endlich wenden und in die Richtung starten, die heute vorne ist. Wegweiser gibt es genug.

Peter F. Drucker, in Wien geboren und in Frankfurt zum Juristen ausgebildet, ist heute nicht nur Professor für Unternehmensführung an mehreren amerikanischen Universitäten, sondern auch einer der weltweit renommiertesten Unternehmensberater und Autoren über Management-Themen. Aus seiner reichen Erfahrung in zwei Kontinenten beschreibt er den Typ von Betrieb, der in der Zukunft bestehen wird: »In den nächsten 30 Jahren werden vor allem Unternehmen gute Chancen haben, die unauffällig, aber doch groß genug sind, sich einen hervorragenden Finanzdirektor zu leisten, der weiß, wie man mit den sich ständig ändernden Wechselkursen zurechtkommt und auf welche Weise man Mittel zur Finanzierung erhält. Es werden Unternehmen erfolgreich sein, die klein genug sind, um flexibel und unbürokratisch zu bleiben, und doch wieder groß genug, um sich ein gutes Management leisten zu können. Unternehmen, die klein genug sind, ihren Markt, ihre Branche und ihre Kunden zu kennen, und groß genug, einen Umfang zu erreichen, der notwendig ist, um auf den wichtigsten Märkten präsent zu sein. Sie dürfen nicht zu diversifiziert sein, müssen konzentriert arbeiten und all das aufgeben, was veraltet ist – eines der schwierigsten Dinge bei großen Unternehmen.«

Druckers Loblied auf den mittelgroßen Betrieb sollte nicht allzu wörtlich genommen werden. Obwohl ein deutsches Beispiel zeigt, daß bereits vor einer Generation die Verkleinerung eines Giganten sehr heilsam fürs Geschäft sein konnte. Nach dem Weltkrieg mußte der durch seine eigene Größe ohnehin zu unbeweglich gewordene Chemie-Konzern *IG Farben* auf Befehl der Sieger zerschlagen werden. Aus den Teilen entstanden drei Unternehmen, die heute am Weltmarkt sehr gut bestehen. Doch die von Drucker geforderten mittelgroßen, flexiblen Unternehmen lassen sich auch als weitgehend selbständige Töchter eines Konzerns schaffen. Ein japanischer Unternehmer und Manager führt das seit fast 50 Jahren vor. Bereits Anfang der 30er Jahre entwickelte Konosuke Matsushita in seiner *Matsushita Electric Industrial Co.* ein konsequentes Divisions-Konzept. Er bildete überschaubare Firmeneinheiten, die unter selbständigen Managern flexibel und dynamisch blieben. Die Konzernzentrale behielt sich nur vier Aufgabenbereiche vor: Finanzierung, Controlling, Personalführung und Training. Das Unternehmen (Markenname: *National, Panasonic, Quasar, Technics)* ist heute mit mehr als 100 000 Mitarbeitern und 30 Milliarden Mark Jahresumsatz der sechstgrößte Elektrokonzern der Welt. Der

Gewinn gemessen am Umsatz und der Umsatz pro Mitarbeiter ist bei *Matsushita* doppelt so hoch wie bei den Konkurrenten *Siemens* oder *Philips.*

Von Japan lernen

Das japanische Beispiel hat inzwischen mehrere, vor allem amerikanische Autoren und Wissenschaftler bewegt, die Erfolgsrezepte der Vorbilder zu analysieren. Der Management-Professor William G. Ouchi von der University of California in Los Angeles erregte Aufsehen mit seinem Buch »Theory Z. How American Business Can Meet The Japanese Challenge«. In die gleiche Kerbe schlagen die Professoren Richard Tanner Pascale von der Stanford University School of Business und Anthony G. Athos von der Graduate School of Business Administration an der Harvard University mit ihrer Untersuchung »The Art of Japanese Management – Applications for American Executives«. Die drei Gelehrten haben als Unternehmensberater auch ausgedehnte praktische Erfahrung.

Mit ihren im Prinzip übereinstimmenden Erkenntnissen verblüfften sie ihre amerikanischen Leser. Einerseits weisen sie nach, daß die japanische Konkurrenz unter anderem deshalb so erfolgreich ist, weil sie bei der Unternehmensführung mit viel »Vertrauen«, »Behutsamkeit« und »menschlicher Nähe« (Ouchi) den Mitarbeiter ins Zentrum ihrer ausgeprägten »Firmenkultur« stellen, also das rein atmosphärische Betriebsklima mindestens ebenso wichtig nehmen wie kalkulierbare Management-Theorien. Zum anderen aber fanden die Autoren – teils zu ihrer eigenen Überraschung – überzeugende Beispiele für japanische Methoden bei den amerikanischen Unternehmen, die weltweit als besonders erfolgreich angesehen werden. Ouchi, Pascale und Athos kommen übereinstimmend zu dem Schluß, daß in Wirklichkeit alles, was japanisches Management so vorbildlich macht, im Westen längst bekannt ist und auch vielfach praktiziert wird, allerdings ohne die beharrliche Konsequenz der Asiaten, die daraus geradezu eine Philosophie machen.

Diese Erfahrung machten sich zwei andere Autoren zunutze. Thomas J. Peters und Robert H. Waterman jr., beide Unternehmensberater und Dozenten an der Stanford Business School, untersuchten, warum gewisse amerikanische Konzerne durch alle Veränderungen der wirtschaftlichen Rahmenbedingungen hindurch langfristig erfolgreich sind. Unter dem Titel »Auf der Suche nach Spitzenleistungen – Was man von den bestgeführten US-Unternehmen lernen kann« liegt das Buch inzwischen auch in deutscher Sprache vor und ist ein heimlicher Bestseller in den Kreisen der Unternehmensführer.

Die Untersuchung hat eine Entstehungsgeschichte, die sie in diesem Zusammenhang besonders interessant macht. Als Mitarbeiter der amerikanischen Unternehmensberater-Firma McKinsey hatten Peters und Waterman zusammen mit dem deutschen McKinsey-Direktor Herbert Henzler bei *Siemens* ein von ihnen erarbeitetes Management-Konzept vorgestellt. Dieses sogenannte »7 S-System« hat zur Grundlage sieben Voraussetzungen für den Unternehmenserfolg (die in englischer Sprache alle mit dem Buchstaben S beginnen): die drei »harten S« Strategie, Struktur, Systeme, gewissermaßen die mathemathisch konstruierbaren, bekannten Management-Konzepte, sowie die lange vernachlässigten, aber laut McKinsey beinahe wichtigeren vier »weichen S«: Mitarbeiter *(staff),* Stil *(style),* Fähigkeiten *(skills)* und übergeordnete Ziele *(superordinate goals).* Diese befassen sich mit dem Menschen im Betrieb, eben mit den nicht in Zahlen faßbaren Begriffen Betriebsklima, Unternehmens-Kultur, Firmenphilosophie.

Siemens wollte sich mit diesem neuen Konzept nur näher befassen, wenn McKinsey umfassende empirische Unterlagen dazu beibringen könne. Peters, Waterman und Henzler entwarfen einen Fragenkatalog von 15 Seiten, der die Rezepte der erfolgreichen Unternehmen offenlegen sollte. Doch die von den Beratern als »exzellent« eingestuften deutschen Unternehmen verweigerten die Mitarbeit, mit Ausnahme von *Daimler-Benz* und *Mannesmann.* Hielten sie sich selbst nicht für gut genug? Wollten sie in gefährlicher Eigenbrötelei den Rest der deutschen Wirtschaft nicht an ihren Erfolgen partizipieren lassen, waren sie also nicht fähig, über den eigenen Fabrikzaun hinwegzuschauen und die Interdependenz zumindest im eigenen Land zu erkennen? Die Absage kann auf jeden Fall als mangelndes Selbstbewußtsein und als Kommunikationsarmut interpretiert werden.

Acht Wege zum Erfolg

In den Vereinigten Staaten bestanden diese Schwierigkeiten nicht. Von 62 angeschriebenen Unternehmen hielten dort schließlich 43 den strengen Auswahlkriterien der Forscher stand und bildeten die Grundlage für die Analyse. Peters und Waterman fanden zwischen diesen positiven Beispielen – darunter IBM, *Hewlett-Packard, Procter & Gamble, Boeing* – und den übrigen amerikanischen Unternehmen gravierende Unterschiede, die vor allem in der Personalführung und der Firmen-Kultur angesiedelt sind. Anders als bei Durchschnittsbetrieben waren bei den Erfolgreichen acht markante Merkmale nahezu komplett auszumachen. Peters und Waterman betonen, daß diese »Charaktereigenschaften« fließend ineinander übergehen, aber immer erkennbar sind. Am stärksten ausgeprägt sind bei den »exzellenten« Firmen die ersten beiden Punkte:

1. »Primat des Handelns«: Neue Aufgaben werden nicht zu Tode analysiert, sondern umgehend praktisch in Angriff genommen. Eine stets offene Kommunikation durch alle Hierarchie-Ebenen des Unternehmens stellt sicher, daß Ideen aus den verschiedensten Bereichen nicht verlorengehen. Ad hoc zusammengestellte kleine Teams, die nur für bestimmte Aufgaben aus verschiedenen Abteilungen rekrutiert werden, experimentieren mit neuen Ideen und scheuen sich nicht davor zu scheitern. »Der entscheidende Punkt ist, eine Experimentiersituation zu schaffen und sofort die kleinen, schnell erreichbaren Resultate in den Mittelpunkt zu stellen, nicht schwergewichtige Programme und umfangreiche Problemlösungsstrategien.« Die erfolgreichen Unternehmen erreichen mit ihren kleinen, temporären und zielorientierten Strukturen eine

ständige Aktivierung der Kreativität aller Mitarbeiter und durch die Bevorzugung der Aktion gegenüber der theoretischen Analyse auch viele kleine Ergebnisse, die zusammen stete marktgerechte Innovation bedeuten.

2. »Nähe zum Kunden«: Die Werbung um den Abnehmer wird bei den »bestgeführten Unternehmen« geradezu fanatisch betrieben. Allen Mitarbeitern wird ständig eingehämmert, daß Qualität des Produktes und der auf den Verkauf folgende Kundendienst die weitaus wichtigsten Aspekte ihrer Arbeit sind. Die wirklich erfolgreichen Firmen sind jene, deren Beschäftigten das Prinzip vom Kunden als König in Fleisch und Blut übergegangen ist. Ein sehr wichtiges Nebenprodukt dieses geradezu intimen Kundenkontaktes sind die zahlreichen Vorschläge zur Verbesserung oder Veränderung der Produkte, die von den Käufern in das Werk zurückfließen und dort ernstgenommen werden. Die Firma weiß dadurch immer, was an ihrem Markt vorgeht.

3. »Freiraum für Unternehmertum«: Die bewußte Kleinhaltung der operativen Einheiten in den erfolgreichen Unternehmen und die große Entscheidungsfreiheit auf allen Ebenen sorgen für starken unternehmerischen Einsatz der Mitarbeiter.

4. »Produktivität durch Menschen«: Den Mitarbeitern wird gezeigt, daß die Unternehmensführung großes Vertrauen in ihre Fähigkeiten setzt. Ihre Vorschläge zur Verbesserung von Arbeits-Abläufen werden ernstgenommen, verwirklicht und belohnt. Der so geweckte Ehrgeiz verwandelt durchschnittliche Leute in gute Mitarbeiter.

5. »Sichtbar gelebtes Wertsystem«: Alle Aktivitäten im Betrieb werden bewußt in Beziehung zur Unternehmens-Philosophie gebracht, in deren Mittelpunkt solche Werte wie Qualität, Zuverlässigkeit, Kundenpflege stehen.

6. »Bindung an das angestammte Geschäft«: Die Unternehmensführung beschränkt sich bei Investition, Expansion und Akquisition auf Bereiche, in denen das vorhandene Know-how des Betriebes nutzbringend eingesetzt werden kann.

7. »Einfacher, flexibler Aufbau«: Die Bürokratie wird auf das Allernotwendigste reduziert. Die Stäbe bleiben klein und das formalisierte innerbetriebliche Berichtswesen spielt eine untergeordnete

Rolle. Im Mittelpunkt steht dagegen die informelle Kommunikation, horizontal und vertikal durch alle Schichten.

8. »Straff-lockere Führung«: Dezentrale und zentrale Strukturen sind sorgfältig gemischt. Individuelle Initiative und Verantwortlichkeiten werden nur von den zentral definierten Unternehmenszielen und von den streng beachteten Firmen-Werten begrenzt.

Peters und Waterman wissen sehr wohl, daß unter diesen acht Punkten kaum einer ist, der nicht schon seit langem zum theoretischen Rüstzeug der Manager gehört. Die Autoren lernten während ihrer Untersuchung: »Alle reden darüber. Die exzellenten Unternehmen tun es.«

Zurück zum gesunden Menschenverstand

Natürlich gibt es auch in der Bundesrepublik Firmen, die nach diesen Kriterien »exzellent« sind und die Erfolg haben. Doch sie sind zweifellos in der Minderheit. Ihre Zahl kann allerdings vergrößert werden, wenn das Management bewußt auf dieses Ziel hinarbeitet. Auch dies ist keine neue Erkenntnis. Der deutsche Unternehmensberater Jochen Kienbaum rät seinen Kunden schon lange: »Die erfolgreiche Führungskraft ... bringt es fertig, ein Klima aufzubauen, in dem die Mitarbeiter sich identifizieren mit ihrer Arbeit und mit den Zielen der Firma. Das beides ist jedoch nur erreichbar, wenn sich Führungskräfte als Person die Loyalität ihrer Mitarbeiter sichern, das heißt konkret: Die leistungsfähige Führungskraft baut persönliche Beziehungen zu ihren Mitarbeitern auf, sie gibt den Mitarbeitern das Gefühl persönlicher Wertschätzung und Anerkennung und sie kann glaubhaft nach unten versichern, daß es den Mitarbeitern ›gut‹geht, wenn es ihr ›gut‹geht, das heißt: sie Erfolg hat. Gleichbedeutend mit der Fähigkeit, motivationsoptimal Mitarbeiter zu führen, ist die Fähigkeit, im Team zu arbeiten, sich der Unterstützung gleichgeordneter Kollegen zu versichern.«

Peters und Waterman, der Japaner Matsushita, Pascale und Athos, Jochen Kienbaum, sie alle sind sich in einem Punkt einig: Das gesamte Know-how, die Kreativität, der Ehrgeiz, die Leistungsbereitschaft aller Beschäftigten müssen aktiviert werden. Konzepte, Vorschriften, detaillierte Regeln können bei dieser Aufgabe bestenfalls Hilfsmittel sein. Entscheidend ist die Fähigkeit der Unternehmensführung, aus den Angestellten und Arbeitern wirkliche Mit-Arbeiter und Mit-Denker zu machen. Der Manager, der jetzt und in Zukunft gebraucht wird, ist deshalb der an anderer Stelle geschilderte Generalist. Er spezialisiert sich darauf, die Tätigkeit der fachlichen Spezialisten in seinem Unternehmen anzuregen, zu koordinieren und zu überwachen. Er versteht es, das materielle und menschliche Kapital in Einklang zu bringen. Er sieht seinen Konzern nicht in scharf getrennten Kategorien wie Marketing, Finanzen, Produktion, Entwicklung, Personalpolitik, sondern als harmonierendes Ganzes. Seine Autorität entsteht nicht mehr aus seiner Position, sondern sie wächst aus Überzeugung und Übereinstimmung. Dieser Manager und sein Unternehmen können die immer schneller wechselnden Umweltbedingungen nicht nur überstehen, sondern sogar von ihnen profitieren.

Der amerikanische Autor Robert Heller nennt in seinem Buch »Der Manager von morgen« das bislang übliche Führen nach schematischen Konzepten »blanken Unsinn« und »Verirrungen«. Er fährt fort: »Das ist nur eine Erkenntnis des gesunden Menschenverstandes, und dieser wird auch im Management wieder zu seinem Recht kommen.«

Das ist zu hoffen.

Literaturhinweise

Bell, Daniel: *Die nachindustrielle Gesellschaft,* Frankfurt/Main, 1976

Braverman, Harry: *Die Arbeit im modernen Produktionsprozeß,* Frankfurt/Main, 1977

Briefs, Ulrich: *Leitende Angestellte als Potential für eine neoautoritäre Politik,* Düsseldorf, 1979

Dörner, Dietrich, u. a.: *Lohausen – Vom Umgang mit Unbestimmtheit und Komplexität,* Bern/Stuttgart/Wien, 1983

Drucker, Peter Ferdinand: *Die Zukunft bewältigen,* Düsseldorf, 1977

Drucker, Peter Ferdinand: *Die unsichtbare Revolution,* Düsseldorf, 1977

Ebbinghaus, Angelika: *Arbeiter und Arbeitswissenschaft – Zur Entstehung der »Wissenschaftlichen Betriebsführung«,* Opladen, 1984

Erhard, Ludwig: *Wohlstand für alle,* Düsseldorf, 1957

Erhard, Ludwig/Müller-Armack, Alfred (Hrsg.): *Soziale Marktwirtschaft – Ordnung der Zukunft,* Frankfurt/Main, 1972

Fayol, Henri: *Administration Industrielle et Générale,* Paris, 1916

Galbraith, John Kenneth: *Leben in entscheidender Zeit,* München, 1982

Gorz, André: *Zur Strategie der Arbeiterbewegung im Neokapitalismus,* Frankfurt/Main, 1967

Gorz, André *Abschied vom Proletariat – Jenseits vom Sozialismus,* Frankfurt/Main, 1980

Heller, Robert: *Der Manager von Morgen,* Köln, 1979

Heseler, Heiner/Kröger, Hans Jürgen (Hrsg.): *Stell Dir vor, die Werften gehören uns ... Krise des Schiffsbaus oder Krise der Politik?,* Hamburg, 1983

Höhn, Reinhard: *Die innere Kündigung im Unternehmen,* Bad Harzburg, 1982

Jay, Antony: *Management and Machiavelli,* London, 1967

Koontz, Harold/O'Donnell, Cyril/Weihrich, Heinz: *Management,* Tokio, 1980

Lauterburg, Christoph: *Vor dem Ende der Hierarchie – Modelle für eine bessere Arbeitswelt,* Düsseldorf, 1978
Nussbaum, Bruce: *Das Ende unserer Zukunft,* München, 1984
Oswald, Heinrich: *Ich bitte um Ihre schwererhältliche Aufmerksamkeit! Der zündende Funke für Manager aller Größen,* Bern, 1982
Ouchi, William G.: *Theory Z. How American Business Can Meet The Japanese Challenge,* Reading (USA), 1981
Pascale, Richard Tanner/Athos, Antony G.: *The Art of Japanese Management. Applications For Amerian Executives,* New York, 1981
Peters, Thomas J./Waterman jun., Robert H.: *Auf der Suche nach Spitzenleistungen. Was man von den bestgeführten US-Unternehmen lernen kann,* Landsberg am Lech, 1983
Pross, Helge: *Manager und Aktionäre in Deutschland. Untersuchungen zum Verhältnis von Eigentum und Verfügungsmacht,* Frankfurt/Main, 1963 (Habilitierungs-Schrift)
Pross, Helge: *Kapitalismus und Demokratie – Studien über westdeutsche Sozialstrukturen,* Frankfurt/Main, 1972
Riegger, Marianne: *Lernstatt erleben. Praktische Erfahrungen mit Gruppeninitiativen am Arbeitsplatz,* Essen, 1982
Rohleder, Christian: *MBA-Studium und Business Schools in den USA,* Köln, 1983
Röpke, Wilhelm: *Jenseits von Angebot und Nachfrage,* Stuttgart, 1958
Sombart, Werner: *Der moderne Kapitalismus,* Leipzig, 1902
Sombart, Werner: *Die deutsche Volkswirtschaft im 19. Jahrhundert,* Berlin, 1903
Sontheimer, Kurt: *Die verunsicherte Republik – Die Bundesrepublik nach 30 Jahren,* München, 1979
Sontheimer, Kurt: *Zeitenwende – Die Bundesrepublik Deutschland zwischen alter und alternativer Politik,* Hamburg, 1983
Taylor, Frederick Winslow: *The Principles of Scientific Management,* New York, 1911
Taylor, Frederick Winslow: *Testimony before the Special House Committee,* New York, 1912
Urwick, Lyndall: *The Golden Book of Management,* London, 1956
Vester, Frederic: *Neuland des Denkens,* München, 1984

Wilpert, Bernard: *Führung in deutschen Unternehmen,* Berlin, 1977
Witte, Eberhard/Bronner, Rudolf: *Die Leitenden Angestellten – Eine empirische Untersuchung,* München, 1974

Register

Abs, Hermann Josef 136
AEG siehe Allgemeine Elektricitäts-Gesellschaft
AEG-Telefunken 53f., 163
Agartz, Viktor 152
Albach, Horst 58
Allgemeine Elektricitäts-Gesellschaft 9, 11, 22, 51ff., 64, 108f., 161, 167f., 175, 185ff., 189, 193
Allianz-Versicherungen 74, 176
Alpi 164
Amerongen, Otto Wolff von 63
Arbed Saarstahl 9, 193
Aristoteles 200
Athos, Anthony G. 212, 216

Bad Harzburger Akademie für Führungskräfte 82, 88f., 126
Balder, Manfred 150
Barbier, Hans D. 198
Barthelmeh, Hans-Adolph 147
Bauknecht, Gert 169
Bauknecht, Gottlob 169f.
Bauknecht, Günter 169
Bautz, Ekkehard 105
Bayer AG 170
Bayerische Motoren Werke AG 70, 117
Bebel, August 157
Behrens, Peter 161
Bell, Daniel 133f., 152
Bennis, Warren 32
Berens, Ernst 17
Berliner Handelsgesellschaft 185
Bernstein, Leonard 104
Bethlehem Steel Corporation 39f.
Bierich, Marcus 170
Bleicher, Knut 65, 187
Blom + Voss 193
BMW siehe Bayerische Motorenwerke AG
Boden, Hans Constantin 52
Böhringer Mannheim 163
Boeing 214
Bosch siehe Robert Bosch AG
Boulton, Matthew Robinson 43
Brauchitsch, Eberhard von 60
Bremer Werft Vulkan 193
Breuel, Birgit 106
Briefs, Ulrich 36f., 66, 153ff.
Brown, Boveri & Cie 200
Bühler, Hans 52

Carl Neff GmbH 53, 167f., 191
Cassirer, Bruno 131
C. Josef Lamy GmbH 117
Cipa, Walter 53
Claus, Dieter 201
Commerzbank 74, 176, 187, 190
Continental Gummi-Werke AG 193
Creditreform, Wirtschaftsauskunftei 17

Daimler, Gottlieb 162
Daimler-Benz AG 31, 33f., 70, 92f., 127, 146f., 151, 162, 165, 193, 199, 202, 210, 213
Damm, Heinz 33, 92, 199, 203
Darius, Ingo 196
deSede 160
Deutsche Babcock AG 115
Deutsche Bank 164, 193f.
Deutsche Gesellschaft für Wiederaufbereitung von Kernbrennstoffen mbH 138f.
Deutsche Werft AG 71
Diehl, Elektronik- und Waffenkonzern 193
DKW siehe Deutsche Gesellschaft für Wiederaufbereitung von Kernbrennstoffen mbH
Dörner, Dietrich 126
Dürr, Heinz 54f., 175f.
3M 162
Dresdner Bank 54, 176, 186
Drucker, Peter F. 210f.
Dusseldorp, Tilman van 140

Egon Zehnder International GmbH 25, 158, 202
Emcke, Manfred 193f.
Erhard, Ludwig 131
Esch, Horst-Dieter 17f., 174, 187
Esser, Otto 149

Fayol, Henri 43ff., 47, 195
Felber, Urs 160

F. Hesterberg & Söhne GmbH & Co. KG 95 f.
Fiebich, Kurt 72
Finck jr., August von 173
Flick-Industrieverwaltung KGaA 60
Föhr, Horst 157 f.
Ford AG 70, 116
Franke, Werner 105
Frankfurter Telefonbau und Normalzeit 54
Friderichs, Hans 54, 176, 186
Friedrich Uhde GmbH 25
Fürstenberg, Carl 185 f.
Fugger-Handelshaus 42
Funashi, Masao 175
Furukawa Electric 175

Gabele, Eduard 22, 168
Gälweiler, Aloys 200
Galbraith, John Kenneth 179
Galen, Ferdinand Graf von 18, 174
G. Bauknecht GmbH 30, 64, 169 f.
General Motors 116
George, Haimo 148
Gerling-Konzern 193
GHH siehe Gutehoffnungshütte
Götte, Klaus 74, 176
Gorz, André 134
Gottwald, Johannes 37
Grünewald, Herbert 170
Gruhl, Herbert 131
Grundig AG 84 ff.
Grundig, Max 18, 29 f., 84 f., 138
Gruss, Peter 105
Gutehoffnungshütte 18, 71 ff., 173, 176, 184, 186 f.

Hämmerling, Günter 105
Hahn, Carl H. 164
Hapag-Lloyd AG 193
Hauschildt, Jürgen 21
Hayek, Nicholas 54, 70
H. Bahlsen KG 164
HDW siehe Howaldtswerke – Deutsche Werft
Heller, Robert 217
Henkel-Gruppe 201
Henkell, Otto 159
Henkell & Co. 159 f.
Henzler, Herbert 213
Herdrich und Struggles, Beratungsgesellschaft 93
Hermes Kreditversicherungs-AG 196
Hewlett-Packard 214
Heyne, Hans 52
Hoechst AG, 24 f., 70, 103
Höfner, Klaus 78
Höhn, Reinhard 82, 126 ff.
Hoss, Willi 151
Howaldtswerke – Deutsche Werft 57 f., 71, 150 f.

IBH siehe Internationale Baumaschinen Holding
IBM siehe International Business Machines Corp.
ifm electronic GmbH 118
Ifo-Institut siehe Institut für Wirtschaftsforschung
IG Farben-Konzern 211
Institut für angewandte Kreativität (Bergisch-Gladbach) 96
Institut für Marketing (München) 165
Institut für Mittelstandsforschung 19, 21
Institut für Praktisches Management (München Baldham) 86, 137
Institut für Weltwirtschaft (Kiel) 111 f.
Institut für Wirtschaftsforschung (München) 99 f.
International Business Machines Corp. 162, 214
Internationale Baumaschinen Holding 17 f., 174, 187

Jahn, Friedrich 139 f.
Janßen, Hans 87
Jay, Antony 81
Jonas, Adolphe D. 172
Jürgen B. Mülder und Partner 170 f., 204
Just, Dieter 101

Karajan, Herbert von 104
Kartte, Wolfgang 123 f.
Kassandra 51
Kearny, A. T. 137 f.
Kienbaum, Jochen 63, 216

Kienbaum-Unternehmensberatung 19 ff., 63, 137, 142, 145, 178
Kiep, Walter Leisler 187
Kirchner, Dieter 87
Klein, Schanzlin & Becker 163
Klettenheimer, Lothar 159
Kneip, Klaus 162
Kneißler, Heinz 167
Knürr, Hans 148
Koakimoto, Takateru 175
Kodak AG 162
Kohl, Helmut 148
Krauss-Maffei AG 163
Kreidler 30, 64
Krupp-Konzern 193
Küppersbusch 53
Kuhn, Klaus 193
Kurokawa, Vorstandsvorsitzender von Mitsubishi 209

Leibinger, Berthold 107
Leicht, Alfred 167
Lennings, Manfred 18, 71 ff., 176
Lessing, Rainer 137
Lichtenberg, Paul 74, 176, 190
Linde AG 53
Litton 173
Lüthy, Ernst 160
Lurgi 118
Lurgi SA Frankreich 118

Machiavelli, Niccolò 81
Mahler, Holger 151
MAN siehe Maschinenfabrik Augsburg-Nürnberg AG
Mannesmann AG 119, 213
Marx, Karl 131
Maschinenfabrik Augsburg-Nürnberg AG 18, 64, 71 ff., 77, 187
Massey-Ferguson 163
Matsushita Electric Industrial Co. 211 f.
Matsushita, Konosuke 211, 216
Matthias, Steffen 72
Mazda 116
McKinsey & Co. Inc. 101, 213
Mensch, Gerhard 63
Merck Japan Limited 117
Merkle, Hans Lutz 170, 175, 189, 209
Metallgesellschaft 173
Migros-Konzern 125
Mitsubishi 209
Mülder und Partner siehe Jürgen B. Mülder und Partner
Münchmeyer, Hans-Hermann 18
Müri, Peter 200

Neckermann, Johannes 83
Neckermann, Josef 30, 83 f., 86, 138, 161
Neckermann Versand AG 83, 86
Neff siehe Carl Neff GmbH
Nell-Breuning, Oswald von 149
Neue Heimat Städtebau und Gemeinnützige 183 f.
Nippon Kogaku 175
Nissan 116
Nixdorf Computer AG 173
Noelle-Neumann, Elisabeth 132, 135
Nussbaum, Bruce 61

Orenstein & Koppel 193
Ouchi, William G. 164, 212
Owen, Robert 43

Pahlewi, Schah Reza 24
Pascale, Richard Tanner 212, 216
Pelikan AG 11
Peppler, Marion 51
Pestalozzi, Hans 125
Peters, Thomas J. 213 f., 216
Philips-Konzern 18, 29, 100, 212
Platte, Ernst-Günter 148
Ponto, Jürgen 186
Prast, Otto-Ernst 159 f.
Prinz, Gerhard 127, 210
Procter & Gamble 162, 214
Progen-Biotechnik GmbH 105
Pross, Helge 123
Pythagoras 41

Raffée, Hans 165 f.
Rank Xerox GmbH 147
Reemtsma-Gruppe 193
Reiber, Erhard 117
Remmers, Werner 134
Reuter, Eduard 146, 165
Reuter, Ernst 146
Ribbentrop, Adolf von 159

Richter, Karl 84
Riklin, Alois 201
Robert Bosch AG 11, 53, 70, 92, 170, 175, 189 f., 209
Rodenstock, Rolf 204
Röpke, Wilhelm 130
Rüßmann, Karl Heinrich 163
Ruhrkohle AG 193

Salamander AG 11
Sammet, Rolf 24 f.
Schade, Heinz C. 191
Schäfer, Hans 125
Schering AG 70
Scheuten, Günther 139
Schiefer, Friedrich 101
Schieren, Wolfgang 176
Schröder, Münchmeyer, Hengst & Co KG 18, 174, 187
Schwetlick, Wolfgang 137
Scientific Control Systems GmbH 35, 64, 116, 138, 143
SCS siehe Scientific Control System
Semikron 118
Semler, Johannes 51
Siemens AG 11, 30, 52 f., 70, 92, 186, 212 f.
SMH-Bank siehe Schröder, Münchmeyer, Hengst & Co KG
Smith, Adam 130
Sombart, Werner 9 f.
Sontheimer, Kurt 128 ff., 132
Speer, Albert 178
Staufenbiel, Joerg 196 f.
Stenger, Hermann-Josef 170
Streithofer, Pater Basilius Heinrich 167 f.

TA siehe Triumph-Adler AG
Taylor, Frederick Winslow 39, 45 ff.
Tchibo 193
Telefunken siehe AEG-Telefunken
Telefunken Elektronische Bauelemente GmbH 54
Telefunken-Nachrichtentechnik 54
Tergin 175
Thomee, Friedrich 173 f.
Thyssen AG 193
Tokusue, Tomo 175
Toyota 116
Triumph-Adler AG 173 f.
Trumpf GmbH & Co. Maschinenfabrik 107

Ungerer, Werner 119
Union der Leitenden Angestellten 37

Veba-Konzern 193
Vester, Frederic 126, 130
Vetter, Ernst Günter 130 f.
Vetter, Heinz-Oskar 184
Vietor, Albert 183 f.
Vogelsang, Günter 193 f.
Voisard, Otto 73
Volkswagenwerk AG 31, 70, 116, 164, 173 f., 189
VW siehe Volkswagenwerk AG 116

Waterman jr., Robert H. 213 f., 216
Watt jr., James 43
Weers, Gerd E. 173
Weltwirtschaftsarchiv (Hamburg) 99
Werkzeugmaschinenfabrik Deckel AG 193
Wetz, Rainer 96
Wiedemann, Klaus-Peter 165 f.
Wienerwald GmbH 139 f.
Wirtschafts- und Sozialwissenschaftliches Institut 36, 153
WMF 113
Wollburg, Gerd 73 f., 187

Zanker 53
Zernisch, Peter 159 f.
Ziegler, Armin 77 f.
Zimmermann, Lothar 150